U0959573

HUMANITIES AND SOCIETY

霍布斯的政治哲学

Leo Strauss

[美国] 列奥·施特劳斯 著 申彤 译

译林出版社

图书在版编目（CIP）数据
霍布斯的政治哲学／（美）施特劳斯（Strauss, L.）著；
申彤译．—南京：译林出版社，2012.12（2020.7重印）
（人文与社会译丛／刘东主编）
书名原文：The Political Philosophy of Hobbes
ISBN 978-7-5447-2950-5

I.①霍… II.①施… ②申… III.①霍布斯，T.（1588～1679）-政治哲学-研究 IV.①B561.22②D0

中国版本图书馆 CIP 数据核字（2012）第 128144 号

The Political Philosophy of Hobbes by Leo Strauss
Copyright © by Jenny Strauss Clay
This translation published by arrangement with The University of Chicago
Simplified Chinese edition copyright © 2012 by Yilin Press, Ltd
All rights reserved.

著作权合同登记号　图字：10-1999-124 号

霍布斯的政治哲学［美国］列奥·施特劳斯／著　申　彤／译

责任编辑　陶泽慧
装帧设计　胡　苨　黄　晨
责任印制　单　莉

原文出版　The University of Chicago Press, 1963
出版发行　译林出版社
地　　址　南京市湖南路 1 号 A 楼
邮　　箱　yilin@yilin.com
网　　址　www.yilin.com
市场热线　025-86633278
排　　版　南京展望文化发展有限公司
印　　刷　江苏凤凰扬州鑫华印刷有限公司
开　　本　880 毫米 × 1230 毫米　1/32
印　　张　7.25
插　　页　2
版　　次　2012 年 12 月第 2 版　2020 年 7 月第 4 次印刷
书　　号　ISBN 978-7-5447-2950-5
定　　价　49.00 元

版权所有·侵权必究
译林版图书若有印装错误可向出版社调换。质量热线：025-83658316

主 编 的 话

刘 东

总算不负几年来的苦心——该为这套书写篇短序了。

此项翻译工程的缘起,先要追溯到自己内心的某些变化。虽说越来越惯于乡间的生活,每天只打一两通电话,但这种离群索居并不意味着我已修炼到了出家遁世的地步。毋宁说,坚守沉默少语的状态,倒是为了咬定问题不放,而且在当下的世道中,若还有哪路学说能引我出神,就不能只是玄妙得叫人着魔,还要有助于思入所属的社群。如此嘈嘈切切鼓荡难平的心气,或不免受了世事的恶刺激,不过也恰是这道底线,帮我部分摆脱了中西"精神分裂症"——至少我可以倚仗着中国文化的本根,去参验外缘的社会学说了,既然儒学作为一种本真的心向,正是要从对现世生活的终极肯定出发,把人间问题当成全部灵感的源头。

不宁惟是,这种从人文思入社会的诉求,还同国际学界的发展不期相合。擅长把捉非确定性问题的哲学,看来有点走出自我囿闭的低潮,而这又跟它把焦点对准了社会不无关系。现行通则的加速崩解和相互证伪,使得就算今后仍有普适的基准可言,也要有待于更加透辟的思力,正是在文明的此一根基处,批判的事业又有了用武之地。由此就决定了,尽管同在关注世俗的事务与规则,但跟既定框架内的策论不同,真正体现出人文关怀的社会学说,决不会是医头医脚式的小修小补,而必须以激进亢奋的姿态,去怀疑、颠覆和重估全部的价值预设。有意思的是,也许再没有哪个时代,会有这么多书生想要焕发制度智慧，这既凸显了文明的深层危机，又表达了超越的不竭潜力。

于是自然就想到翻译——把这些制度智慧引进汉语世界来。需要说明的是，尽管此类翻译向称严肃的学业，无论编者、译者还是读者，都会因其理论色彩和语言风格而备尝艰涩，但该工程却绝非寻常意义上的“纯学术”。此中辩谈的话题和学理，将会贴近我们的伦常日用，渗入我们的表象世界，改铸我们的公民文化，根本不容任何学院人垄断。同样，尽管这些选题大多分量厚重，且多为国外学府指定的必读书，也不必将其标榜为“新经典”。此类方生方成的思想实验，仍要应付尖刻的批判围攻，保持着知识创化时的紧张度，尚没有资格被当成享受保护的“老残遗产”。所以说白了：除非来此对话者早已功力尽失，这里就只有激活思想的马刺。

主持此类工程之烦难，足以让任何聪明人望而却步，大约也惟有愚钝如我者，才会在十年苦熬之余再作冯妇。然则晨钟暮鼓黄卷青灯中，毕竟尚有历代的高僧暗中相伴，他们和我声应气求，不甘心被宿命贬低为人类的亚种，遂把迻译工作当成了日常功课，要以艰难的咀嚼咬穿文化的篱笆。师法着这些先烈，当初酝酿这套丛书时，我曾在哈佛费正清中心放胆讲道：“在作者、编者和读者间初步形成的这种‘良性循环’景象，作为整个社会多元分化进程的缩影，偏巧正跟我们的国运连在一起，如果我们至少眼下尚无理由否认，今后中国历史的主要变因之一，仍然在于大陆知识阶层的一念之中，那么我们就总还有权想象，在孔老夫子的故乡，中华民族其实就靠这么写着读着，而默默修持着自己的心念，而默默挑战着自身的极限！”惟愿认同此道者日众，则华夏一族虽历经劫难，终不致因我辈而沦为文化小国。

一九九九年六月于京郊溪翁庄

目　录

前　言

本书旨在对霍布斯的政治哲学及其后继学说的原则作出分析。这些原则之所以需要一个新的分析，是因为在过去的几十年里，我们对政治思想的传统，认识得更深刻了。以前，人们可以不加论证就有把握地认为，十七世纪和十八世纪是自然法理论的全盛时期；现在，这个情况已经一去不返了。那种看法理所当然地基于一个比较，即在理性主义时代的政治理论跟十九世纪的政治理论之间进行比较。在这一比较的范围之内，它仍然是对的；但是，当我们把中世纪传统和古典传统充分地考虑在内时，它就站不住脚了。这一转向，对我们阐释霍布斯的政治哲学，其作用显而易见。约翰·莱尔德关于霍布斯的近著已经可以试图论证，在伦理理论和政治理论领域，霍布斯的“声音和双手都是中世纪的”。尽管这个主张很难成立，但是它清楚地证明，以往那种断言霍布斯的首创性毋庸置疑的观点，现在或多或少已经动摇，需要进一步论证；而这种观点在过去是不言而喻的。总的来说，如果自然法诸理论远非理性主义时代所特具，如果它们在中世纪传统和古典传统中就已经几乎是司空见惯的，那么，我们不可避免地要问，何以惟独十七世纪和十八世纪，获得了自然法理论杰出时代的声誉。可能有人会说，由于广为人知的政治原因，自然法理论对那个时期的实际意义，大于任何其他时代。为了事先排除这种论据不足的答案起见，我们必须提出一个更恰当的问题，这就是：在近代的自然法观点和传统的自然法观点之间，是否没有原则区别。事实上，原则区别确实存在。传统的自然法，首先和主要地是一种客观的“法则和尺度”，一种先于人类意志并独立于人类意志的、有约束力的秩序。而近代自然法，则首先和主要是一系列的“权利”，或倾向于是一系列的“权利”，一系列的主观诉求，它们启始于人类意志。在本书中，我已经试图把作为近代政治哲学创始者的霍布斯政治学说，跟作为传统政治哲学奠基者的柏拉图和亚里士多德政治学说加以比较，以期论证这一观点。如果我们把洛克、孟德斯鸠和卢梭的学说跟譬如胡克、苏亚雷斯和格劳秀斯的学说进行比较，我们就会得到本质上同样的结果。甚至莱布尼茨的学说，虽然在表面上似乎是上述规律的最重要的例外，但其实也会证实这个规律，只要我们不但考虑到他所归结于自然法命题的内容，而且考虑到其形式——即有条件的性质。[①] 然而，尽管霍布斯远不如自然法的多数鼓吹者那样重视“人的权利”的实际意义，他的学说却比任何人的学说都更清晰地体现了近代自然法的精髓及其所有的本质涵义。这是因为，霍布斯显然不像传统学说那样，从自然“法则”出发，即从某种客观秩序出发，而是从自然“权利”出发，即从某种绝对无可非议的主观诉求出发；这种主观诉求完全不依赖于任何先在的法律、秩序或义务，相反，它本身就是全部的法律、秩序或义务的起源。霍布斯的政治哲学（包括他的道德哲学），就是通过这个作为道德原则和政治原则的“权利”观念，而最明确无误地显示它的首创性的。因为，通过从“权利”出发，

---

① 霍布斯在莱布尼茨之前就持这一看法。由于莱布尼茨的这个看法，康德的区别于假言命令的绝对命令原则，就成为必要的了。毫无疑问，传统的自然法法则，曾经是绝对命令，或曾经被理解为绝对命令。

从而否定了“法则”的首要地位(根本上也就是“德行”的首要地位),霍布斯开创了一个针对理想主义传统的立场。另一方面,通过把道德和政治奠定在“权利”的基础上,而不是奠定在纯粹的自然倾向和自然欲望的基础上,霍布斯又开创了一个针对自然主义的立场。这就是说,“权利”的原则介乎于两者之间,一方面,是严格意义上的道德原则(如传统自然法的那些道德原则),另一方面,是纯粹的自然原则(如快乐、欲望甚或功利)。我们可以说,“权利”是一个司法专用概念。关于在哲学上运用这个概念的一些先决假设,将在本书的最后一章中谈及。这一哲学运用的涵义,我们不得不放到那里再作充分分析;因为在分析之前,需要首先排除障碍,此种障碍妨害我们仅仅是去承认一个显而易见的事实,那就是,霍布斯的政治哲学从自然“权利”出发,而既不是从自然“法则”出发,也不是从自然倾向或自然欲望出发。

这些障碍之所以存在,是由于霍布斯试图把他的政治哲学放在近代自然科学的基础上。这样做的诱惑,确实难以抵御。在一定的程度上,传统的道德哲学和政治哲学的基础是传统的形而上学,而当传统的形而上学被现代自然科学所取代时,就似乎有必要把新的道德哲学和政治哲学放到新的科学的基础上了。这种企图永远也不会成功:用霍布斯的后继者的语言来说,传统形而上学是“拟人的(anthropomorphistic)”,所以可以成为一种关于人的哲学的恰当的基础;而另一方面,近代科学试图放弃所有的“拟人方法”,脱离所有关于目的和完美的观念,以此来阐释自然,所以,它对于理解涉及人的事物,对于奠定道德和政治的根基,往少处说也是毫无裨益的。就霍布斯而言,企图把政治哲学放在近代科学的基础上,后果是无法始终连贯一致地坚持自然“权利”与自然欲望之间的根本区别。所以,要想充分认识霍布斯“权利”原则的意义，首先必须揭示，他的政治哲学的真正基础，不是近代科学。论证这一点，正是本书的特定目的。

正如乔治·克鲁姆·罗伯逊五十年前在他的著作《霍布斯》中所指出的，“早在他还只是人和人类生活方式的一个观察者，而尚未成为一位机械论哲学家的时候，（霍布斯的）全部政治学说无疑就已经基本成形了”（第 57 页）。所以，我们自然而然地应该尝试，对霍布斯关于“人和人类生活方式”的“前科学”思想，对他关于人类生活的最早的、尚未为所谓科学“解释”所曲解的看法，作出连贯一致的阐述。我希望本书证明，如果我们企望对霍布斯的思想有任何条理清楚的理解，那么，这个阐述就是可能的，甚至是必要的。这样一种理解，并不像表面上看起来那样容易取得。固然，霍布斯的每一个读者，都被他思想的清晰、严密和坚定所打动。但是，霍布斯的每一个研究者，也都为他的著述中比比皆是的矛盾之处而震惊。他的最重要、最独特的论断，大都自相矛盾，或者因在他的著作中某些地方否认了其明显涵义而产生矛盾；只有散见于他的著作中的很少几个论断不是这样。为了发现哪些矛盾论断表达他的真实观点，我们不得不紧紧抓住我们对他思想的严密和连贯一致的最初印象。因为那个印象不是别的，就是我们对霍布斯关于人类生活的根本见解的洞察，这个见解不是矛盾的，而是连贯一致的和不可分割的。正是这个人生观，而不是近代科学，才是他的政治哲学的真正基础。这种人生观的由来，与其说是任何学术或科学上的专注，不如说是对于日常生活和“公共社交”中人的行为举止的切实体验。而这个体验，作为霍布斯人生观的基础，其踪迹必须追溯到一种特定的道德态度，这个道德态度迫使持有这种道德态度的人，以霍布斯的独特方式，去体验和观察人类。惟其如此，这种对人类生活的见解，就不会表现在某个哲学体系里，而会在语言和思考方面，充分地表现在诸如霍布斯的同时代人拉罗什富科所使用的那种文风语调之中(附带说说，拉罗什富科对于“自爱”的重要性的看法，跟霍布斯关于“荣誉”或“自尊”的重要性的论点，如出一辙)。在霍布斯的著作里，有一些重要部分，就是用这样的语言写成的。然而，霍布斯的意图，不是仅仅为了抒发他个人的体验而阐述他的人生观，而首先是要为这种人生观提供论据，从而证明这是对人类生活惟一正确和普遍适用的看法。从这一意图着手，我们就能把握他的著述中含有那些矛盾之处的终极原因。因为，他没有现成的方法可供使用，以便适应阐发他的人生见解的要求，于是他别无选择，只能或者从哲学传统那里，或者从近代科学那里，去借用方法和概念。可是，无论是哲学传统，还是近代科学，都无法跟那些要求相对应。传统概念，不适合一个根本上非传统的看法；近代科学概念，跟一个发源于某种道德态度的人生见解难以相容。一方面，是霍布斯对人类生活最早的看法，另一方面，是传统或近代科学所提供的观念，这二者之间根本上的圆凿方枘，可以解释发生在他的著作中的全部矛盾，无论其涵义和后果是多么重要。确认这个事实，不但对于赋予霍布斯政治哲学以任何自圆其说的诠释，而且，如我所已经说明的，甚至对于认识这个哲学的原则，都是必不可少的条件。

为了认识到霍布斯对于人类生活最早的见解，既独立于传统，又独立于近代科学，我们必须研究他的道德思想和政治思想的起源。因为，研究霍布斯的早期思想，可以使我们看到，他最早的人生概念，早在熟悉近代科学之前，就已经在他的头脑里形成了，这样我们就能确认一个事实，即那个概念独立于近代科学；而且，研究他后来的思想发展，可以使我们进一步证实这项发现，因为我们事实上将会见到，他最早的人生观，在跟近代科学的要求发生冲突。另一方面，把霍布斯的思想发展作为一个整体来研究，即作为从传统中逐步解放出来的过程来研究，会使我们明白，他越是摆脱传统的桎梏，至少就越清楚地意识到，他早期人生见解的先决假设和涵义、后果都是什么；这样我们就可以证明，如果充分理解其意义的话，他的早期观念，就不但是独立于传统的，而且甚至是反传统的。现在，我们既从近代科学的影响（大体上）日益增大的角度，又从传统的力量（大体上）日益减弱的角度，去研究他的思想发展，而我们的出发点，是同一个原因，就是对于霍布斯的早期人生观感到兴趣。然而，我们从这两个角度入手，所运用的方法，却是不一样的。在第一种情况下，我们的兴趣特别集中在霍布斯的早期思想上，集中在他研究精确科学之前所持的观点上。在第二种情况下，我们特别想要看到他趋向摆脱传统的具体过程，这个趋向在霍布斯的后期，显露得最为清楚。不过，把这两条研究思路截然分开，是不可能的。由于霍布斯的早期著作很稀少，而他的后期思想则发挥得非常充分，所以我们在有些情况下，不得不对霍布斯后期思想发展的出发点加以推测，以此来阐释重建他的早期观点，从而弥补材料的不足。这一点必须强调，因为两条研究思路互相依赖，否则本书的写作构想就难以成立了。

在霍布斯那里，“早期著作”这个措辞的涵义有些独特。如果我们把它理解为霍布斯第一部系统的政治哲学著作（《法律、自然和政治的原理》，1640 年完成）之前的所有著述的话，它们就包括他五十岁以前的全部写作。在这个意义上，“早期著作”计有：(1)他为其译著修昔底德的《伯罗奔尼撒战争史》写的引言（不晚于 1628 年）；(2)诗作《峰峦观止》（约 1627 年）；(3)由特尼厄斯发现编辑并命名为《第一原理简述》的那篇短文（1630 年左右）；(4)为亚里士多德《修辞学》所作的两篇英文汇纂（约 1635 年）。上述第二和第三两部作品，与我们的目的关系不大。另一方面，我们还需要放入霍布斯早期的自传和传记记述，以及他的一些来往书信。这些极为稀少的材料，不足使我们赖以对霍布斯早期思想的所有方面，作出一个确切的答案。有一部查茨沃思手稿，尽管不属霍布斯文献，但据我判断，确实出自霍布斯之手，假使它可以被用作研究霍布斯早期思想的一个来源，那么情况就不同了。有理由推测，即便这部手稿不是霍布斯本人最早的著述，他对该稿的写作，也具有决定性的影响。[1]

除非临时另予注明，我主要使用莫莱斯沃思版的霍布斯著作（引用时称《英文全集》或《拉丁文全集》）。《法律、自然和政治的原理》和《比希莫特》，我用特尼厄斯版；《利维坦》用 A. D. 林

---

① 这部手稿题为《文集》，为威廉·卡文迪什所著，作为“今天的礼物”献给他的父亲。如 S. C. 罗伯茨先生向我指出的，《文集》其实是一六二〇年匿名发表的《荏苒悠暇》（*Horae Subseciuae*）的较早和简短得多的原稿。鉴于《文集》和《荏苒悠暇》都以培根一六一二年以后发表的一些散文为基础，它们就一定都是在一六一二年和一六二〇年之间写成的。历史上，《荏苒悠暇》据认为是“钱多斯（Chandos）勋爵”或者“坎迪什（Candish）勋爵，即后来的德文郡伯爵”写的。从威廉·卡文迪什签署的手稿发现以后，后者就被证实了，前者则很可能是由于把“Candish”错读成“Chandos”了。当然，威廉·卡文迪什可能是任何一位德文郡伯爵，因为这些伯爵的名字都是威廉；但是这些可能性，有的却被《文集》和《荏苒悠暇》的写作时间（1612 年和 1620 年之间）排除了，只有德文郡伯爵一世和他的儿子，后来的德文郡伯爵二世，能够是这些作品的著作者。伯爵一世的著作权也要排除，因为《文集》是威廉·卡文迪什献给他当时还活着的父亲的，而伯爵一世的父亲已于一五五七年去世。这样看来，《文集》的作者，很可能还有《荏苒悠暇》（名义上或事实上）的作者，不可能是别人，只能是威廉·卡文迪什，也就是后来的德文郡伯爵二世。而这位威廉·卡文迪什，恰好是霍布斯的学生和朋友。从一六〇八年到一六二八年，霍布斯作为私人教师和秘书跟他住在一起，所以在年代上，正好覆盖《文集》和《荏苒悠暇》可能写作的整个时期。当时，培根同后来的伯爵二世威廉·卡文迪什，以及培根同霍布斯，都有私人往还；这些私人关系有助于解释存在于培根的《论说文集》与卡文迪什的《文集》之间的文学渊源。尽管卡文迪什的《文集》从培根的《论说文集》那里得到很大的借鉴，然而，借鉴者跟被借鉴者之间的歧见，却绝不是无足轻重的——而这些歧见，恰恰反映了培根的思想跟霍布斯的思想之间的不同。

赛的版本。

承蒙德文郡公爵大人慷慨地允许我在查茨沃思审阅霍布斯文献并引用其中一些段落,谨此极表谢忱。我也万分感激查茨沃思图书馆的弗朗西斯·汤普森先生,他在我研究霍布斯文献的时候所给予的帮助和忠告,其价值无法估量。

欧内斯特·巴克教授阅读了本书的手稿,并提出了非常有益的建议。我得以完成这项工作,首先归功于他的仁慈和兴趣。我必须向他深致谢意。

我还要感谢牛津巴利奥尔学院院长 R.H. 托尼教授、N.F. 霍尔教授和 E.J. 帕森特先生给予我的帮助和鼓励。

洛克菲勒基金会、学术援助理事会和西德尼·苏塞克斯学院董事会的资助,使我深受其惠。

最后,E.M. 辛克莱夫人欣然承担了翻译本书的艰巨工作,我谨向她深致谢忱。

L.S.

美洲版前言

由于各种原因,本书现在依照原稿再版。它无疑需要作很多修改。但是我仍然觉得,我对霍布斯的处理方式,比现有的其他处理方式更为可取。我曾经认为,霍布斯是近代政治哲学的创始人。这是一个错误:这个殊荣,应该归于马基雅维利,而不是霍布斯。然而,我还是宁愿保留这个容易纠正的错误,或者说宁愿保留这个错误的特定前提,而不愿认可那些更为人们所普遍接受的观点。我曾不得不反对那些观点,它们比较不容易纠正。

我曾经已经意识到,近代思想对于自己是否从前近代思想那里取得了决定性的进步,已经失去了自信心,或者说已经没有了把握;我还看到,它当时正在转向虚无主义,或实际上大同小异地说,正在转向狂热蒙昧主义。我得出结论,近代人与古人孰优一案,必须摒弃习见,心平气和而又认真热忱地重新考察。换句话说,我的结论是,我们必须学会严肃认真地,也就是超然公正地,考虑这样一个可能性,那就是,当斯威夫特把近代世界比作小人国,把古代世界比作巨人国时,他其实是对的。我假定,政治哲学,作为对根本政治问题的终极真理的追求,是可能的和必需的:我把霍布斯看成一位政治哲学家,而不是一个空想者或神话编写者。我设想,作为一种本质上非历史的追求,政治哲学今天需要对于它的历史进行批判性的研究;这样一种批判性的历史研究假设，过去的伟大思想家们怎么理解他们自己，我们今天就会怎么去理解他们；政治哲学的历史，要求我们恰如其分地划分历史时期；这种对历史时期的划分，要跟主角，即那些伟大的政治哲学家的自觉意识相一致，只有在这种情况下，它才可以被认为是恰如其分的。我之所以断言霍布斯是近代政治哲学的创始人，是由于他本人曾经表示确信，他作为一个政治哲学家，已经跟过去的全部政治哲学，实现了根本的决裂，其程度之彻底，远远超过了季蒂昂的芝诺、帕多瓦的马西利乌斯、马基雅维利、博丹甚至培根所作的决裂。我的这个看法，从培尔、卢梭等权威判断那里，得到过证实。

我犯这个错误，其直接并可能是充足的原因，在于我对于马基雅维利《论提图斯·李维的前十书》的开场宣示思考不充分。我曾经从斯宾诺莎那里学到，要重视《君主论》第十五章那响亮清晰的号角声。可是，我也被所有的权威来源告知，马基雅维利的巨制，不是《君主论》，而是《论提图斯·李维的前十书》；而《论提图斯·李维的前十书》，表面看上去，是在试图追寻已经湮没或已经被遗忘的逝者，而不是开拓一个全新的前景。我没有考虑到，马基雅维利可能还在实行某种谨慎和克制，而霍布斯则已经不屑于这样做了：马基雅维利和霍布斯对于首创权的索求，其振聋发聩之程度不同，这不是由于思想清晰程度不一样，而只是由于直言不讳的程度不同。我之所以没有考虑到这一点，原因是我没有充分注意到一个问题：智慧能不能脱离温和与节制；或者说，我没有对于我们所必须作出的牺牲给予足够的注意；作出这些牺牲，我们的思想就可以获得自由。

L.S.

第一章　引　　言

霍布斯的政治哲学是为近代所特有的第一次尝试，企图赋予道德人生问题，同时也是社会秩序问题，以一个逻辑连贯的、详尽的答案。在霍布斯的学说里，大概没有什么成分，不能追溯到他的这个或那个前人那里；这些前人当中，甚至可能有人在某些方面，受传统的束缚比霍布斯更少。但是，只有在霍布斯那里，这些此前孤立地浮现出来的因素，才找到它们独特的近代性质的统一存在形式；在霍布斯的先行者当中，没有一个人曾经尝试过，要跟整个传统实行明确彻底的决裂，而这个决裂，是近代世界面对道德人生问题的题中应有之意。霍布斯第一个感觉到，必须探寻一个关于人和国家的新的科学，他也第一个找到了这个新的科学。此后所有的道德思想和政治思想，都明确地或缄默不宣地建立在这个新学说的基础上。为了说明它在政治上的重要性，我们可以强调，近代形式的文明理想，无论是中产阶级资本主义发展的理想，还是社会主义运动的理想，都是由霍布斯所创立和阐述的，其深刻、清晰和直率，不论在这以前还是以后，都无人可敌。为了说明它的哲学意义，我们可以指出，没有霍布斯的工作，道德哲学就是不可能的，不但十八世纪的理性主义道德哲学是如此，而且卢梭、康德和黑格尔的道德哲学也是如此。然而最重要的是，如果说讨论和阐明生活理想的确是哲学的首要和决定性的任务，那么，霍布斯的政治哲学，作为对道德人生问题的一个根本性的答案，就不但对于作为一个知识门类的政治哲学本身，而且对于整个近代哲学，都具有至高无上的意义。

人们几乎普遍承认，霍布斯在自然法历史和国家学说史方面，作出了划时代的贡献。可是，通常甚至没有人想到过，他的成就，其实比这些重要得多，带有真正的普遍意义。虽然听起来可能自相矛盾，但是这种认识不足，部分地是由于霍布斯本人的影响。据他自己解释，他在政治哲学方面的成就，要归功于运用了一种新的方法，就是伽利略赖以把物理学提升到科学地位的那个方法。① 依照这个称为“分解综合（resolutive-compositive）”的方法，既定的政治事实（任何特殊行为正义与否，或现行的一般正义观念，或作为典型政治现实及正义首要条件的国家本身）接受分析，被化约成各种要素（“个人意志”），然后反过来，从这些要素着手，一种“集体意志”的必然性及可能性，通过清澈明晰的演绎法，得以最为确凿连贯的阐发，于是，原先是“非理性”的一团蒙昧浑沌，遂经历了“理性化”的过程。② 这样看来，霍布斯政治哲学的特有内容，像个人对国家的绝对优先，以及个人的非社会性、自然状态跟与其绝对对立的国家的关系、最终作为利维坦的国家本身等等观念，都是由这个方法所决定的，并都已经蕴涵在这个方法之中了。然而，这个方法只是随着模仿伽利略奠定的新物理学而运用的，因而在这个意义上，霍布斯的成就无论多大，却仍然是低一等的，相对地次要于伽利略和笛卡尔对近代科学的创建。

① 这方面，可特别参阅恩斯特·卡西勒的《启蒙哲学》（蒂宾根，1932），自第339页始。

② 《论公民》，“前言”及“献辞”；《论物体》，第6章，第7节。

霍布斯自称，这个新方法是他的政治学说的决定性特色；如果我们也这么看，那么霍布斯政治哲学的普遍重要性，就注定永远也不会被承认。显而易见，这个方法不是他的政治哲学惟一的特征，甚至不是其最重要的特征。正是因为以这个“分解综合”的方法为前提，而不是以亚里士多德的“创始起源”的方法为前提，个人意志的目标及性质问题，自然状态里人的意志问题，对于国家学说的具体发展，才成为决定性的。而对这一决定性问题，新方法并没有事先勾勒描绘出一个毫不含混的明确答案。正如卢梭同霍布斯的争论所充分证明的，人类天然性善(更确切地说，天然淳朴)，还是人性邪恶(贪婪掠夺)，两说之间的对立依然存在。霍布斯从性恶说，否则，他的政治哲学就会失去所有特征，但这于方法之外，必然因而另有来历。结果是，他的政治哲学，也必然有一个比方法更直接、更具体的来源。这个不是关于霍布斯政治哲学的方法和形式的，而是关于霍布斯政治哲学实体内容的来源，我们到哪里去探寻呢?

迄今为止，对于这个问题，有两个不同的答案。一个由霍布斯政治哲学本身的结构所强加给我们的明显答案，说霍布斯是从机械论心理学那里，推导出个人意志的目标及性质的具体定义的；在他的体系里，这个机械论心理学先于政治哲学。这个心理学，作为论据材料，在消极方面提供对意志自由的否认，在积极方面提供一个判断，说人在任何条件下，都是由他的感性印象和他对那些印象(他的欲望和激情)作出的本能反应所决定的，而不是由理性所决定的。不难看出，这个心理学绝不是霍布斯政治哲学的必要前提。为霍布斯所特有的理论主要有，对于“利他主义”自然性的否认，关于人类贪掠本性的命题，关于每一个人针对每一个人的战争状态是人类自然条件的理论，以及关于理性本质上软弱无力的理论。所有这些独特理论，都同样可以在非决定论的前提下成立。而且，这种关于人类本性的“悲观”见解，早在霍布斯持有或可能持有最初的机械论心理学观念之前，就已经在他身上显露了。这些考虑，以及与此类似的考虑，促使威廉·狄尔泰不是到近代科学心理学那里，而是到传统那里，去探求霍布斯政治哲学的实质根源。根据狄尔泰的看法，近代科学只决定了“人类学现在采纳的形式（指譬如霍布斯），而就实体内容而言，它的根基在于对过去时代的描述、分类和解释。”③ 于是，狄尔泰追溯到古代经典时期，去寻找这一实体内容的源头。他特别重视一项佐证，揭示霍布斯关于激情的理论，作为其政治哲学带有根本性意义的一部分，极大地受惠于斯多噶学派。④ 我们不能在这里详细讨论狄尔泰对证据来源的分析。然而有一点，却必须提出来。狄尔泰对霍布斯激情理论的分析，以《论人》为基础，这部著作确实受斯多噶学派影响。他没有提《法律、自然和政治的原理》中的阐述，那本书里关于激情的理论，完全看不出斯多噶学派的影响，而且比《论人》中的相应段落详细得多。作为一个原则问题，我们必须指出，狄尔泰从来没有深究，霍布斯著述中一再出现的传统理论，是他的政治哲学真正不可分割的组成部分，还是霍布斯大体上已经否定，但却未能完全摆脱和摒弃的某个传统的残余而已。狄尔泰从未问过自己这个问题，是因为他没有充分重视霍布斯对整个传统的明确系统的反对，包括对斯多噶学派和伊壁鸠鲁学派的明确系统的反对。假如他把霍布斯政治哲学的实体内容，跟传统政治哲学的实体内容加以比较的话，他就会认识到，在霍布斯的著作中，传统的主题和概念，都被赋予了完全非传统的涵义。而他开始对

---

③ 《全集》，第 2 卷，第 452 页。

④ 《全集》，第 2 卷，自第 293 页始。

源头所作的探索，只能是为这一比较奠定基础。[5] 接着上述例子来说，如果一个哲学家，系统地否认 *beatitudo*（至福）的可能性，如果对他来说，激情的对立面已经不再是一种泰然恬静的状态，那么，当他沿用斯多噶学派的激情观念的时候，这个观念就注定已经从根本上被修改了。

要想恰如其分地认识和理解霍布斯的重要性，必需的条件是要把握一个根本的区别，就是霍布斯政治哲学的“实体”，即决定霍布斯思想的那个独特的道德态度与古典道德态度及基督教道德态度之间的根本区别。霍布斯政治哲学里蕴涵的那个道德态度，是独立于近现代科学的基础的，至少在这个意义上，它是“前科学”的。与此同时，它又是为近代所特具的。我们倾向于说，这个道德态度，构成了近代思想的最深层。霍布斯的政治哲学，把它表现得最充分，最直率。因为从一开始，这个道德态度就被古典传统和基督教传统所遮没，这种遮没，在霍布斯之前比在他之后更为严密；在他之后，它特别被霍布斯为之敞开大门的机械论心理学所掩盖，最后被社会学所遮蔽。然而，霍布斯是在一个孕育着变革的历史时刻进行哲学探索的；古典传统和神学传统已经动摇，而近代科学的传统尚未形成和建立。这时只有他提出了道德人生和社会秩序的根本性问题。这个时刻，对于即将来临的整个时代，具有决定性的意义；基础在此时奠定，而

---

⑤ 最近，约翰·莱尔德(《霍布斯》，伦敦，1934)完全不依赖狄尔泰，甚至在一定的意义上是在反对他，探讨了霍布斯政治哲学与传统的关系。他认为，当霍布斯以中世纪“技巧”为手段，把新的机械论学说运用于形而上学的时候，他的伦理学和政治学，实际上完全是中世纪的(第 57 页)。对莱尔德来说，霍布斯跟他的中世纪先行者们之间的本质区别，在于霍布斯“逻辑上的严密和冷酷”(第 58 页)，或者在于他运用近代科学方法对传统理论所作的论证(参看第 90 页和第 181 页)。我们在上文中对狄尔泰提出的反对意见，这里必须也对莱尔德提出。

近代政治哲学,完全是在这个基础上形成的。我们充分理解和把握近代思想的任何尝试,都必须从这里着手。这个基础,再也没有又像那个时刻那么清晰可见。霍布斯受那个时刻的感召,开始构筑整个大厦,然而只要大厦矗立着,只要我们信仰它的稳定性,它就在遮掩着那个基础。

第二章 道德基础

政治哲学这个知识领域，一方面包括道德哲学，另一方面包括狭义的政治学。[①] 霍布斯曾经三次对政治哲学作出系统详尽的探讨：《法律、自然和政治的原理》(1640)；《哲学原理》的第二和第三部分(《论人》，1658，第二部分；《论公民》，1642，第三部分)；《利维坦》(1651)。在这三部表述中，他的政治哲学在方法和材料方面，都是以自然科学为基础的。方法是伽利略的"分解综合"。材料则借自对激情及此前的感性知觉的机械论解说。所以不难理解，霍布斯的研究者们，或者基于方法，或者基于材料，或者基于两者，几乎都把他的政治哲学诠释为依赖于自然科学。这个理解，表面上好像只是在承认明显的事实，然而细究之下，却证明是极为成问题的。

把政治哲学当做自然科学的一部分或者附属品，用科学方法加以研究，这种尝试在霍布斯的著作中，经常不断地受到质疑，因为他其实意识到这两个学科在材料和方法上的根本区别。基于这一意识，他确信，政治哲学本质上独立于自然科学。惟其如此，他才能在写作他的体系的前两个系统部分的多年之前，就先行写作并发表第三部分《论公民》。他在"前言"里为这部著作的提前发表作解释时明确说："在顺序上是最后的部分，在时间

---

① 《论物体》，第 1 章，第 9 节；《论人》，"献辞"。

上却最先产生；因为我认识到，它以它自身的原则为基础，这些原则已经在经验那里得到充分的证明，因而它不需要前两部分。”② 政治哲学独立于自然科学，因为它的原则不是从自然科学借来的，实际上，它们不是从任何科学借来的；这些原则是由经验，由每个人的切身经验所提供的；更确切地说，它们是通过每个人的自我认识和自我考察而被发现的。③ 结果是，政治哲学的证据跟自然科学的证据很不一样。一方面，它要容易理解得多：它的主题和概念，不像作为自然科学基础的数学那样，远离普通人。④ 另一方面，“这两门学问中政治学更难研究”；人们为他们的激情所惑，看不清原本是简单明了的政治哲学关于准则的知识。而且，人的激情和利己，使他自身成为政治哲学的独特研究主题，他使尽各种伪善，来抵制这些准则赖以论证的自我认识。⑤

根据霍布斯的看法，政治哲学不仅独立于自然科学，而且它本身就是人类知识的一个主要组成部分，而自然科学是另一个主要组成部分。全部人类知识分为两大部类，一方面是自然科学，另一方面是政治哲学。⑥ 每一种知识分类，都以对存在的事物的分类为基础。⑦ 霍布斯对科学的分类，基于把存在的事物

---

② 根据《论人》的“献辞”，《论公民》“前言”中关于狭义政治学的这段话，也适用于政治哲学的另一部分，即道德哲学。

③ 《论物体》，第 6 章，第 7 节；《利维坦》，“引言”。

④ 《论人》，“献辞”；《利维坦》，第 31 章(第 197 页)及“结论”(第 385 页)。

⑤ 《利维坦》，第 30 章(第 180 页及第 187 页)及“引言”；《法律、自然和政治的原理》，“献辞”；《英文全集》，第 7 卷，第 399 页。

⑥ 这种分类的直接来源，很可能出自马里乌斯·尼佐留斯的《理性哲学原理》(巴马，1553)，第 3 篇，第 3—4 章。

⑦ 《论公民》，“献辞”。

分为自然的和人为的。[⑧] 可是，这个分类不完全符合他的意图，因为人工产生的多数事物，特别是所有的机器，都是自然科学的对象。[⑨] 根本上有别于所有的自然事物的，与其说是那些人工产品，不如说是作为人类活动的生产本身，也就是人，即人作为一种本质上是生产性的存在；特别是作为这样一种存在，即他凭依他的技艺，从他的本性着手，塑造出公民或者国家；他以他自身为素材，把自己变成一个公民。只要人以自身为素材，影响着并改变着他的本质，从而把自己变成公民，变成那个被称为国家的人为存在的一部分，那么，他就不是一个自然存在："人不仅是一个自然体，而且也是国家的一部分，或者（用我的话说）政治躯体的一部分。"[⑩] "人的行为举止与'自然原因'不同。"[⑪] 霍布斯对科学的分类，事实上以存在着的事物的基本分类法为基础；根据这种基本分类法，一方面是自然，另一方面是人，具有生产性的、积极主动的人。[⑫]

这样看来，霍布斯把政治哲学理解为自然科学的一部分或附属品，还是理解为一个完全独立的知识领域，换句话说，他的政治哲学旨在是自然主义的，还是人类学的，这个问题不但关系到方法，而且最重要的，也关系到实体内容本身。自然主义政治哲学与人类学政治哲学之间的对立，其对于实体内容的意义，如果我们把握住下述一点，就会充分显现出来，那就是，这个对立只不过是另一个具体对立的抽象形式，而那个涉及对人性的解

---

⑧ 《论物体》，第 1 章，第 9 节；《论人》，"献辞"；《利维坦》，"引言"。

⑨ 《论物体》，第 1 章，第 7 节；《论公民》，"献辞"；《利维坦》，"引言"及第 9 章。

⑩ 《论人》，"献辞"。

⑪ 《英文全集》，第 4 卷，第 445 页；参看《利维坦》，第 37 章（第 238 页）。

⑫ 《法律、自然和政治的原理》，"献辞"；《利维坦》，第 9 章；《论物体》，第 1 章，第 9 节；《论公民》，"献辞"。

释和判断的具体对立，贯穿于霍布斯的全部著作。就这两个对立而言，霍布斯对于消除蕴涵在后者里的矛盾，跟对前者一样无所作为。

霍布斯的人性理论，是他的政治哲学的基础；他把这个人性理论，归结为"两条最为确凿无疑的人性公理"。第一条公理是"自然欲望"，"渴望攫取占用他人皆有共同兴趣之物。"[13] 根据科学解释，这个欲望的根源，在于人的感官享受禀性，即他的动物性。人是一种像其他动物一样的动物；作为一个有感觉的存在，他无时无刻不暴露在多种多样的感性知觉面前；这些感性知觉自动地唤起欲望和厌恶，于是他的生活，就像所有其他动物的生活一样，无时无刻不在骚动。然而有一个重要区别：理性是人与所有其他动物之间的特定区别。因此，人远远不像动物那样，受瞬间的感性知觉所支配，他对未来的设想能力，比动物强得多；正是由于这个原因，他不像动物那样，只顾眼前的饥饿，他也展望未来的饥饿，所以他是最掠夺成性、最狡诈、最凶猛、最危险的动物。[14] 这样看来，人的欲望本身，跟动物的欲望并没有不同，不同之处只在于，对人来说，欲望有理性听凭它使用。这个关于人类欲望的见解，表面上好像为霍布斯所特有，然而在霍布斯的著作里，它又是矛盾的，因为他反复强调，人的欲望是无穷无尽的，这是由于人的欲望本身就是无穷无尽的，而不是由于外在感性知觉在数量上是无穷无尽的。[15]可是，假如事实上是这样

---

[13] 《论公民》，"献辞"。

[14] 《论人》，第 10 章，第 3 节。

[15] 《法律、自然和政治的原理》，第 1 部分，第 7 章，第 7 节；《利维坦》，第 11 章（第 49 页）；《论人》，第 11 章，第 15 节。在这三个段落里，生命是无限的欲望这一命题，都被霍布斯机械地放在欲望只是感觉的自动结果这一假设的基础上，但是同时也放在欲望本质上是自发的这一与之无法共存的假设的基础上。如果仔细探讨，我

的话，那么，人的欲望跟动物的欲望本质上的区别，就在于后者只不过是对外在感性知觉的反应，因此，动物只对有穷尽的客体本身产生欲望，而人则本能地怀有无穷无尽的欲望。毫无疑问，只有这个对人类欲望的第二个看法，才跟霍布斯政治哲学的意图相对应。

这两个关于人类欲望的观念，一个是机械论的，另一个是生机活力论的（Vitalistic），不但在实质内容方面彼此不同，而且在方法上，也不一样。机械论的看法以机械论对感觉的解释为基础，从而以运动的一般理论为基础；另一方面，那个看上去是生机活力论的看法，不是以任何一般的科学理论为基础，而是以对人类本性的洞察为基础，这种洞察，凭借自我认识和自我考察，得以深化并实体化。然而，尽管这两个关于人的欲望的见解，在实体内容方面和方法方面都相互矛盾，但它们实际上和表面上却也都有共同点，这个共同点，使我们可以把它们都理解为自然主义的。

关于人类欲望的自然主义观念，最清楚最完美的表达，见于这项命题：人渴望权力，本能地和无休止地渴望越来越大的权力；权欲一泻喷涌，而并不是由无数的孤立感性知觉，唤起无数的孤立欲望，最后总和累积而形成的。"……我首先作为全人类共有的普遍倾向提出来的便是，得其一思其二、死而后已、永无休止的权势欲。"[16]可是，这个表面上绝对清楚的命题，却在根本上含混不明，模棱两可，因为对权力无穷尽的追逐，本身就是模棱两可的。霍布斯接下去说："造成这种情形的原因，并不永远是人们得陇望蜀，希望获得比现已取得的快乐还要更大的快乐，

们就会看到，这个机械论的理由对于那个命题，佐证不充分。所以那个命题本身，不可能像霍布斯所设想的那样，凭借这个理由，就是不证自明的。

⑯ 《利维坦》，第11章（第49页）。

也不是他不满足于一般的权势，而是因为他不事多求就会连现有的权势以及取得美好生活的手段也保不住。”这样看来，对权力的追逐，可能是非理性的，也可能是理性的。非理性地追逐权力，比理性地追逐权力，更为常见；只有这种非理性的追逐，才被认为是人的自然欲望。因为对权力的理性追逐，已经经过理性反思，正是由于这个原因，它已经不是自然的，即不是先天固有的，不先于所有的外在动因、所有的经验和后天培育。[17] 霍布斯只在一个地方，描述过对权力的非理性追求，即人的自然欲望："人们自从出生，就自然地抢夺他们所觊觎的每一件东西，只要他们力所能及，他们就要让整个世界惧怕他们，服从他们。"[18] 孩子"渴望"得到他见到的那件具体的东西，而不是他没有意识到的别的东西，这有赖于来自外界的感性印象和知觉；但是，他"要让整个世界惧怕(他)，服从(他)"，也就是说，当感性知觉唤起一个具体的欲望的时候，他却"渴望"对整个世界享有绝对支配，这不可能来自对事物的感性知觉，因为动物同样也感知，也有欲望，但是它们并不追求绝对统治。在人那里，动物的欲望被人的欲望接过来并转化了，而人的这种自发的、无穷尽的、绝对的欲望，来源于人自身固有的深层本能。

对权力的追逐，一种是非理性的，因而是不可以允许的，另一种是理性的，因而是可以允许的。在霍布斯对这两者所作的如下区分里，我们可以为非理性的追逐权力，即人作为人的自然欲望，找到一个更详细的定义：

由于有些人把征服进行得超出了自己的安全所需要的限度

---

⑰ 关于霍布斯的"自然"概念，可特别参看《论公民》，第 1 章，第 2 节，注 1。

⑱ 《英文全集》，第 7 卷，第 73 页。

之外，以咏味自己在这种征服中的权势为乐；那么其他那些本来乐于安分守己，不愿以侵略扩张其权势的人们，他们也不能长期地单纯只靠防卫而生存下去。其结果是这种统治权的扩张成了人们自我保全的必要条件，应当加以允许。[19]

在这里，我们可以清楚地看到，对权力的理性的、可以允许的追求，本身是有限的。以它为指南的人，将会“安分守己”，会“满足于一般的权势”。只有不可以允许的、非理性而贪婪地追逐权力，才是无穷尽的。对权力的非理性追求，即人的自然欲望，其基础在于人在端详他自己的权力时，所体验到的欢愉满足，也就是虚荣自负。因此，人的自然欲望的根源，不是感性知觉，而是虚荣自负。

在四个不同的论证里，霍布斯不厌其烦，指认人与动物的特有区别，这些区别包括：追逐荣誉及荣誉地位，追逐优越于他人的地位及他人对此的认可，野心抱负，骄傲自尊，及觊觎名望。[20]鉴于人的自然欲望不是别的，就是追逐优越于他人及他人对此的认可，所以，自然欲望的具体特征，即各种激情，就因而不是别的，而是追逐优势地位及其认可的具体途径：“内心的悲欢，存在于跟与己相匹敌者的争斗之中。”[21] 而且，由于“对任何一种事物的激情比旁人一般的情形更强和更激烈，便是所谓的癫狂”，疯狂一定在特别清晰地显示着激情的本质。在谈到疯狂的原因时，霍布斯说：“过盛、过久而产生癫狂的激情要不是极度虚荣，

[19] 《利维坦》，第13章(第64页)。

[20] 《法律、自然和政治的原理》，第1部分，第19章，第5节；《论公民》，第5章，第5节；《利维坦》，第17章(第88—89页)。

[21] 《法律、自然和政治的原理》，第2部分，第8章，第3节；参看同书第1部分，第8章，第8节及第9章；以及《论公民》，第1章，第2节。

便是心情极度沮丧，前者一般称为骄傲及自负。”[22] 所有的激情和所有形式的疯狂，都是对自负和自卑感的宣泄，或者在原则上，都是对追逐优势地位及其认可的宣泄。根据霍布斯的看法，这种追逐的动机，在于人希图在审视自己的优势、自己被人承认的优势的时候，体验到欢愉和满足，也就是虚荣自负。[23]

霍布斯断言，每一个人针对每一个人的战争状态，必然发源于人类本性；如果我们分析比较他在三部政治哲学著述中为这一断言所作的论证，我们就会得出与上述讨论相同的结论。正是由于这个原因，人与人之间就都是敌人，因为每个人都企望胜过别人，从而都在互相侵犯。在三部著述之间，存在着令人震惊的不一致和脱节，并存在着更为惊人的含混不清之处，每部著作自身，甚至还有逻辑上的缺陷；所有这些都表明，霍布斯自己从来也没有完成对他的根本论断所作的论证，而且我们仔细研究后就会看到，他没有完成这些论证，其实就是因为，是否直截了当地把人的自然欲望归结成为虚荣自负，并明确地以此作为他的出发点，连他自己都拿不定主意。我们不能在这里展示这些论证。[24] 而我们要做的，是提醒读者注意一点，那就是霍布斯何以把《利维坦》称为他最详尽的政治哲学论述的原因，这一点虽然显而易见，然而据我们至今所知，一直受到忽视。在这部著作的最重要部分的结尾，他说：

---

[22] 《利维坦》，第 8 章（第 36 页）；参看《法律、自然和政治的原理》，第 1 部分，第 10 章，第 9—11 节。

[23] “荣耀，……或自我感觉良好。”《论公民》，第 1 章，第 2 节；参看《法律、自然和政治的原理》，第 1 部分，第 9 章，第 1 节；《论公民》，第 4 章，第 9 节；《论人》，第 12 章，第 6 节。参看本书下文第 159—160 页，及第 162 页注㉑。

[24] 作者希望，不久的将来，在阐述霍布斯政治哲学的构架之内，对这些论证加以介绍。

> 写到这里为止，我已说明了人类的天性，他们由于骄傲和其他激情而被迫服从政府；此外又说明了人们的统治者的巨大权力，我把这种统治者比之于利维坦；这比喻是从《约伯记》第四十一章最后两节取来的，上帝在这儿说明了利维坦的巨大力量以后，把他称为**骄傲**之王。㉕

在利维坦与国家之间作比较所昭示的第三个因素，不是任何强大的力量本身，而是能制服睥睨一切的人的那个强大的力量。把国家跟利维坦相类比，是因为只有它，才是“那些惟我独尊的孩子的国王”。从长远来看，只有国家，才有能力制服骄傲；而人的自然欲望是骄傲、野心和虚荣自负。除此以外，国家确实没有别的 *raison d'être*（理由存在）。正是因为持有这个想法，霍布斯才说他的著作《利维坦》是“持平之论，珠玉之论”。㉖

人的自然欲望就是虚荣自负，在霍布斯看来，这个看法事实上堪为定论；那么，对于把这个看法明确地当做他的政治哲学的基础，他为什么又拿不定主意呢？如果这个自然欲望观念是对的，如果人在本性上以胜过所有他人为乐，那么，人类就天性邪恶。可是，对于他的理论中所蕴涵的这种后果或假设，他不敢确认坚持。出于这个原因，在为每一个人针对每一个人的战争状态列举渊源的时候，他就在最终的压卷之作（《利维坦》）中，把虚荣自负放在最后的位置了。㉗ 上述原因㉘ 决定了霍布斯的做

㉕ 《利维坦》，第 28 章，篇尾。

㉖ 《拉丁文全集》，第 1 卷，第 xciv 页。

㉗ 可以比较这一论证的不同序列，一方面是《利维坦》，第 13 章（第 63—64 页），另一方面是《法律、自然和政治的原理》，第 1 部分，第 14 章，第 3—5 节，及《论公民》，第 1 章，第 4—6 节。参看本书下文第 203 页注⑭⑨。

㉘ 参见第 33 页第 23 行。

法，这一点可以从《论公民》“前言”的一段话中看出来。在此之前，曾经有反对意见指出，根据霍布斯的理论，人性邪恶。他回答说：

> 尽管从自然，即从他们降生之初，他们作为只不过是有知觉的生物，获得了这样的禀性，觊觎并尽量攫取最取悦于他们的任何东西，并或者由于恐惧而逃避迫近他们的危险，或者由于艰难而排斥迫近他们的危险，然而，他们却不因此就被认为是邪恶的。因为内在的感情，只来自灵魂的低级部位，本身并不是邪恶的；可是发自那里的行动，则有时候可能是邪恶的，……我们必须承认，人的欲望、恐惧、发怒及其他激情，可能来源于自然，可是不能把这些激情的邪恶效果，归咎于自然。

由于人在本质上就是动物，他的本性并不邪恶，所以他跟动物一样无邪；于是，虚荣自负就不能用来描述人的自然欲望。可以说明问题的是，有人指责他的理论主张人性邪恶，而霍布斯在为自己辩护的时候，对虚荣自负只字未提。自然的虚荣自负，完全消失在“其他激情”之中了。[29] 如果要想强调人类天然淳朴无邪，

---

[29] 他本着连贯一致的自然主义原则，试图从动物的本性中，推导出虚荣自负（参看《法律、自然和政治的原理》，第1部分，第8章，第3—5节；及《利维坦》，第10章）。根据霍布斯的表述，社会性的欢愉满足不是别的，就是虚荣自负的满足。于是，他就在结束描述社会性欢愉满足时写道：“这些确实是社会上真正的欢愉满足，我们凭依自然天性就享有它们，就是说，凭依那些伴随着所有的动物而来的激情……”[L]（《论公民》，第1章，第2节）。而在动物本性与人性之间所作的严格比较，却否认关于虚荣自负的动物性的这一说法，因为根据这个比较，虚荣自负从来不在动物身上显现；参看《论公民》，第5章，第5节，以及《法律、自然和政治的原理》和《利维坦》中的相应段落。

如果要把人的邪恶性理解成为畜类的一种单纯的“邪恶”，那么，虚荣自负就必须消失掩蔽在“其他激情”之中。在为他的政治哲学奠定根基的时候，霍布斯越来越把虚荣自负推向幕后，而代之以无邪的竞争，无邪的追逐权力，无邪的畜类欲望，因为，用虚荣自负为人的自然欲望下定义，其意图是要作道德判断。然而，他并不比任何别人更能使我们忘记，人并非恰好只是一种淳朴无邪的动物。他拒绝承认罪犯是邪恶的人，然而最终，他却感到不得不指出审判官们的邪恶性；[30] 不仅如此，他在描述对权力的追逐本身时流露，这种追逐的无邪、中性和道德中立，只是表面上的。追逐权力，作为人的追逐，永远或者是善的和可以允许的，或者是恶的和不可以允许的。表面上的道德中立，仅仅来源于对必要的道德区别的抽象化，而这种道德区别，霍布斯自己立即就予以强调。霍布斯政治哲学的基础，不是建立在对某种非道德的道德幻觉上，而是建立在一种新的道德上，或者，按照霍布斯的意图来说，建立在为永恒的道德所作的新的奠基之中。

霍布斯把他的政治哲学的基础，归纳为“两条最为确凿无疑的人性公理”，第一条是“自然欲望公理”，而第二条叫作“自然理性公理”，“它教导每一个人，逃避反自然的死亡，这是可能对自

[30] “……看来这位主教大人，不是把追究责任视为就一件事所作的责问，而是把它当成一个托辞，视为含指蓄谋恶意的色彩，当做对他所责问的人的复仇。……我们事实上归咎于它们（焚毁了城市的火灾，致伤了人命的毒物），这跟我们加罪于人，同样常见。因为，正如我们说人做了非正义的事一样，我们同样也说火灾造成了损害，毒物杀死了人；但是我们不谋求向火灾和毒物复仇，因为我们不能像我们可以使伤害了我们的人乞求宽恕那样，也使火灾和毒物乞求宽恕。追究责任，即宣布所造成的损害或罪行，在这两种情况下是一样的；但是人的蓄谋恶意，只是针对人的。”《英文全集》，第 5 卷，第 53—54 页。（中译注：本书英文译本引用《英文全集》第 5 卷这段话时，漏引了几个字，中文译本从原文改。）复仇的欲念发自虚荣自负，霍布斯的这个看法，见于《法律、自然和政治的原理》，第 1 部分，第 16 章，第 10 节；及第 9 章，第 6 节。

然发生的最严重危害。”[31] 根据自然主义的论证，这条公理被归结为自我保存的原则：鉴于保存生命是满足任何欲望的绝对必要的条件，所以自我保存就是“首要的善”。[32] 作为这个思想的合乎逻辑的结论，霍布斯试图从自我保存原则着手，推演出自然权利、自然法以及所有德行——柏拉图的四大基本德行。[33]

引人注意的是，霍布斯宁愿使用消极的措辞“逃避死亡”，而不用积极的“保存生命”。原因不难找到。保存生命是**首要的**善，这一点可以被理性确认，而且只有在理性那里才能得到确认。另一方面，死亡是首恶，这一点凭借激情，凭借惧怕死亡的激情，就能确认。由于理性自身是软弱无力的，那么，如果没有惧怕死亡的激情迫使人意识到，保存生命是他最重要、最急需的善之所在的话，他就不会想到这一点。[34] 与这个原因紧密相联，还有一个进一步的原因，也显示消极的表述比较可取。根据霍布斯的理论，保存生命是首要的善，它标志朝着进一步的目标不受阻碍地不断进展，预示着“持续的繁荣成功”，简言之，幸福乃是**最大**的善；但是，不存在**至高无上**的善，享有了它，人的心灵就可以进入和谐宁静的佳境。[35] 另一方面，死亡是**首要的**邪恶，同时却也是**最大的**和**至高无上的**邪恶。[36] 因为死亡不仅是对首要的善的否定，而且因而还是对所有的善的否定，包括对最大的善的否定；与此同时，作为在没有至善的情况下的至恶，死亡是惟

㉛ 《论公民》，“献辞”。

㉜ 《论人》，第 11 章，第 6 节。

㉝ 特别参看《论公民》，第 3 章，第 32 节。

㉞ 参看《法律、自然和政治的原理》，第 1 部分，第 14 章，第 6 节，以及该书的“献辞”。

㉟ 《论人》，第 11 章，第 15 节；《法律、自然和政治的原理》，第 1 部分，第 7 章，第 7 节；《利维坦》，第 6 章（第 30 页）及第 11 章，篇首。

㊱ 《论人》，第 11 章，第 6 节；《论公民》，“献辞”，及第 1 章，第 7 节。

一的绝对标准;参照着它,人就可以有条理地安排他的生活。在诸善轻重缓急的序列中,不存在真正的止境;而且,首要的善跟最大的善完全不同;而首要的邪恶,最大的邪恶,跟至高无上的邪恶,又完全是同一件事;因而在这种情况下,只有考虑邪恶,欲望才可能有个止境,人生才可能定位定向。只有凭借死亡,人才可能有个目标,因为只有凭借死亡,他才可能有一个胁迫性的目标,一个被死神的影子强加给他的目标,也就是逃避死亡的目标。由于这个原因,霍布斯宁愿选用消极的表述"逃避死亡",而不用积极的"保存生命":因为我们切身所感觉到的,是死亡,而不是生命;因为我们痛切地和直接地惧怕死亡,而只有当理性反思告诉我们,生命是我们幸福的条件时,我们才渴望生命;因为我们对死亡的恐惧,无限度地大于我们对生命的欲望。

然而,霍布斯对死亡是首要的、最大的、至高无上的邪恶这一断言,毕竟难以默认。因为他知道,一个悲惨痛苦的生活,跟死亡比较起来,可以是更大的邪恶。因此,最大的和至高无上的邪恶,不是死亡本身,而是极度痛苦折磨中的死亡,或者,看起来好像与此相同,是暴力造成的横死。[37] 可是,如果霍布斯真的认为,痛苦折磨中的死亡是至高无上的和最大的邪恶,那么,他就会比笛卡尔[38] 或斯宾诺莎[39] 更重视医学。然而事实上并不是这样;他甚至忘记了医学:"所有这些灾难祸患,虽然可以通过人类各行业的勤奋努力而得以避免,却都发源于战争,首先是发源于国内战争,因为随之而来的,就是杀戮宰割,荒僻隔绝,普遍匮

㊲ 《论人》,第 11 章,第 6 节;参看《法律、自然和政治的原理》,第 1 部分,第 14 章,第 6 节;《论公民》,"献辞",以及同书第 3 章,第 12 节,及第 6 章,第 13 节。

㊳ 《方法谈》,篇尾。

㊴ 《知性改进论》,布鲁德尔编辑,第 15 节。

乏。"[L][40] 霍布斯认为惟一值得提出来的,也不是痛苦折磨中的死亡本身,而只是威胁着一个人的、被他人手中的暴力所造成的横死。当他谈到作为最大邪恶的痛苦死亡时,他心目中没有别的,只有被他人手中的暴力所造成的死亡。"自然理性公理"用下述公式表述这个思想:"(每一个人都)逃避反自然的死亡,这种可能对自然发生的最严重危害。"[L]

法律和国家的起源,不是出自关于死亡是最大至恶的理性的、因而是永远不确定的[41] 知识,而是出自对死亡的恐惧,也就是出自感情上对死亡不可避免的、因而是必然的和确定无疑的厌恶。[42] 这个恐惧是一种相互的恐惧,就是说,是每个人对每个

---

[40] 《论物体》,第1章,第7节。我们必须进一步指出,在霍布斯关于自然科学的效用的几乎所有论述中,他完全未提医学。可以比较下列段落:《法律、自然和政治的原理》,第1部分,第13章,第3节;《论公民》,"献辞",及第17章,第12节;《利维坦》,第13章(第64—65页),及第46章,篇首;《论物体》,第1章,第7节。

[41] 霍布斯在谈到自然法时说:"(理性的命令)只是原理,有助于和平;那些不确定的原理,只是具体的人作出的结论,因而不是严格意义上的法律。"《英文全集》,第4卷,第285页。参看《论公民》,第2章,第1节,注释,及《利维坦》,第26章(第141页)。

[42] "因为每一个人都渴望对他有利的事,躲避邪恶的事,首先躲避最首要的自然邪恶,就是死亡;他凭依一种必然的自然本能躲避死亡,完全就像一块石头向下坠落那么必然。所以,一个人用尽他最大的努力,保存并保卫他的身体及其器官,使之不受死亡和不幸事件的侵害,这既不荒谬,又不应受指责,也不违背真正的理性的命令。……因此,自然权利的首要基础就在于,每个人尽其所能,保护他的生命和身体器官。"《论公民》,第1章,第7节。这里的这个必然性,不应从自然主义宿命论的意义上去理解;这一点,可以从诸如这样的一些相应论述中看出来:"当一个人,为了使自己不至死于暴力,而被迫去服从一个僭越篡位者时,你们说他十恶不赦,大逆不道;你们本来应该考虑到,那么,当人们按照自己的意志,主动地去服从一个僭越篡位的英国议会时,那又是什么罪行。……他(霍布斯)为他们的降服归顺作了辩护,其根据是他们以往的顺从驯服,以及当前的必然性……"《英文全集》,第4卷,自第423页始。

他人作为自己的潜在谋杀者所怀有的恐惧。[43] 这种对凶暴横死的恐惧，就其起源而论，是先于理性的，就其作用而论，却是理性的；根据霍布斯的学说，正是这种恐惧，而不是自我保存的理性原则，才是全部正义以及随之而来的全部道德的根源。他的全部逻辑性结论，都是从这里得出的：他最终否定了所有德行的道德价值，只要它们无助于缔造国家，巩固和平，保护人免遭暴力横死之虞；或者，更确切地说，他否定了所有德行的道德价值，只要它们不是从对暴力造成的死亡的恐惧出发的："因为勇气，如同谨慎一样，与其说体现着行为举止的优秀，不如说体现着内心的一种力量；而节制，与其说代表着一种道德美德，不如说代表着一些瑕玷恶习的不存在，这些瑕玷恶习来自一些人的贪欲禀性，而这些人，并不侵害国家，而只伤害他们自己。"[L][44]

这样看来，霍布斯政治哲学赖以作为出发点的，是一个对立；这个对立，一方面是虚荣自负，即自然欲望的根源，另一方面是对暴力造成的死亡的恐惧，唤醒人的理性的那个激情。更确切地说，由于霍布斯把人的自然欲望归结为虚荣自负，他就别无选择，只能把对暴力造成的死亡的恐惧——而不是对一般的痛苦死亡的恐惧，更不是对自我保存的追求——作为道德的惟一原则。因为，如果人的自然欲望是虚荣自负，那就是说，人出于

---

[43] 《论公民》，第 1 章，第 2、3 节。

[44] 《论人》，第 13 章，第 9 节。在《论公民》第 3 章第 32 节中，霍布斯还在承认柏拉图的几大德行；在《利维坦》第 15 章（第 81 页）里，他除了公正以外，只提到了节制。我们必须进一步指出，在《利维坦》第 6 章（第 26 页）中，勇气被描述成一种激情；而早在《法律、自然和政治的原理》（第 1 部分，第 17 章，第 14 节）里，就划分了一个清楚的界限，一方面是公正、公平、感恩、节制、谨慎，它们总是属于美德，另一方面是勇气、慷慨等等，它们可能是美德，但也可能是瑕疵。同时参看本书下文第 60—61 页及第 134—137 页。参看伏尔泰《哲学辞典》中"德行"及"人类道德伪善"等节，以及康德《道德形而上学基础》，第 1 版（篇首的几个段落）。

自然天性，力求胜过他的所有同类，使他们都承认他的优势，从中体验自我欢愉和自我满足；也就是说，他出于本性，希图使全世界都惧怕他，服从他。越来越辉煌地压倒他人，这种不是与日俱增，而是合理地膨胀的力量，就是自然人的目标之所在和幸福之所在："持续地胜过任何他人，即是幸福。"人生可以比为一场竞赛："可是我们必须假设，这场竞赛，没有别的目标，没有别的花环，只有位居最前。"㊺ 人全神贯注地投入这场追逐胜利喜悦的竞赛，就无暇意识到他对那无足轻重的首要之善的依赖，即对保存生命和躯体的依赖；人认识不到他的人身需要，而只体验心灵上的欢快和哀伤，虚幻中的欢快和哀伤。根据理性，"一个人用尽他最大的努力，保存并保卫他的身体及其器官，使之不受死亡和不幸事件的侵害"；而非理性的自然欲望，其本质却在于，"由于心灵的全部欢快与满足，都寓于这方面，所以向那些跟自己势均力敌的人报复，心里就会感到几分满足，可以庆祝，自吹自擂"。[L]㊻ 生活在他的幻想世界里，为了使自己相信自己对他人的优势，他除了为自己想像出自己的功绩事迹以外，什么也不需要做；在这个世界里，的确"全世界都服从他"，什么事他都如愿以偿。㊼ 只有当他通过人身伤害，自己切身感受到现实世界对他的抗拒时，他才能从这个梦幻世界幡然醒悟，返回到他自身。人依靠 *damnorum experientia*（受害的经验）㊽ 走向理智。

㊺ 《法律、自然和政治的原理》，第 1 部分，第 9 章，第 21 节。

㊻ 《论公民》，第 1 章，第 5 节及第 7 节。同时参看该书第 1 章，第 2 节，以及《利维坦》第 27 章（第 159 页）中"及于人身的伤害"与"幻想中的伤害"（即受伤害的虚荣自负）之间的对立。

㊼ 试比较《法律、自然和政治的原理》，第 1 部分，第 9 章，第 1 节，与《利维坦》第 6 章（第 27 页）中关于虚荣的描述。

㊽ 《论公民》，"前言"。

可是，如果受伤害的经验向他揭示的，不仅是他体力上的局限性（这个他并不太以为意），而且是他在洞察力和智力方面的局限性（他首先关切自己智力上的优势[49]）的话，那么，伤害就必须是事先没有预见到的。“人们除了根据自己所遭遇的意外灾祸进行推论以外，便**没有其他办法**认识自己的黑暗。”[50] 这个自我认知，特别是通过对死亡作为最大的和至高无上的邪恶的预料不到的知觉而获得的。由于人出于本性，生活在胜利喜悦的梦幻中，生活在一个炫目的、给人以深刻印象的、显而易见的美梦中，他就需要一种给人印象同样深刻的力量，将他震慑，从梦境中惊醒：这个力量，就是死亡的专横威严。

所以，自我认知的理想条件，必须是始料不及的致命危险。目空一切的自然人，为什么会获得这个经验？他又是怎么获得这个经验的？只有回答了这个问题，我们才能把握霍布斯为什么把对暴力造成的死亡的恐惧，而不是死亡恐惧本身，看成道德起源的真正原因。虚荣自负的人，在他的幻觉中，笃信自己比他人优越，可是他无法使自己确信，这个自我估价是对的；他需要他人承认他的优势。为此，他走出他的梦幻世界。他对他的优势及其承认提出诉求：“他要享有为所欲为的特许，他要求他人对他尊敬，给他荣誉。”[L]于是，要么他人认真对待他的要求，而感到自己被藐视了，要么他人不重视他的要求，而使他感受到了轻怠。无论是哪种情况，提出这个诉求，都要导致轻蔑傲慢。然而，蒙受轻怠藐视，“切齿拊心”，最为痛苦；叵测伤人之心，遂

---

[49] 在《论公民》第1章第5节中，虚荣自负被直截了当地表述为“智力较量”。同时参看《利维坦》，第13章（第63页）。

[50] 《利维坦》，第44章（第331页）。

由此而萌生。[51] 受到轻怠的一方，心存芥蒂，睚眦必报。为了雪耻，他就攻击对方，而自己会不会因此丧失生命，他漠然不计。[52] 另一方面，尽管他对保存自己的生命已经置之度外，然而他却绝对企望，他的对手首先必须活着；因为“报复不是以死亡为目标，而是以捕获制服敌手为目标。……报复意在凯旋，意在扬眉吐气，若对手已泯，则扬眉吐气无门”。[53] 这样爆发的搏斗，在较量双方心目中，都不是为了杀戮，而是要制胜对方，从而这场搏斗，必然趋向严重激烈，因为这是人身较量，是真正的搏斗。冲突伊始，双方就在无意之中，事先没有预见的情况下，完全走出了梦幻世界。冲突过程中，人身伤害，或者更确切地说，肉体痛苦，唤起了对丧失生命的恐惧。恐惧减缓了愤怒，使蒙受轻怠之耻退到了第二位，[54] 而复仇的欲念，遂转化为憎恨。怀恨者要做的，已经不再是扬眉吐气，而是置敌于死地。[55] “琐事”之争，意气之争，变成了生死搏斗。就是这样，自然人初始未曾预见到致命的危险；也就是这样，他第一次领教了那个首要的、最大的、至高无上的邪恶；值此面对死神的危亡之际，他认识到死亡是首恶至恶，从此幡悟图生。

他置敌于死地，摆脱了生命危险，然而这只是瞬间之无虞，

---

[51] 《论公民》，第1章，第4—5节；《利维坦》，第13章（第64页）。同时参看《拉丁文全集》，第4卷，第195页。

[52] “我们相互之间传递的怨恨与轻蔑，激起极度的不和与争斗（因为在这种蒙受蔑视的条件下，生命本身已不再值得尊重珍惜）”。《法律、自然和政治的原理》，第1部分，第16章，第11节。参看《论公民》，第3章，第12节。

[53] 《法律、自然和政治的原理》，第1部分，第9章，第6节。

[54] “事实上，愤怒最常发自蒙受轻蔑的耻辱。……恐惧制怒。”[L]《论人》，第12章，第4节。

[55] “憎恨者的目标，是杀戮，是消除自己的恐惧。”《法律、自然和政治的原理》，第1部分，第9章，第6节。

因为人人都是他的敌人,他刚杀死第一个敌手,旋即"也面临着来自别人的同样的危险",[56] 并以此类推。因此,杀死对手,就躲避死亡而言,只有最不具远见的涵义。不仅为了眼前求生,而且为了从长远计,保卫自己的生命,使之无虞,人就需要有同伴的帮助。同伴有两个途径可以获得,一个途径诉诸武力,另一个途径凭借契约。[57] 第一个途径,不如第二个有远见;它介乎于杀死敌手跟与敌缔约之间;但是正由于这个原因,它又较为"自然",对自然人来说,比第二个途径更为性情投契。

丧失生命的恐惧发生于人为胜利所作的争斗,而它又反过来,消磨甚至抵消了制胜的斗志,使他准备忍住一腔意气,逆来顺受,把胜利的荣光让给对手,以换取挽救他自己的生命。而另一方面,他的敌手,在保住了对其优势及荣誉的承认,如愿以偿的时刻,却出于荣誉的缘故,无法置他于死地;因为"只有恐惧才会促使人毁灭他人的生命。而且,除非采取什么不名誉的行动,从而暴露一个人良知上的软弱,否则,恐惧很难显露出来;所有的人,假如勇气或宽宏大量的激情还在他们心中激荡的话,就都会放弃诉诸残酷。……所以简言之,战争中惟一的行为法则,即是荣誉。"[58] 主仆关系,由此产生。捍卫了自己荣誉的胜利者,成为主人。败北的一方,"屈服于怕死",承认自己处于劣势从而名誉扫地,变成了仆人。[59] 主人对仆人的支配,是专制统治,是

---

[56] 《利维坦》,第 13 章(第 63 页)。

[57] 《论公民》,第 1 章,第 13—14 节。

[58] 《法律、自然和政治的原理》,第 1 部分,第 19 章,第 2 节。参看《论公民》,第 5 章,第 2 节;及《利维坦》,第 17 章(第 87 页)。

[59] 《法律、自然和政治的原理》,第 2 部分,第 3 章,第 2 节;《论公民》,第 8 章,第 1 节;《利维坦》,第 20 章(第 106 页)。

自然国家的一种形式;[60] 至于自然国家的另一种形式父权制,霍布斯完全依照专制模式来解释,所以我们甚至可以说:专制统治就是自然国家。

人为的国家,相形之下较为完美;敌对双方都为丧失生命的恐惧所震慑,[61] 从而克服了他们的虚荣自负及承认恐惧的耻辱,认识到他们真正的敌人不是对方,而是"那个自然劲敌——死亡";[62] 死亡作为公敌,迫使他们达成共识,建立信任,实现联合,使他们为了对付这个公敌,保障尽可能的长治久安,得以有可能完成对国家的奠基;此时此刻,人为的国家就应运而生了。在事先无法预见的生死搏斗中,虚荣自负造成不幸和灾难,从而说明了虚荣自负的于事无补;先于理性的死亡恐惧,导致人的和谐共处,从而揭示死亡恐惧适合于人类的根本情况,它是"理性的"。这甚至表明,只有在死亡恐惧的基础上,人类生活才能和谐;死亡恐惧是惟一的"自然理性公理"。

因此,霍布斯政治哲学赖以立足的两条"人性公理"之间,存在着紧密的联系。虚荣自负任其滋长蔓延,势必造成殊死搏斗,而且由于"每一个人都希望共处的人对自己的估价和自己对自己的估价相同",[63] 每个人都放纵自己的虚荣自负,势必导致"每一个人针对每一个人的战争状态"。人出于本性,先在他的幻想世界中生活,然后又在他人的看法中生活,因此,只有通过与他人的冲突,去感受那个完全预见不到的现实世界,他才能开

---

[60] 《法律、自然和政治的原理》,第 1 部分,第 19 章,第 11 节;《论公民》,第 5 章,第 12 节;《利维坦》,第 17 章,篇尾。

[61] "……人们之所以选择主权者是由于互相畏惧而不是由于畏惧他们按约建立的主权者。"《利维坦》,第 20 章,篇首。

[62] 《法律、自然和政治的原理》,第 1 部分,第 14 章,第 6 节。

[63] 《利维坦》,第 13 章(第 64 页)。

始有现实世界的经验。他开始认识死亡——首要的、最大的、至高无上的邪恶,人类生活惟一的绝对坐标,关于现实世界的全部知识的出发点——最初只是通过**暴力造成**的死亡来认识的。

如果说霍布斯通过把人类自然欲望归结为虚荣自负,从而降罪于人的话,那么,对死亡恐惧(虚荣自负的反面)的肯定,就必然同样带有道德涵义。也就是说,霍布斯一定作了系统的区分,一方面是死亡恐惧,作为全部法律和全部道德的起源,另一方面是所有非道德或不道德的动机。于是,他关于国家的起源只是并只能是相互恐惧的论点,就不仅具有技术上的意义,也具有道德上的意义。

霍布斯对合法性和道德性加以区分,其严格精确,不亚于任何其他道德主义者。人之成为一个公正的人,不是由于其行动的合法性,而是由于其目的的道德性。这个公正的人遵守法律,就是因为那是法律,而不是出于惧怕惩罚的缘故或者担心名誉的缘故。[64] 虽然霍布斯声称,"有些人主张,心灵最初的活动就是罪恶,只是由于畏惧上帝才受到了遏制;……这种人对自己和对别人都未免太过分了",但是他"坦白地承认,这一问题与其失之不及,不如失之过分"。[65] 霍布斯相信,道德态度、良知、意图比行动重要;在这一点上,他跟康德和基督教传统是一致的。[66] 他跟这个传统的不同之处,表面上好像只在于,他否认正义的行动跟不正义的行动可能在独立于人类立法的情况下,加以区分。在自然状态之中,正义和非正义行动的区别,完全依赖于个人良知的判断。在自然状态里,任何一个行动,只要个人良知认为是

---

[64] 《法律、自然和政治的原理》,第 1 部分,第 16 章,第 4 节;《论公民》,第 3 章,第 5 节,及第 14 章,第 18 节;《利维坦》,第 15 章(第 77 页,第 82 页)。

[65] 《利维坦》,第 27 章,篇首。

[66] 特别参看《论公民》,第 4 章,第 21 节,及《利维坦》,第 44 章(第 348 页)。

为自我保存所必须，原则上就是可以允许的；任何一个行动，只要个人良知判断无助于自我保存的目的，原则上就要禁止。然而，在自然状态中，每一个行动都能被判断成是为自我保存所必需的。所以，如果在自然状态，任何行动，每一个行动，都是可以允许的，那么，即使是在自然状态里，也并不是每一个**意图**都是可以允许的；只有有助于自我保存的意图，才是可以允许的。因此，正义的意图与非正义的意图之间明确无误的界限，即便是在自然状态，也有效适用；所以，这个界限是绝对的。[67]

假如存在着一个自然法，对人有绝对的约束力，因而即使在自然状态也有约束力的话，那么，霍布斯可能就满足于此了。但是，他明确地否认了这样一个自然法的存在："这些理性的规定人们一向称之为法，但却是不恰当的，因为它们只不过是有关哪些事物有助于人们的自我保全和自卫的结论或法则而已。正式说来，所谓法律是有权管辖他人的人所说的话。"[68] 法律就是义务。[69] 但是，只有在未受束缚的自由人之间缔结的契约的基础上，义务才能产生。于是，"事先没有信约出现的地方就没有权利的转让，每一个人也就对一切事物都具有权利，……在订立信约之后，失约就成为不义，而非正义的定义就是不履行信约。"[70] 最初的时候，正义的态度不可能是别的，只能是认真的努力，去信守自己的诺言；然而，这种努力的正义性的内涵，不可能涉及

---

[67] 在《利维坦》第 14 章(第 65 页)，霍布斯确实附带地说过，在自然状态，"不可能有任何事情是不公道的"(中译注：这句话其实出现在《利维坦》的第 13 章)，但是他的意思是，"没有任何行为是不义的"。参看《利维坦》，第 15 章，篇首。特别比较本书第 27 页注[64]中所列各段落。

[68] 《利维坦》，第 15 章，篇尾。进一步参看本书第 20 页注[41]，及第 72 页注[6]。

[69] 《利维坦》，第 14 章(第 67 页)。

[70] 《利维坦》，第 15 章，篇首。

对法律本身的尊重和遵守，因为严格意义上的法律，并不存在。所以，这种正义的态度，跟服从法律不能相提并论，甚至相反，它不可能是别的，只能是骄傲自豪的自强自立："使人们的行为具有正义色彩的是一种罕见的高贵品质或侠义的勇敢精神，在这种精神下，人们耻于让人看到自己为了生活的满足而进行欺诈或背信。""……人的本性之中，可以想像得到的只有两种助力足以加强语词的力量：一种是对食言所产生的后果的恐惧，另一种是因表现得无须食言所感到的光荣或骄傲。"[71] 这里，霍布斯还没有把话说透；这一点，已经可以从他使用的"骄傲"这个词中，得到证明。我们刚刚引用的两段话，都已体现在《利维坦》这本书的书名里，而我们已经看到，这个书名本身即已暗示，骄傲远远不是正义态度的起源，相反，骄傲却是非正义态度的惟一起源。[72] 把正义的意图归纳为骄傲，其实偏离了霍布斯的核心思想。根据他的核心思想，正义的意图的起源不在于骄傲，更不在于服从，而在于对暴力造成的死亡的恐惧。面对他人手中的暴力，人意识到自己的软弱，他不再以他的**荣誉**为意，因而对自己及他人**诚实地**承认他的软弱和他的死亡恐惧；只有他在这个时候出于死亡恐惧所作的选择，才是根本上正义的："简言之，在自然状态，何谓正义，何谓非正义，不根据行动来评价，而根据行动者的意图和良知来评价。迫于必然性的行动，出于和平努力的行动，为了保存我们自己而采取的行动，都是正义的行动。"[L][73] 自我保存及为了自我保存所作的和平努力，是"必要的"，

---

[71] 《利维坦》，第 15 章(第 77 页)和第 14 章(第 73 页)。

[72] 霍布斯在《法律、自然和政治的原理》之第 1 部分第 9 章的第 1 节中表明，他总是把"骄傲"作为一个贬义词使用的。

[73] 《论公民》，第 3 章，第 27 节，注释。

因为人对死亡的恐惧，带有一种无法逃避的必然性。[74] 霍布斯最终的不易之论，是把道德良知跟死亡恐惧等同起来。

无论我们怎么评判道德良知跟死亡恐惧之间的这种等同，它都使我们能够在正义与非正义之间，道德的动机与不道德的动机之间，作出系统的区分。正是这个等同，使霍布斯写道："人的这种相互伤害的自然癖性，发自他们的激情，但是首先发自他们的虚荣自负；现在，如果你再加上所有的人针对所有的人所拥有的权利，一个人有权利侵犯，另一个人有权力抵抗……"；[L][75] 这就是说，要在人的自然欲望跟他的自然权利之间，加以区别。道德良知跟死亡恐惧之间的这种等同，尤其能使我们划清一个界限，一方面，是非正义的人所采取的态度，他毫无内在信念，只是出于惧怕惩罚，才遵守国家的法律，另一方面，是正义的人所采取的态度，他出于死亡恐惧，也就是出于内在信念，就遵守国家的法律，仿佛这个信念，又一次在他身上，实现了国家的奠基。惧怕死亡跟惧怕惩罚，不可同日而语，就像在深层及整体上决定人生的那种有远见的、始终如一的恐惧，跟只看到下一步的那种近视的、瞬息间的恐惧一样，不能相提并论。

霍布斯把道德良知跟死亡恐惧等同起来；只有通过对致命危险的认识，只有通过同时是在避开死亡的这种认识，人才能够从天然的虚荣自负，从他对其幻想世界的天然迷恋中，彻底地解脱出来。如果是这样的话，那么，死亡恐惧，对暴力造成的死亡的恐惧，就不仅是社会生活的必要条件，而且是科学的必要条件。如同社会共同生活为激情所阻碍一样，科学为偏见所阻碍。

---

[74] 《论公民》，第1章，第7节。

[75] 《论公民》，第1章，第12节。参看《法律、自然和政治的原理》，第1部分，第14章，第11节。

而且，关于我们激情的根源的认识，同样适用于我们的偏见的根基；这些偏见同样基于“一种谬误的看法，就是，对似是而非之事物，我们已具真知”，也就是“关于我们自己的知识的谬误看法”。[76]根本的偏见，堵塞着通向科学之路，而这些根本偏见的实体内容，就是视听幻觉；然而，人之所以接受这些幻觉，人之所以相信它们，却是由于虚荣自负作祟的结果。

> 如果说上帝在梦境中对他传了谕；这便只等于说他梦见上帝对他传了谕；……比如由于人们自命不凡、狂妄自大，并对自己的圣洁之品或其他品德抱有一种错误的看法，于是认为自己因此而够得上特殊神启的恩典，便是这样的梦。……如果说他由于超自然的神感（神注灵思）而说话，那便等于是说他发现有一种强烈的愿望要说话，或者是对自己具有一种无法提出自然和充分理由的强烈看法。[77]

因此，虚荣自负是人朽木不可雕的终极原因，是偏见迷信的终极原因，同时也是非正义的终极原因。在所有的优势中，虚荣自负首先关切脑力的优势和智力的优势。所以，虚荣自负就是下面这种情况何以如此的原因：“任何人所能想像的福音之光或悟性之光都不可能比他已经达到的程度更大。因此便有这样的情形：人们除了根据自己所遭遇的意外灾祸进行推论以外，便没有

---

[76] 《法律、自然和政治的原理》，第1部分，第10章，第8节。这一节以下述命题为结论：“桀骜不驯的直接原因，在于偏见；偏见的直接原因，在于关于我们自己的知识的谬误看法。”

[77] 《利维坦》，第32章（第200页）。“……一个人又怎么能知道个人的灵魂不是根据教士的权威与论据，或根据妄自假定的神赐禀赋（在拉丁文版中是“狂妄精神”）而来的一种信念呢？”同书，第43章（第321页）。

其他办法认识自己的黑暗”。[78] 无法预见的灾祸，在极端的情况下，就是无法预见的致命危险。这样，我们之所以可能从我们的幻觉和偏见中解脱出来，突出地凭借了这个无法预见的致命危险，凭借了这个致命危险所唤起的那种令人无从抵御的死亡恐惧。这个源头的踪迹，可以在科学那里去寻觅：科学的原则“不仅不美，而且贫瘠，枯燥无味，看上去畸形”。[L][79] 科学着手于“最低下谦卑的原则，这些原则，即使对最微弱的认知能力，都昭然若揭；从那里缓慢地向前推进，直至最严格精确的理性思辨”。[80] 科学与所有说教的、雄辩的、自称得之于灵感的伪拟知识，形成鲜明的对照；这种伪拟知识则诱惑力强，确实可以在“突然之间”[81] 获得。

由于人出于天性，在他的幻想世界里沉湎至深，所以，只有通过预想不到的灾祸，他才能认识到他自己的蒙昧无知，同时关于现实世界，获得一点谦卑而谨慎的知识。这就是说，世界之启示予人，不是人们超然地、自发地去认知它的存在形式，而是在无意中被动地去感受、去经历它的抵制和抗拒。最不具辨别力、最不超然的感觉，是触摸的感觉。这就是为什么在霍布斯的知觉生理学和知觉心理学中，触觉被缄默不宣地赋予了特殊的荣誉地位；全部感性知觉，尤其是那个最具辨别力、最超然的感性知觉，即视觉，都是通过触觉经验来阐释的。

因此，霍布斯政治哲学的基础，不是来自道德中立的动物欲望（或道德中立的人类权力追逐）与道德中立的自我保存之间的自然主义对立，而是来自根本上非正义的虚荣自负与根本上正

---

[78] 《利维坦》，第 44 章（第 331 页）。

[79] 《论物体》，第 1 章，第 1 节。

[80] 《法律、自然和政治的原理》，第 1 部分，第 13 章，第 3 节。

[81] 《论公民》，“献辞”；《利维坦》，第 43 章（第 324 页）。

义的暴力死亡恐惧之间的人本主义的道德的对立。有人会反对说，我们之所以能在霍布斯的政治哲学里，找到这个道德对立，只是因为霍布斯当时还没有完全从基督教《圣经》传统的影响下解脱出来。因为，如果不是精神高傲与上帝恐惧（或谦卑）的传统对立的世俗化形式，如果不是全能的上帝先被超能的众敌所取代，又被作为“人间上帝”的超能国家所取代，从而造成的一种世俗化形式，那么，除此以外，虚荣自负与暴力死亡恐惧之间的对立，还可能会是什么呢？[82] 可是，即便这种对渊源的追溯能够成立，也绝不能说明，我们正在讨论的霍布斯著作中的这个道德对立，简单地只是一个传统的残余，一个原则上已被抛弃的传统的残余。恰恰相反，这个道德对立，是霍布斯政治哲学的一个必不可少的本质要素，或者，更确切地说，它就是霍布斯政治哲学的核心基础。假如霍布斯放弃了这个基础，假如他阐发的是一种自然主义的政治哲学，那么，他就不会觉得有可能，在“一个人天性中的侵略性”跟“每个人对每个事物所享有的**权利**”之间加以区分了。[83] 在那种情况下，他就会不得不认为，人的自然欲望，他的全部激情，特别是虚荣自负，都是从自然那里获得理论根据的，其程度就跟理性的根据来源于自然一样。换句话说，一种被剥夺了道德根基的政治哲学确实存在，但是，那是斯宾诺莎的政治哲学，不是霍布斯的政治哲学。斯宾诺莎跟霍布斯不同，他确实主张强权即是公理。[84] 自然主义的政治哲学的后果，必然是对正义本身作为一个概念的取消。而由于有了一个道德基

---

[82] 《利维坦》，第 17 章（第 89 页）；参看《论公民》，第 6 章，第 13 节；及《利维坦》，第 30 章（自第 180 页始）。

[83] 《法律、自然和政治的原理》，第 1 部分，第 14 章，第 11 节。

[84] 关于斯宾诺莎的政治哲学与霍布斯政治哲学之间的根本区别，参看列奥·施特劳斯：《斯宾诺莎的宗教批判》（柏林，1930），第 222—230 页。

础，并且惟其如此，霍布斯的政治哲学才保留了承认正义的自身存在的可能性，保留了对强权与公理加以区分的可能性。

霍布斯政治哲学同斯宾诺莎的政治哲学相比较，前者的优越之处在于，霍布斯把自然权利主要理解为人的权利，而斯宾诺莎的出发点却是所有现存事物的自然权利，因而忽略了道德正义性这个只有人才要面对的独特问题。霍布斯的政治哲学，的确像他所宣称的那样建立在关于人的知识的基础上，这个知识从个人的自我认知和自我考察那里，得到深化和确证；它不是建立在某种一般科学理论或者形而上学理论的基础上的。由于它以人类生活的经验为基础，那么，尽管存在着自然科学的全部诱惑，它就永远也不会完全陷入道德生活抽象化和忽视道德界限的危险。正是由于这个原因，霍布斯的政治哲学具有一个道德基础，因为它不是来源于自然科学，而是奠基在人类生活的直接经验之中。

霍布斯政治哲学的人本主义道德动机其全部或最重要的论点，早在他的注意力转向自然科学以前，就已经形成了；如果我们能证明这一点，那么我们就能间接地确证，这个道德动机比我们首先必须加以区别的那个自然主义的动机，更为原始。事实很可能从一开始就是这样。当霍布斯"发现"欧几里得的《几何原本》时，他已经年过四十；而只是在那之后，他才开始对自然科学产生浓厚的兴趣。"发现"欧几里得，毫无疑问是他一生中的一个重大事件；从那以后他的全部思考和写作，都带有那个事件的烙印。但是，如果我们看到，借鉴于数学的某种论证形式，以及借鉴于自然科学的某种心理学，只是在掩盖着他最初的思想，而不是在昭示着他最初的思想，如果我们无意想当然地假设，他年届四十之前一直在休眠，等待对欧几里得的"发现"来将他唤醒，那么，我们就会倾向于假定，他早年（四十岁之前）接受数学和自然科学的影响之前所作的著述,与他成熟时期的著作相比,更好地表达了他最初的思想。事实是不是这样,以及在何种程度上是这样,只有在我们考察了他早期哲学硕果仅存的残稿以后,才能确定。霍布斯对欧几里得的“发现”,以及随后对自然科学的研究,究竟是干扰了还是推进了他的政治哲学,以及在何种程度上是如此,这个问题,只有在考察完成之后,才有可能作出明确的答案。

第三章　亚里士多德主义

我们先概括地考察一下，霍布斯转向数学和自然科学之前，对他拥有决定性影响的那些思想势力。在这方面，人本主义占据着一个首要的位置。霍布斯从八岁到十四岁（1596—1603），在家里接受了拉丁文和希腊文的良好训练，他甚至把欧里庇得斯的《美狄亚》翻译成了优雅的拉丁诗韵文。[①] 从一六〇三年到一六〇八年，他在牛津大学学习。在这期间，他不满意那里的学业，于是重新去阅读他已经在家里读过的经典作品。[②] 后来的数年，他离开学校，又再次特别转向经典作家，参阅着著名的语法学家们的诠释，阅读他们的著作。他这样学习还有一个目的，就是掌握一个精练有力的拉丁文文体。[③] 随着这个学业的持续到完成，他逐步把修昔底德的《伯罗奔尼撒战争史》翻译成英文，于一六二八年出版。[④]

在牛津大学，霍布斯接触了经院哲学。据他本人记述，他研习了亚里士多德的逻辑学和物理学。[⑤] 他没有提到曾经研究过

---

① 《拉丁文全集》，第 1 卷，第 xiii 页，自第 xxii 页始，及第 lxxxvi 页。

② 《拉丁文全集》，第 1 卷，第 lxxxvii 页。

③ 《拉丁文全集》，第 1 卷，第 xiii 页，第 xxii 页，及第 lxxxviii 页。

④ 《拉丁文全集》，第 1 卷，第 xiv 页，第 lxxxviii 页。这部译著于一六二七年三月十八日登录于《伦敦出版商公司年鉴》(1628)。

⑤ 《拉丁文全集》，第 1 卷，第 xiii 页，及自第 lxxxvi 页始。

亚里士多德的伦理学和政治学。五年之后,他以文学士学位毕业,被承认“有资格阅读任何人撰述的理性思维著作”。[⑥] 根据当时传统的课程设置,初级大学学业以学士学位结业,以语法、修辞、逻辑等正规学科为主。所以我们可以推测,对霍布斯来说,经院学业当时主要属于常规训练,而他日后在思想论战中为自己的理论辩护所需要的更为系统的经院哲学知识,只是后来需要时才获得的。无论如何,他接受经院教育是勉强而不情愿的;鉴于他在取得学位以后的年月里几乎遗忘了他心爱的希腊文和拉丁文,[⑦] 我们就更没有理由相信,他保留了多少经院哲学;尤其是,他没有像后来又重新研究希腊文学和拉丁文学那样,又再次恢复经院哲学研究。在这个问题上,可能可以指出,霍布斯对经院理论最详细的提及是在《利维坦》里,而不是在早期著作中。

霍布斯在牛津大学,注册的学院是马格达伦霍尔,在那里他接受了清教精神的教育。[⑧] 获得学位以后,他先后不间断地担任未来的德文郡伯爵威廉·卡文迪什二世的私人教师和秘书凡二十年,并且与卡文迪什家族保持了友好的关系。除此以外,他还结识别的贵裔家族;这些往来带来的影响,肯定与他的清教教养相抵触;而这个时期,他自己的观念尚未形成,所以贵族观念当时对他的影响,势必比后来大得多。

在我们提到的四种思想影响(人本主义、经院哲学、清教传统、贵族观念)中,人本主义在霍布斯的青年时代,肯定最具有决定作用。他自称:“按照本性,从最初年代就酷爱读史读诗。”

---

⑥ 《拉丁文全集》,第 1 卷,第 xliv 页。

⑦ 《拉丁文全集》,第 1 卷,第 xiii 页。

⑧ 伍德:《雅典娜在牛津》,菲利普·布利斯编,1206。

[L][9] 从这里的上下文可以看出，所谓“最初年代”，指的是截止于他对数学和科学发生兴趣的整个时期；而且，正如他的类似自述所表明的，所谓“读史读诗”，意思是指他对古典作家的研读。[10] 由此可见，我们有充分的理由，把他的早期生涯（截至1629 年）称为他的“人本主义”时期。

然而，如果我们不去进一步探讨霍布斯的人本主义在哲学上的渊源，那么，只凭确认这一点，仍然是没有价值的。可能对于任何其他人本主义者来说，这个问题都不必要深究；即便如此，就霍布斯这个等级的一个哲学家而言，这个问题我们却是不能不面对的。对霍布斯这样重要的哲学家，我们可以断言，研究他的生平，核心问题是：他怎么可能离开了哲学，成为一个人本主义者达二十年之久？这说明了什么？在 R. 布莱克博恩看来，这个问题并不像表面看上去那么自相矛盾，他在《霍布斯简历增补》中写道：

> ……这样（霍布斯）认为，应该由他自己开创另外一种哲学方法，于是他就开始潜心研读古代哲学家、诗人和编史作者的希腊文著作和拉丁文著作；借助于他们的思想宝库，他准确地形成了为他自己所用的体系。[L][11]

假如有人提出，布莱克博恩很可能是在一个比技术意义更广阔的意义上使用“哲学”这个词的，那么我们就会回答，这个更广阔

---

⑨ 《拉丁文全集》，第 1 卷，第 xx 页。

⑩ 奥布里的如下记载，很可能指的是霍布斯对当代作家的阅读：“在修昔底德之前，他用了两年时间，阅读浪漫主义作品和剧作，为此他多次表示，他失去了两年的时间。”《简传》，克拉克编，第 1 篇，第 361 页。

⑪ 《拉丁文全集》，第 1 卷，第 xxiv 页。

的意义，正是真正的哲学意义。

从上面引用的布莱克博恩这段话中，我们可以看到，霍布斯完成大学学业以后，不仅读了古典诗作和历史著作，而且阅读了古典哲学家的著作。他研究的是哪些哲学家呢？或者，更重要的是，霍布斯在他的人本主义时期，把哪位哲学家奉为圭臬呢？在修昔底德的《伯罗奔尼撒战争史》那部译著的前言里，他说：

> 很多人已经注意到，荷马之于诗歌，亚里士多德之于哲学，德摩斯梯尼之于雄辩术，以及其他领域的古人，至今独占鳌头，在随后的岁月中，无出其右，甚至无人可以望其项背。而我们的修昔底德，亦跻身其中；一代巨匠，其著作，完全能与上列诸人媲美，而毫不逊色。⑫

由此可见，即使到他的人文主义时期的终结时刻，霍布斯对于关于亚里士多德集经典哲学之大成的定见，亦无异议。为了不至低估这段引文的重要性，我们必须把它跟霍布斯后来的判断加以比较。后来在他看来，"最优秀的古代哲学家"不是亚里士多德，而是柏拉图。⑬ 这个看法上的改变，其涵义何在，我们在下面将试图加以分析。而现在具有重要意义的，仅在于霍布斯后来，虽然把柏拉图看做最优秀的哲学家，可是他的意思，是指古代最优秀的哲学家，而不是亘古通今最优秀的哲学家；然而，在他的人本主义时期的终结之际，他却一再毫无保留地表示，全盘接受关于亚里士多德是哲学最高权威的占统治地位的看法。

---

⑫ 《英文全集》，第 8 卷，第 vii 页。

⑬ 《英文全集》，第 7 卷，第 346 页。同时参看《利维坦》，第 46 章（第 365 页）；及《英文全集》，第 6 卷，第 100 页。

与亚里士多德的决裂，只同霍布斯的数学和科学研究相关联；而且即使在这个意义上，那个决裂也并非立即就那么苛刻严厉。对亚里士多德的论战，在《法律、自然和政治的原理》里，远远不似在《论公民》和《利维坦》那里如此凌厉猛烈。有一个独具意义的事实，这里必须予以强调。迟至《法律、自然和政治的原理》，在为国家下定义这个核心问题上，霍布斯仍然断定，国家的目的，除了和平与防御以外，还在于共同福祉。这样，他就缄默不宣地接受了亚里士多德在国家起源的原因与国家存在的原因之间（“活着”与“幸福地生活”之间）所作的区分。另一方面，在随后的著述与此相对应的段落中，他更忠实于他自己的意图，把国家的必要性和可能性，仅从对暴力造成的死亡的恐惧来理解；在那里，他略去了共同福祉，从而否定了亚里士多德学说中的那个区别。⑭

假如霍布斯确实曾经想要与经院哲学决裂的话，他很早就实行了这个决裂；可是我们现在可以看出，这个决裂并不是从一开始，同时也就意味着与亚里士多德的决裂。然而，是哪一个亚里士多德，即亚里士多德的哪一个方面，取代了经院哲学的亚里士多德呢？霍布斯把亚里士多德同荷马、德摩斯梯尼和修昔底

---

⑭ “这样形成的这个联合体，即是今天人们所谓政治体或公民社会；希腊人把它称为‘城邦’，也就是说，一个城邦；这个城邦可以定义为人们的一个共同体，被一个共同的力量联合成一个法人，而其目的，在于他们共同的和平、防御与福祉。”《法律、自然和政治的原理》，第 1 部分，第 19 章，第 8 节。（同时注意，他在为国家下定义时，也提到了“城邦”。）“所以一个城邦，可以定义为一个法人，凭借众人缔约，他的意志被接受为他们共同的意志；这样，他就可以把每一个具体个人的全部力量和才能，运用于维护和平与共同防御。”《论公民》，第 5 章，第 9 节。“（国家）就是一大群人相互订立信约，每人都对它的行为授权，以便使它能按其认为有利于大家的和平与共同防卫的方式，运用全体的力量和手段的一个人格。”《利维坦》，第 17 章（第 90 页）。同时参看本书下文第 75—76 页。

德相提并论的作法,为我们提供了答案:从人本主义观点去理解的亚里士多德,取代了经院哲学的亚里士多德。就霍布斯而言,那个模棱两可的说法,涵义是什么呢?

在根本的意义上,这个说法意味着,霍布斯的兴趣,从亚里士多德的物理学和形而上学,转移到亚里士多德的伦理学和政治学,转移到他的"关于人类事务的"[G]哲学。换句话说,它意味着理论被实践的首要地位所取代。我们只有推测发生了这种根本的改变,霍布斯的从经院哲学转向诗和历史,才可能不再是他个人哲学生涯中的一个费解的事件,或者一个历史之谜。即使在自然科学成为他所独钟的研究对象之后,霍布斯仍然承认实践对理论的优先地位,政治哲学对自然科学的优先地位;考虑到这一点,我们的推测就更有根据了。⑮ 他肯定不亚于任何别的哲学家,知晓并珍视知识中的乐趣;但是对他来说,这些乐趣不足以成为哲学存在的理由;他认为哲学存在的理由,只在于服务于人,就是说,保卫人的生命,增强人类的力量。⑯ 对冥思苦索的生活方式的(传统的)赞美,主要都在他的著作的献辞及前言中才能找到,这并不是偶然的。⑰ 每当霍布斯从问题的关联中去阐述他的观点时,他都明确地使理论从属于实践。这样就可以使人理解,他没有像亚里士多德那样,⑱ 把审慎归因于实践,把智慧归因于理论。他强调智慧在实践上的目的,同样也强

---

⑮ "我知道,只有一种哲学,是严肃的和首要的,那就是关于公民生活的和平与繁荣的哲学;其他哲学,只不过是游戏。因为,我们在逻辑演绎推理中,在音乐声中,在数字演算中,在物理运动中,悠闲地游戏,直到有一天,我们的闲情逸致遇到了首要的正经事务。"[L]《拉丁文全集》,第4卷,自第487页始。同时参看本书下文第54页注④。

⑯ 《利维坦》,第5章(第22页);《论物体》,第1章,第6—7节。

⑰ 《论公民》,"前言";《论物体》,"前言";《英文全集》,第7卷,第467页。

⑱ 《尼各马可伦理学》,自1141a19;参看《形而上学》,A.1.。

调审慎的实践目的，这样，审慎与智慧的区别，就跟实践与理论的区别完全脱离了关联。审慎之于智慧，就像经验之于知识；作为智慧的知识，涉及“什么是对的，什么是错的，什么有益于人类生存和福祉，什么有害于人类生存和福祉，……因为一般而言，我们称之为智者的，不是一个通晓几何学或任何其他科学思维的人，而是一个懂得什么有助于人们的福祉、人们的治理的人。”⑲ 与亚里士多德形成的对照，其最终的原因，涉及如何看待人在宇宙万物中的位置；霍布斯在这方面的观念，跟亚里士多德的观念截然相反。亚里士多德把理论科学放在伦理哲学和政治哲学之上，其根据是他认为，人不是宇宙的最高存在。⑳ 这个关于理论优先的根本假设，被霍布斯否定了；他断言，人是“大自然最精美的艺术品”。㉑ 在这个严格的意义上来说，霍布斯始终是一个人本主义者；只是囿于由此而来的本质上的局限性，他才能在他的人本主义时期，承认亚里士多德的权威。

甚至在霍布斯得出结论，亚里士多德是“亘古通今最糟糕的老师”以后，他仍然把两部著述视为例外，没有加以谴责：“但是，他的修辞学和关于动物的论述，却很杰出。”㉒ 霍布斯对“关于动物的论述”的研究，已经遗失泯没，没有留下痕迹；他对《修辞学》的研究，则完全不同。霍布斯为《修辞学》所作的两篇英文汇纂，已经出版。㉓在查茨沃思的霍布斯文献里，还有一篇拉丁文

---

⑲ 《法律、自然和政治的原理》，第2部分，第8章，第13节；参看同书，第1部分，第6章，第4节；及《利维坦》，第5章（第22页）。

⑳ 《尼各马可伦理学》，自1141a19。

㉑ 《利维坦》，“引言”。

㉒ 奥布里：《简传》，克拉克编，第1篇，第357页。

㉓ 《英文全集》，第6卷，第419—510页，及第511—536页。（译注：“他对《修辞学》的研究，则完全不同”这句话，英文译本为“his study of the Rhetoric all the more”，显然不符合上下文原意，中文译本从上下文改。）

汇纂。然而这些汇纂，不是霍布斯专注于《修辞学》的惟一见证，更不是最重要的见证。很难再找到一部经典著作，它对霍布斯政治哲学的重要性，能跟《修辞学》相提并论。霍布斯关于人类问题的著述的核心章节，即最有力地支持他作为一个文体家和一个深谙人类事务的思想家的永恒盛誉的那些章节，都在风格上和内容上显示，它们的作者是《修辞学》的一位热心研读者，更不必说是一位信徒了。我们所说的这些章节，计有《法律、自然和政治的原理》第 1 部分第 8 章和第 9 章，《利维坦》第 10 章，以及《论人》第 11、12、13 章。霍布斯固然没有简单地誊录《修辞学》的相应段落，可是他在论题、表述甚至细节方面对《修辞学》的借鉴，核查对比一下，就会一目了然。

在《法律、自然和政治的原理》第 1 部分第 8 章第 5 节，《利维坦》第 10 章，以及《论人》第 11 章第 13 节，霍布斯以“光荣”（或“公平美好”）为题，论述了亚里士多德在《修辞学》第 1 篇第 9 章以“高尚”为题所讨论的概念。

《修辞学》[24]	《原理》	《利维坦》
光荣的行为是……德行的产物，也是德行的标志。我们从中得到的酬答，不是金钱，而是荣誉。光荣的事物，自身是光荣的，而不是有利于其拥有者。……也不使人获利。……光荣在于……胜利。……在于优秀。在于万物	光荣的行为是一些标志，由于它们的出现，一个人承认另一个人拥有高于他自己的力量或超额的事物。……还有……战斗或决斗中的胜	……胜利是光荣的……慷慨、大方、希望、勇敢、自信都是光荣的。……出于主持公道

[24] 引自霍布斯的《修辞学》汇纂，《英文全集》，第 6 卷，自第 436 页始。

之中，只有我们能做到的那些事。我们不因此获利。因之得到荣誉的事物。……赞美的标志。	利。……礼品、花费、房厦服饰的壮丽豪华，诸如此类，都是光荣的。	而又蒙受损失的行为是光荣的。

在《法律、自然和政治的原理》第1部分第8章第6节，霍布斯列举“荣誉的标志”，始于“赞美、推崇、祝福或称为幸福”（参看《利维坦》，第10章）；这里，他在仿效亚里士多德；在我们以上引用的那段话中，亚里士多德讨论了“赞美”、“赐福”和“幸福”。㉕

在《利维坦》第10章，霍布斯讨论了各种形式的“不名誉行为”。亚里士多德把这些“不名誉行为”，跟他对愤怒的分析联系起来探讨，亦即愤怒作为“复仇的欲念，由于他或他的朋友被忽略轻怠，或似乎被忽略轻怠，而感受的悲哀”。㉖

《修辞学》	《利维坦》
轻怠，即不够尊重或完全不尊重；轻怠计有三种：(1)轻蔑，(2)阻挠，(3)傲慢无礼。轻蔑，就是一个人认为另一个人跟自己比起来无足轻重。阻挠，就是无故妨碍别人的意愿，而自己并不希图从中获益。傲慢无礼，就是以污辱别人消遣取乐。……令人们愤怒的行为，包括嘲弄、嘲笑、戏谑他们。诸如对他们示以任	……不服从就是轻视。……无视其福利则是轻视。……轻蔑……便是轻视，因为这是评价不足。……诟骂、嘲

㉕ 《论人》第11章第13节中的相应段落，只表明了与《修辞学》的以下巧合：“（对邀宠者不予置理，谓之公平……）对敌抚慰贿赂，谓之卑劣。”参看《修辞学》，第1篇，第9章，第24节：“这就是正义及正义的事物之所以高尚的原因。”

㉖ 《英文全集》，第6卷，第452页（即《修辞学》，第2篇，第2章）。

何一种傲慢无礼。诸如对我们为之倾注心力的事物加以鄙视。……诸如对我们的好意不予回报。诸如处心积虑，跟处于劣势的弱者作对。……诸如当着我们的竞争者，我们倾慕的人，我们的倾慕者，我们崇拜的人，及我们的崇拜者，当面对我们示以轻怠无视。……	笑或怜悯则是轻视。……拒绝（对别人做他以为尊敬的事）就是轻视。……不同意则是轻视。……

我们现在来证明霍布斯关于激情的理论对《修辞学》的倚重。

《修辞学》㉗	《原理》㉘	《利维坦》㉙	《论人》㉚
愤怒就是复仇的欲念，由于他，或他的朋友，被轻怠，或似乎被轻怠，而感受的悲哀。（第452页，即《修辞学》，第2篇，第2章）	愤怒……一般定义为发自一个轻蔑看法的哀伤。（第5节）	发现能力上的某种缺陷而悲伤谓之羞愧……这种情绪在于理解到有某种不体面的事情存在。……	事实上，愤怒最常发自蒙受轻蔑的耻辱。（第4节）[L]
愤怒的人，以他自己所能达到的目的为目标。（《修辞学》，第2篇，第2章，第2节） 那些人们容易与之和解的人，是……恐惧的人（第453页，即《修辞	杀戮，是憎恨者的欲念，是为了制胜对手而采取的报复行为。（第6节）	为他人的苦难	所以，愤怒的对象令人愤怒，但是他被武力压[L]倒以后，就不再

㉗ 《英文全集》，第6卷，自第452页始。

㉘ 第1部分，第9章，自第5节始。

㉙ 第6章。

㉚ 第12章，自第4节始。

学》,第2篇,第3章)。同时可以参看《修辞学》,第2篇,第12章,第9节:“愤怒之时,人人无所畏惧”。[G]

……愤怒,谋求折磨对手;憎恨,谋求伤害对手。……愤怒最后可能满足厌腻,憎恨则不可能。(456页,即《修辞学》,第2篇,第4章)

耻辱,就是一个人领悟到使自己的信誉蒙受损害的不端行为,因而心灵上受到骚扰。所以人们为之感到羞愧的事,就是来源于道德缺陷的那些行为。……(第458页,即《修辞学》,第2篇,第6章)

怜悯,就是一个人领悟到,另一个人遭遇了不公正的伤害或困难,因而设身处地自己心灵上受到骚扰。由于怜悯使人对别人的痛苦产生同病相怜之虞,因此那些曾经身历其境的人,最

怜悯,是对未来会发生在我们自己身上的灾祸的想像或虚构,它来源于对目前发生在他人身上的灾祸的感受;可是当它降临在我们认为不应该遭此厄运的人的头上时,我们的同情心就更为强烈,因为这就尤其显得,同样的厄运更可能降临在我们自己头上。……与怜悯相反的,是铁石心肠,发源于对自己能够免遭同样灾祸的极端自信,或者发源于

而悲伤谓之怜悯;这是想像类似的苦难可能降临在自己身上而引起的……同样,那些认为自己最少可能遭受这种灾难的人,对之也最少怜悯。

由于竞争者在财富、名誉或其它好事方面取得成功而

令人愤怒了。(第4节)[L]

恐惧制怒。(第4节)[L]

为他人的不幸而哀伤,即感受他人的痛苦,跟他一起蒙受这个痛苦,也就是想像他人的不幸可能会降临到自己头上,这就是同情心。对类似的不幸曾经身历其境的人,更富同情心;反之,就没有同情心。

富于同情心。…… 相信诚实的人确实存在，使人具有同情心。……不相信人会诚实的人，同情心则少，……飞黄腾达，一帆风顺的人，同情心也少。（自第461页始，即《修辞学》，第2篇，第8章）

……愤慨，……是对一个人当之有愧的昌隆成功所感受的哀伤。（第462页，即《修辞学》，第2篇，第9章）

妒忌，是对别人的昌隆成功，所体验的哀伤；这些人跟我们自己相仿；这些昌隆成功不是来自我们受到的伤害，而是来自他们享受的佳运。（第464页，即《修辞学》，第2篇，第10章）

竞争仿效，是对跟我们能力相仿的人取得的荣耀成功所体验的哀伤；这样的成功，我们同样也有能力取得，但是却没有取得；这样

对所有的人或多数人的憎恨。（第10节）

愤慨，是当有人获得佳运成功，而我们认为他们当之有愧时，我们所感受的哀伤。（第11节）

竞争仿效，是看到自己被跟自己相仿的人超过或超越时，所感受的哀伤，加上对运用自己的能力，在日后追上或超过对方，所怀抱的希望。可是妒忌，却是同样的哀伤，加

感到忧愁，同时又奋力自强以图与对方相匹敌或超过对方，就谓之竞赛；但如果同时力图排挤和妨碍对方，则谓之嫉妒。

因为一个人，如果经历的不幸较少，他的恐惧就也较少。（第10节）[L]

由于他人比自己优秀而哀伤，因而作出适当的努力，这是竞争仿效；可是，如果因而企愿他人的优秀之处化为乌有，那就是妒忌了。（第11节）[31] [L]

---

[31] 参看《修辞学》，第2篇，第11章，篇首。

的哀伤，不是由于他们取得了成功，而是由于我们没有同样地取得。所以，谁也不会为了自己无能为力的事，而去竭力跟别人竞争。（第465页，即《修辞学》，第2篇，第11章）	上想像中某个厄运降临在对方头上，自己从中所体验的满足感。（第12节）

我们要进一步强调，《论人》第11章在结构和细节方面，都以《修辞学》的相应章节为原形而加以模仿。在这一章关于善（第6—11节）、欢愉满足（第12节）、公平美好（第13节）以及相对的善（第14节）的探讨中，霍布斯仿效了亚里士多德在《修辞学》里对"善"（第1篇，第6章）以"愉快"（第1篇，第11章）、"高尚"（第1篇，第9章）及"更大的善"（第1篇，第7章）的论述。

《修辞学》	《论人》
（善就是）……健康。……财富。朋友。……及任何一种艺术或科学。还有生命。……（第431页，即《修辞学》，第1篇，第6章）	（最大的善）求生，健康。……友谊。财富。……科学与艺术。……（第6—10节）[L]
（愉快就是）我们铭记的那些事，不论它们在发生的时候，是愉快的还是不愉快的。……还有胜利，所以涉及竞技比赛，诸如跖骨游戏、棋类、赌博、网球等，以及打猎、法律诉讼。还有光荣、名誉。……被人爱戴、被人尊敬。被人钦羡。被人	模仿令人愉快；因为它唤起往事。往事如果是好事，回忆就令人愉快，因为它是好事；往事如果是坏事，回忆同样令人愉快，因为它是往事。所以，音乐、诗歌、绘画都令人愉快。新颖之物，令人愉快；

恭维。……变化或多样化。……学习。钦羡别人。……还有模仿;于是绘画艺术;雕塑艺术;诗歌艺术;

图片与雕像。……每个人自身,也令人愉快。……被人认为睿智,亦然。……(自第441页始,即《修辞学》,第1篇,第11章)

因为它们是精神食粮,人向往之。对自己的权力感觉良好,无论对错,都令人愉快。……胜利,令人愉快;……所有的游戏和竞赛,都令人愉快;因为竞争者,总在憧憬胜利。㉜然而,才华的较量,尤为令人愉快。㉝(第12节)㉞ [L]

相对而言,关于善恶的不同色彩或一般观点。(第432页)

……持续的善,大于短暂的善。……多数人企望的善,大于少数人企望的善。(第434页,即《修辞学》,第1篇,第7章)

相对的善。[L]

比较而言,假设其他条件相等,善恶持续时间越长,就越大。……假设其他条件相等,多数人的善,大于少数人的善。(第14节)[L]

最后,我们要考察《论人》第13章第5节与《修辞学》相应章节之间的关联。

《修辞学》

现在,我们按照人们的情绪、习俗、年龄和人生机遇,来描述他们品性

《论人》

在佳运的基础之上,也就是在财富、贵裔血统、市

㉜ 参看《修辞学》,第1篇,第11章,第15节:"因为竞争,暗示着胜利。"[G]

㉝ 参看《修辞学》,第1篇,第11章,第15节:"法庭诉讼,以及纠纷,令人愉快。"[G]

㉞ 关于下段,参见本书上文第43—44页。

的本质。……所谓人生机遇，我指的是贵裔血统、财富、权力。（《修辞学》，第2篇，第12章，篇首。）[G]

富人傲慢无礼，高傲自大。……觉得发号施令，舍我其谁。……他们造成伤害，意图不在伤害，而在使人蒙受耻辱；在一定程度上，也由于他们不能自制。暴发之富与古老之富，有一处不同。同样是富人的弊病，在新近攫取财富的人身上，尤为严重；因为暴富，是一种粗野无礼，是财富之初学阶段。（自第470页始，即《修辞学》，第2篇，第16章）

有权力的人，行为举止跟富人一样，或者比富人好些。他们但凡造成伤害，就是大的伤害。（第471页，即《修辞学》，第2篇，第17章）

民权力的基础之上，气质倾向在某种程度上，有所不同；财富和市民权力，屡见不鲜地使气质倾向趋于愈发高傲自大；因为能力强的人要求更大的施展空间，就是说，他们更倾向于肇事伤人，也就更不适合于跟能力较弱的人一同进入一个衡平法律的社会。古老的高贵身份致使气质倾向较为相宜。……而新贵的气质倾向则更可疑虑，正如那些尚且拿不准自己应该获得多少荣誉的人那样，他们通常对处于劣势的弱者极度严厉苛刻，对与自己能力相等的人极度胆怯踌躇。[L]

霍布斯在他的后期著作中，使用了早期没有使用过的《修辞学》的段落；由此可见，当他撰写他关于人类事务的全部系统著述（《法律、自然和政治的原理》，1640；《利维坦》，1651；《论人》，1658）的时候，他每次都重新研究了亚里士多德的《修辞学》。他对奥布里说的“但是（亚里士多德的）修辞学却很杰出”这句话，蕴意至深，耐人寻味，一切都在不言之中。

霍布斯对《修辞学》的专注和兴趣，可以一直追溯到一六三五年左右。《修辞学》的一篇较为详尽的英文汇纂（《英文全集》,第 6 卷,第 419—510 页),于一六三七年二月首次出版。[35] 早在一六三五年,霍布斯就已经在考虑写一篇关于激情理论的个人性评注;[36] 而我们已经看到,他早期对激情理论的处理,受到亚里士多德《修辞学》多大的影响。而且,他本人曾经谈到,他于一六三一年至一六三八年之间对德文郡伯爵三世的授课,包括修辞学。[37] 所以可以肯定,至少那篇较为详尽的《修辞学》摘录,是一方面伴随着那个时期的授课,另一方面为撰写《法律、自然和政治的原理》作准备而编纂产生的。

霍布斯对亚里士多德《修辞学》的详尽研究,只有就十七世纪三十年代而言,即他已经完成了与亚里士多德主义的公开决裂的那个时期,才能得到确凿的印证。同样地,我们必须回顾,他在牛津大学曾经选修过包括修辞学在内的课程。而且,从他为修昔底德《伯罗奔尼撒战争史》的译著写的引言里,我们可以

㉟ 见于《伦敦出版商公司年鉴誊本》,第 4 卷(伦敦,1877),第 346 页。一六三七年原版,大英博物馆图书馆存有一部。霍布斯遗稿中的两篇《修辞学》英文摘录,发表于一六八一年。据编者称,这两篇摘录写于一六五〇年左右。这个估计可能成问题,因为编者显然不知道,两篇摘录中比较详尽的一篇,初版于一六三七年。这个估计极不可能是准确的,还因为较短的一篇摘录(《英文全集》,第 6 卷,第 511—536 页)对《修辞学》原著的处理,所用的体裁比详尽的那篇自由得多,并略去了关于激情的理论等等,而只关注狭义上的修辞学。编者认为,霍布斯住在巴黎,撰写《利维坦》的时候,仍然专注于修辞学问题;这个看法很难经受佐证的检验。可以认为,随着时间的推移,霍布斯对修辞学的兴趣,越来越小。这一点,我们只要把《法律、自然和政治的原理》(第 1 部分,第 13 章,及第 2 部分,第 8 章,第 13 章)的有关章节,与《论公民》(第 12 章,第 12 节)和《利维坦》(第 25 章,第 29 章)的相应章节加以比较就清楚了。鉴于较短的那篇汇纂,有可能是霍布斯对一个学生口述的,我们因而可以推测,这篇汇纂是霍布斯于一六三一年至一六三八年之间,对德文郡伯爵三世讲授修辞学时产生的。同时参见本书下文第 91 页注㊼。

㊱ 参见他致纽卡斯尔伯爵的信,《历史手稿》,报告 13,附件,第 2 部分,第 126 页。

㊲ 《拉丁文全集》,第 1 卷,第 lxxxix 页。

推测，有两个成为政治主题的现象，一方面是雄辩，另一方面是激情，甚至在他的人本主义时期，就已经占据着他的思想了；[38]而亚里士多德，正是这样在《修辞学》中论述这些主题的。总的看来，我们应该假定，对亚里士多德《修辞学》的使用和重视，虽然在霍布斯的成熟时期也可以看到，但却属于他青年时代亚里士多德主义的最后残余；而我们不应该认为，霍布斯全神贯注于诗作和历史著作于先，继而转向系统哲学，然后突然之间，就像此前发现欧几里得的《几何原本》那样，又为自己发现了《修辞学》。

在查茨沃思的霍布斯文献里，有一篇体裁自由的《尼各马可伦理学》汇纂，它的基础，是帕多瓦的亚里士多德学者弗·皮科洛米尼对亚里士多德的诠释。我们可能可以从这篇汇纂里，看到霍布斯青年时代的亚里士多德主义所留下的进一步痕迹。[39] 这篇汇纂，确实不是出于霍布斯的手迹。可是，只要它不是偶然地出现在霍布斯文献之中的，我们就可以推测，在霍布斯还相信他能够默许接受某种修正过的亚里士多德主义的时候，他曾经为自己取得了这篇由皮科洛米尼的一个学生摘编的亚里士多德诠释汇纂，或者借到了这篇由另一个人制作的汇纂。可以肯定的是，这篇汇纂，在霍布斯后来对亚里士多德的批评中，没有起某种基础材料的作用；因此，假如它的确与霍布斯有任何关联的话，那么这个关联就在于，它曾经在霍布斯的人本主义时期，被他使用过。

---

[38] 参看《英文全集》，第 8 卷，第 xvii 页，第 xxvi 页，及自第 xxix 页始。

[39] 参看本书下文自第 55 页始，及第 139 页注㉗。

第四章　贵族式德行

霍布斯对修昔底德《伯罗奔尼撒战争史》的翻译，是他的人本主义时期的顶点与终结。他确实也曾经阅读过其他历史学家的著作，而且，他的研究并非仅局限于历史；但是，没有任何别的作者，曾像修昔底德那样，占据他的思想。他确实也曾经把荷马的作品翻译成英文，但是，那是他暮年闲暇所为，那时候他已经完成了自己毕生的哲学事业，"因为（他）没有别的事可做了"。[①] 另一方面，修昔底德的战争史，是霍布斯青年时代兴趣的核心，预示着他一生的哲学事业。修昔底德在他心目中，贵为"有史以来最具政治意义的编史作者"。[②] 如果我们把霍布斯的人本主义研究，与这些研究所独钟的那个主题联系起来加以描述的话，我们就要断言，这种人本主义的独特形式，在于对历史的兴趣，而这个兴趣自身，则发源于对政治的某种兴趣。

对霍布斯来说，"历史与公民知识"之间的连带关系，在他的人本主义时期，比后来紧密得多。"历史与公民知识"属于"这样一种学问，它最值得使伟人们呕心沥血，锲而不舍"。[③] 在这方面，霍布斯特别推崇修昔底德的著述，因为它们"对高绅贵

---

① 《英文全集》，第 10 卷，第 x 页。

② 《英文全集》，第 8 卷，第 viii 页。

③ 《英文全集》，第 8 卷，第 iv 页。

胄，对持衡拥璇、安邦定国，含有微言大义、殷鉴不远的教益”。④由此可见，“历史与公民知识”对于贵族阶层，具有特殊的重要性。这样看来，如果霍布斯生活于其中的那个贵族阶层，不但对他的生活，而且对他的思想，都具有决定性影响的话，那么他的人本主义，就具有某种哲学意义了；也就是说，如果霍布斯在从形而上学转向道德哲学和政治哲学以后，把贵族式德行看成最高的德行的话，那么，他的人本主义就具有哲学意义了。

霍布斯曾经似乎在质疑，可能存在着一个独特的贵族式德行，然而即使从这个论断里，我们也可以推论出，上述看法符合事实。他说：“荣誉与诚实，在不同层次的人们中，只不过是同一回事。”⑤但是，他在这样否认德行的本质因阶层品第区别而异的同时，却也承认：同样一个德行，在不同的阶层中，称谓就不同，表述也不同；他也注意到这样一个可能性，就是同样一个德行，或者同样一些德行之中的几个，尽管在原则上，人人皆可获得，可是，它们最可能在最高的上流阶层里，才为我们所发现。假如霍布斯不是认为，所谓“荣誉”的美德，应该优先于所谓“诚实”的美德的话，他就不会可能在下一页，就赞扬卡文迪什家族的“英雄美德”了。如果是那样，他就不会主张研究历史了，并且说“在历史上，可尊敬的行动与不名誉的行动，确实分别平凡地和引人注目地发生”。⑥ 他也就不会说，“即使（修昔底德）从来没有写过一部历史，凭他的荣誉和高贵，他也不会湮没

④ 《英文全集》，第 8 卷，第 v 页。同时比较后来的《论公民》“前言”的说法：“学问有价值，必定由于它与君王之道，与人类之治理，紧密相联……”[L]

⑤ 《英文全集》，第 8 卷，第 v 页。参看托马斯·埃利奥特爵士的《死里图生》（伦敦，1545）：“……荣誉不是别的，就是诚实；虽然它因这一估价而被篡改，但却依然信而有征。”

⑥ 《英文全集》，第 8 卷，第 vi 页。

无闻”，[⑦]亦即由于他的贵胄血统，他就会名垂史册。

霍布斯一直对贵族，特别是对古老的贵族，敬仰尊崇。在《法律、自然和政治的原理》，他说，“贵族令人尊敬”；[⑧] 在《利维坦》里，他说，“出自望族是令人尊重的”；[⑨] 在《论人》里，他说，“古老的高贵身份，致使气质倾向，较为相宜，因为他们把荣誉授予人时，能够对人人都慷慨大度，慈爱为怀，因为在任何情况下，他们自己应有的荣誉，都已经足够安全了。”[L][⑩]

一方面，是霍布斯对贵族式德行的这种尊崇，另一方面，是我们已经探讨的作为他人本主义哲学基础的亚里士多德主义，在这两者之间，存在着一种历史渊源的关联。关于贵族德行的经典阐述，卡斯蒂廖内的《侍臣论》，已经有人完全有根据地指出：“卡斯蒂廖内的理想品格，其构架是从亚里士多德的《伦理学》借鉴来的。”[⑪] 但是在这里，亚里士多德主义经历了根本性的变化。卡斯蒂廖内确实明确地坚持了冥思苦索的生活方式对于采取实际行动的生活方式的优先地位；当他把柏拉图和亚里士多德描述成理想的侍臣时，他的意思毫无疑问是说，理想的侍臣，一如既往，只是哲学家在世俗尘缘的体现。把卡斯蒂廖内对侍臣生活的指导，看成他对哲学家生活的一个讥讽的指导，可能并不是很大的夸张。被推崇到一个高瞻远瞩、完美佳

---

⑦ 《英文全集》，第 8 卷，第 xiii 页。比较西塞罗的《演说家》，ix. 32：“……坦率地说，虽然他出身高贵，虽然他曾经荣任公职，但是假如他没有写他的战争史，他的名字也不会为人所知。”[L]

⑧ 第 1 部分，第 8 章，第 5 节。

⑨ 第 10 章(第 46 页)。

⑩ 第 13 章，第 5 节。同时参看第 3 节。

⑪ 沃尔特·罗利爵士：《作者们》(牛津，1923)，第 99 页。我们同时也可以回顾，十六世纪最著名的亚里士多德学者之一奥古斯丁·尼福，写过《侍臣德行》。见他的《道德政治文集》(巴黎，1645)，第 2 卷，自第 240 页始。

境的,是侍臣的生活,最理想的是诸如柏拉图或亚里士多德那样的哲学家充当侍臣的生活,而不是君王的生活(君王之教育指导,委托于侍臣)。在柏拉图看来,对理念的见识,作为正当统治不可或缺的条件,有其内在价值,完全独立于自己的政治内涵;同样地,在卡斯蒂廖内的著作里,对至善至美的热爱,也充溢于完美侍臣的襟怀,远远不仅止于对君王的正确教育和指导。然而,一个完美的侍臣,一个像柏拉图或亚里士多德那样的哲学家,难道不是在原则上优越于任何君王吗?面对这样一个涉及理论与实践孰优的次序问题时,卡斯蒂廖内就会决定,他站在完美的君王那一边,也就是站在实践那一边了。[12]君王必定要追求的美德,最高的美德,就是英雄的美德,赫拉克勒斯或亚历山大大帝的美德。[13]

把理论德行推向幕后,而代之以英雄美德的这种倾向,在查茨沃思的霍布斯文献里那篇《尼各马可伦理学》汇纂中可以看到;尽管在那里,这种倾向不太清晰明显,并且更多地是以经院哲学的形式出现的。汇纂的那位不知名的作者,要求把思想理智的美德,排除在伦理学探讨之外;[14] 出于这个考虑,他的处理只涉及了道德美德,而略去了《尼各马可伦理学》第六篇对思想理智的美德的分析,也略去了第十篇对理论优先于实践的论证。另一方面,他明确地与亚里士多德分道扬镳,依照弗·皮科洛米尼的先例,[15] 对于英雄美德,作了比亚里士多德充分得多

---

⑫ 托马斯·霍比爵士英译:《侍臣篇》,人人书局,第295页,第297页,第300页。

⑬ 托马斯·霍比爵士英译:《侍臣篇》,人人书局,第276页,自第289页始,第300页。

⑭ “思想理智的美德,由于在根本的方法上,与伦理学这个部类不尽相称,因此应该另作不同处理,这里暂时予以排除在外”[L](第1页)。

⑮ “哲学家以一种简明扼要的方式,从英雄美德出发。事实上,皮科洛米尼已经充分详尽地……”[L](第12页)。

的讨论，称之为“道德德行，冰壶秋月；以先忧后乐自任的克己奉公之士，无时无刻，不在欣忭躬亲，勉力为之”[L]。[16] 汇纂专辟一节探讨英雄美德，并以此结束全文。

毫无疑问，英雄美德跟贵族美德，并非完全是同一回事；对英雄美德日益浓厚的兴趣，在文艺复兴时期的亚里士多德主义内部，别的地方也可以见到；[17] 而这种兴趣，肯定不能只从对贵族美德的兴趣的角度来解释，而且很可能主要地不能从这个角度来解释。但是，无论英雄美德与贵族美德是出于何种原因及如何被等同起来的，[18] 对霍布斯来说，这种等同从一开始，即已成为不易之论。当他在修昔底德《伯罗奔尼撒战争史》的译著献辞里，赞扬卡文迪什家族的德行时，他把这些德行描述为“荣誉”和“英雄美德”。[19]

霍布斯后来也坚持了“英雄美德”与“荣誉”的等量齐观。在他看来，“英雄”就是君王贵胄的经典称号，“英雄美德”就是宫廷德行的同义词。[20] 英雄美德的要素，计有英勇、血统、美、

---

⑯ 自第 38 页始。对“英雄美德”这样定义，受了西塞罗对“宽宏气度”的处理的影响；参见《论道义》，第 1 篇，第 20 章，第 66 节。

⑰ 我建议读者参看约翰尼斯·德·斯托布尼查为利奥纳尔德·布鲁尼的《伦理学简论》写的评注，以及奥·尼福的《神圣义务》，第 1 篇（《道德政治文集》，第 1 卷，自第 157 页始）。

⑱ 尤其是在十六世纪后半叶，“英雄”的词意，在多大程度上近似于“完美的贵族”的意思，可以从《牛津英语词典》“英雄”等条看出来。也可参看鲍尔塔萨尔·格拉希安的《英雄》(1637)，该书当属贵族文学之列。

⑲ 《英文全集》，第 8 卷，第 v、vi 页。

⑳ “正如哲学家把他们的研究对象分成天体的、大气的以及陆地的三个宇宙领域；诗人……把他们自己置于宫廷、城邑及乡野三个人类领域之内。……因为在自古称为英雄的君王及权高位重的人们之中，蕴涵着一种荣光显赫，它就像太空中的光风霁月，普照影响着芸芸众生。……”《英文全集》，第 4 卷，自第 443 页始。“我蒙惠（于一部英雄诗篇）企望……达到谨慎、正义、坚韧刚毅，追随高绅伟人的嘉言懿行，师表楷模。”《英文全集》，第 10 卷，第 iii 页。

爱、权威、智慧、消遣之术,雄伟抱负,㉑ 也就是卡斯蒂廖内作为完美贵族的要素所列举的那些美德。霍布斯在他的伦理学中,把这些美德,放在"荣誉"之下处理。他在那里说:"荣誉值得尊敬,就是……人的美,振奋活跃的仪表……在异性中的声誉。……发源于强健体力和力量的行动……在战斗或决斗中的胜利。……还有历险,建立丰功伟业。……教诲或说服别人。……高贵身分。……以及权威。"㉒ 可见,"英雄美德"跟"荣誉",意思完全重合;这两种表述所指示的德行,就是贵族所特有的德行。

所以,霍布斯伦理学中处理"荣誉"的那些章节,其原始作用,就是阐述贵族德行。因为"荣誉"与贵族并列,就像"诚实"与下层阶级并列一样。㉓ 而且,在霍布斯对荣誉的分析与当代贵族文学之间,甚至存在着一种文学语言上的关联。我们可以比较一下威廉·塞加尔爵士的《尚武荣誉与市民荣誉》的下述段落:㉔

㉑ "……一部英雄诗篇,主要是对三种美德——英勇、美及爱抒发钦羡敬仰。……一位英雄的荣光,在于勇气、高尚以及其他自然美德,或者在于他对别人的统领驾驭。"《英文全集》,第 10 卷,第 iv 页。在威廉·戴维南特爵士的史诗《戈迪伯特》的人物戈迪伯特和奥斯瓦德身上,霍布斯所看到的,"不是别的,而是持恒的英勇,清明的荣誉,镇静的意图,博学的消遣,和纯净的爱;确有一两度雄心迸发,虽然是瑕疵,毕竟也属英雄行为,故而在一部英雄诗篇里,也必须有其位置"。《英文全集》,第 4 卷,第 451 页。英雄史诗,涉及"胸怀雄才大略的伟人"。《英文全集》,第 4 卷,自第 454 页始。

㉒ 《法律、自然和政治的原理》,第 1 部分,第 8 章,第 5 节。同时比较《利维坦》第 10 章(自第 46 页始)中略有不同的阐述。

㉓ 《利维坦》,第 10 章(第 45 页)。

㉔ 伦敦,1602,自第 211 页始。参看《法律、自然和政治的原理》,第 1 部分,第 8 章,第 6 节,及《利维坦》,第 10 章(自第 45 页始)。

荣誉的不同表现，还包括外在仪表、言辞、姿态；诸如凝神倾听他人说话，他人经过的时候起立，等等。坐着的人，享受站着的人的尊敬。……坐在桌边的人，比上菜的人地位高。……靠着墙走的人，最受尊敬，除非是三人并行，在那种情况下，中间的位置为尊。……如果一个人的君王或上司，对他满意，予以口头或书面嘉奖，或者加官进爵，那么，他就获得了荣誉。……佩戴纹章，是为荣誉：佩戴世袭纹章，尊严高于家族里的首位绅士。……

霍布斯把关于荣誉的这种论述，作为他的出发点；从一开始，他就系统地加以深化，把它们纳入亚里士多德的《修辞学》对“高尚”的分析所提供的构架之内。㉕

霍布斯描述英雄美德时，总把勇气放在首位。㉖ 贵族德行，首先是武士的美德，是战争中所特别显露的美德。卡斯蒂廖内说：

据我判断，一个侍臣的主要职责，真正职责，应该在于秣马厉兵，驰骋疆场；这个职责，于他之封侯事主，文功武略，应该是高于一切的；整军经武，戎马倥偬，应该永远是他的主要职责，而所有其他正理平治，都只是这个职责的装饰陪衬。㉗

霍布斯采用这种见解，明确无误地把荣誉（贵族德行）跟战

㉕ 见本书上文第43—44页。

㉖ 见本书上文第58页注㉑。

㉗ 《侍臣论》，见沃尔特·罗利爵士的《作者们》（牛津，1923），自第35页始，及第72页。

争并列起来：

> 德行的总和，对友善的人，是友善的；对不友善的人，则是令人生畏的。自然法的总和亦然；因为在和平与社会共处的条件下，自然法与人友善；在战争状态下，自然法令人生畏，恐惧是一个人对他自身力量的防范；前者由衡平与正义的行动构成，后者由光荣的行动构成。[28] 战争的惟一行动法则，在于荣誉。[29]

对荣誉的分析，在《法律、自然和政治的原理》、《利维坦》以及迟至《论人》（对"公平美好"的分析）里，都能找到。而把荣誉作为美德（即在战争状态）加以明言描述，只出现在最早的一部著作里，这就因而尤其引人注意。在《论公民》中，勇气确实仍被称为美德，但是已经不再与荣誉相关联了；而且，在《利维坦》和《论人》那里，勇气本身，完全被略去了。"荣誉、正义与衡平"的三位一体，越来越被"正义与博爱"这两个概念所取代。[30] 由此可见，随着霍布斯详尽阐发他的政治哲学，他越来越离开了

---

[28] 《法律、自然和政治的原理》，第1部分，第17章，第15节。

[29] 《法律、自然和政治的原理》，第1部分，第19章，第2节。

[30] 参看《法律、自然和政治的原理》，第1部分，第17章，第15节，以及《论公民》第3章，第32节，《利维坦》第15章（自第81页始），和《论人》第13章，第9节（见本书上文第18页）的相应段落。同时参看《法律、自然和政治的原理》，第1部分，第19章，第2节，及《论公民》和《利维坦》的相应部分。在《利维坦》第17章（第87页），"荣誉律"的提法，确实出现过，并且在《论公民》第5章，第2节，找不到相应的表述。然而，在《利维坦》的跟另外两部著作不相关联的一系列其他段落中，"荣誉"与"正义"，已经明确地不再作为相互补充的两个概念来处理，而是像《论公民》第5章，第2节那样，作为相互对立的两个概念来处理了，而且甚至比《论公民》明显得多。参看《利维坦》，第10章（第47页），第12章（第58页），及第13章（第66页）。见本书下文自第134页始，及第144页。

他承认荣誉是美德的初衷,离开了承认贵族式德行的初衷。从这一事实,我们反过来进一步看到,在霍布斯酝酿创制一个独立的、自成体系的政治哲学之前,特别是在他的人本主义时期,对他来说,荣誉和英雄美德确实曾经是决定性的理想。

随着他思想的形成发展,霍布斯越来越远地背离了对贵族德行的承认。然而,及至这个过程的终结,他不但创建了一个城市自由中产阶级的独特道德,而且与此同时,贵族德行本身,也经历了某种精神升华。

根据霍布斯的定义,一个人的荣誉,在于别人承认他优越于自己。于是"光荣"就是"一些标志,由于它们的出现,一个人承认另一个人拥有高于他自己的力量或超额的事物。"[31] 具体地说,优越意识所支配的全部情感或行动,都是"光荣的"。这个意识,被称为自豪或者骄傲。[32] 依据这个形式上的定义,优越意识仅仅是(可认知的)优越本身的一个具体"标志";[33] 可是,这个定义却掩盖了"自豪"(或"骄傲")与"荣誉"之间的独特关系。因为,一个人出于优越感而采取的行动,首先就是"光荣的"。于是我们可以说,自豪或骄傲,是荣誉的来源。[34] 只要一个人对自己优越于人的意识,其根据真实无妄,那么,自豪或骄傲这种优越意识,就是宽宏气度。[35] 后来,霍布斯曾经把宽宏气度不仅视为荣誉的来源,而且视为全部德行的来源。

---

[31] 《法律、自然和政治的原理》,第 1 部分,第 8 章,第 5 节。

[32] 《法律、自然和政治的原理》,第 1 部分,第 9 章,第 1 节;《论公民》,第 1 章,第 2 节,及第 4 章,第 9 节;《利维坦》,第 6 章(27 页),及第 10 章(第 46 页)。

[33] 参看《法律、自然和政治的原理》,第 1 部分,第 8 章,第 5 节。

[34] 《法律、自然和政治的原理》,第 1 部分,第 19 章,第 2 节;《论公民》,第 1 章,第 4—5 节;《利维坦》,第 13 章(第 64 页)。

[35] 《法律、自然和政治的原理》,第 1 部分,第 9 章,第 20 节。

宽宏气度与荣誉、优越感及贵族的关联，在亚里士多德那里，得到了经典的阐释。[36] 对亚里士多德来说，宽宏气度一方面是各种美德之一，是面对巨大的荣誉时正确的行为举止，另一方面，它是“所有（别的）美德的一种装饰”。它假设别的美德的存在，并提高它们的价值。正像正义[37] 概括了其他奉公守法的公民美德一样，宽宏气度概括了优秀的自由个人的其他美德。至少在表面上，《尼各马可伦理学》坚持了宽宏气度与正义之间的某种不稳定的平衡；现在，如果我们正在失去这个平衡，如果宽宏气度对我们来说，越来越优先于正义，那就意味着，服从法律作为一个道德原则，越来越被忽视，而优秀个人的优越感（“自豪”）及其要求他人承认的兴趣（“荣誉”），越来越被重视。

这样一种思想演变，似乎在文艺复兴时期发生过。[38] 它在一定的限度内，在卡斯蒂廖内的侍臣理想那里，得到了记载。“宽宏气度乃侍臣之灵魂，因为它在一个利析秋毫的世界里，保护他免于蝇头微利之累，免于计较小己得失而贻误大义。只有凭依宽宏之德，侍臣方能超尘拔俗，……是为贵胄风范的精髓。”[39] 此外，卡斯蒂廖内的侍臣，其引人注目之处，不仅在于作为优越意识的宽宏气度，而且特别在于作为对优越地位及其承认的兴趣的宽宏气度。侍臣必须通晓取悦于人、引人注目之术：“总而言之，我认为，侍臣（为了行之有效）对我们所探讨的问题，应该予以充分理解并实行，这样，事事都会迎刃而解，人

---

[36] 《尼各马可伦理学》，第 4 篇，第 7—9 节。

[37] 《尼各马可伦理学》，第 5 篇，第 2—3 节。

[38] 参看雅各布·布克哈特：《意大利文艺复兴时期的文化》，第 10 版，第 1 卷，自第 152 页始；第 2 卷，自第 155 页始，以及刘易斯·爱因斯坦：《都铎王朝理想》（伦敦，1921），自第 259 页始。

[39] 沃尔特·罗利爵士：《作者们》（牛津，1923），第 99 页。

人都会对他叹而观止，而他对人人，都已胸有成竹。”[40]面对荣誉，无论大小，如何正确举止，这方面日益浓厚的兴趣，在卡斯蒂廖内的著作最具独创性的那些章节里，在他对优雅风度的描写中，体现得特别明显。为了完美无瑕起见，侍臣的全部艺术及成就，都需要配合以优雅的风度。只有巧妙地隐蔽全部人为艺技，它们才能焕发优雅风度；换句话说，人为艺技的隐蔽过程本身，必须始终隐而不见。[41] 优雅风度的对立面，是矫揉造作，也就是自我夸耀，自我标榜。可是，这并不意味着，优雅本质上就是谦逊。相反，优雅风度服务于取悦于人、引人注目的艺术。优雅风度，甚至是一种精巧微妙的蒙骗；靠了它，侍臣获得某种声誉，貌似具有他其实并不具有的颖悟才能：

> （侍臣）要作的每一件事，或者要说的每一句话，只要情势允许，都经过了事先准备，事先考虑，但是在表面上，却貌似不假思索，即兴所为。对有些事，他虽然能力平庸，却能闪烁其辞，貌似睿智，给人印象，仿佛他其实所有的，比他实际所说的，高明得多。……这与其说是行骗，不如说是他做事的一种装饰点缀：尽管确系蒙骗，却毋须责

---

[40] 卡斯蒂廖内，见沃尔特·罗利爵士：《作者们》（牛津，1923），第 129 页；以及自第 41 页始，自第 95 页始。托马斯·埃利奥特爵士在他的《统辖者》中写道：“宽宏气度，……一如既往，是德行赖以布局的服饰，……及至炉火纯青，无以复加。……宽宏气度，伴随任何美德，陈列展示，令人赏心悦目，……叹而观止。……”同时比较格拉希安《英雄》的下列章节标题（引自英文译本，伦敦，1726）：“（英雄）应该精于高尚伟业。他应该以优秀为先。他应该首先选择光彩之品格。他应该时常增进他的声誉。他应该自我激励。”

[41] 卡斯蒂廖内，见沃尔特·罗利爵士的《作者们》（牛津，1923），第 43 页，及自第 46 页始。

禁。[42]

所有这些方面，卡斯蒂廖内都在根本上沿袭了亚里士多德《伦理学》的基本要点。另一方面，霍布斯关于宽宏气度的成熟理论，却与亚里士多德主义分道扬镳，大相径庭。他偶尔把“宽宏气度”与“勇气”当做同义词来使用。[43] 这个用法，使我们直接想到托马斯·埃利奥特爵士的《统辖者》(1531)中“宽宏气度，可谓之为英勇无畏”的处理，[44] 然后想到西塞罗在《论道义》第一篇中对宽宏气度的处理，亦即埃利奥特所赖的来源。[45] 西塞罗的表述，可以追溯到斯多噶学派；后来，这个学派与托马斯·阿奎那的亚里士多德主义的表述，融合为一体。斯多噶学派认为，宽宏气度定义为勇气的一部分，较为合适。[46] 所以，当霍布斯谈到“勇气或宽宏气度”时，他是在沿袭斯多噶学派所开创的传统。但是，他已经超越了这个传统，不是把宽宏气度看作勇气的一部分，而是反过来，把勇气，再加上慷慨，看作宽宏气度的一部分：“对小助益和小妨害的轻视就称为豪迈。在死亡或受伤的危机下所表现的豪迈就称勇敢或刚毅。在财富的使用

---

[42] 卡斯蒂廖内，见沃尔特·罗利爵士的《作者们》(牛津，1923)，自第130页始；参看第46页，自第48页始，及第100页。

[43] 《法律、自然和政治的原理》，第1部分，第19章，第2节。

[44] 埃利奥特说：“……我现在想到，宽宏气度这个词，有些蹊跷，晚近借用于俗人，不足为据。……我冒昧建议用一个更为熟悉的词取而代之，称为好的勇气。……”托马斯·霍比爵士在他的《侍臣论》英译本中，把“宽宏气度”，翻译成“勇气之高尚”及“勇气之强壮”。

[45] 对西塞罗(《论道义》，第1篇，自第20章始)而言，“刚毅”与“宽宏气度”是一个不可割裂的整体。

[46] 参看G.克吕格尔：《哲学自我意识的来源》，“逻各斯”，第22卷，自第261页始。克吕格尔把宽宏气度这个概念的历史，同对笛卡尔的“慷慨”理论的一个诠释，联系起来考察。

上所表现的豪迈就称为大方。”[47] 霍布斯仿佛在企望，要从出类拔萃的人的自我意识着手，来把握全部的贵族美德，全部的瑰意琦行。他沿着这个思路走得更远，一直到它的结论，就是把正义本身，解释成宽宏气度的一个结果。[48] 然而，作为“对小助益的轻视”的宽宏气度，不仅是“对不公正的帮助的蔑视”，而且特别是“对不诚实的帮助的蔑视”。[49]同样地，正如宽宏气度是正义的起源一样，它也是荣誉的起源。如果荣誉和正义是“德行的总和”，[50] 那么我们就可以这样总结霍布斯关于宽宏气度的理论：宽宏气度是全部德行的起源。[51] “(英国王政复辟以后)霍布斯主义几乎成为高绅贵胄的一个本质部分。”[52] 如果我们希望理解这一事实的话，我们可能应该比通常更多地思考一下《利维坦》对这种贵族德行概念的极端强调。

但是，这个关于宽宏气度的理论，它的意义是什么？它最终的假设是什么？从表面上看，霍布斯与亚里士多德在理论上的不同之处在于，对霍布斯来说，宽宏气度已经不再是亚里士多德心目中的那样，是所有美德的“一个装饰”，而这些美德之中包括一个业已存在的正义美德；在霍布斯看来，宽宏气度是正义以及其他美德共同的起源。这个变化在根本上意味着，德

---

[47] 《利维坦》，第 6 章(第 26 页)。

[48] 见本书上文自第 28 页始。

[49] “豪迈就是对不公正或不诚实的帮助的蔑视。”《利维坦》，第 8 章(第 35 页)。为了理解这段话，参看《英文全集》，第 6 卷，第 25 页：“……诚实与欺诈的法则，指的是荣誉，而……法律所尊重的，只是正义。”

[50] 见本书上文第 59 页。

[51] 智慧也被描述为“一种豪侠”。见《比希莫特》，第 38 页。

[52] 托马斯·麦考莱：《詹姆斯二世加冕以来的英国史》，第 1 卷，第 181 页。同时比较托马斯·布朗爵士关于宽宏气度是“亚里士多德的真正绅士”的描述(《基督教道德》，第 1 篇，第 16 节)。

行已经不再被构想为一种状态（"条件状态"），而仅仅是一种意图了。这一点，在霍布斯对亚里士多德的《伦理学》直言不讳的批评里，看得特别清楚："……道德哲学方面的著作家虽然也承认（与霍布斯）同样的美德与恶行，但由于他们没有看到这些美德的善何在，……于是便认为美德在于激情的适度。意思好像是说：毅勇不在于勇敢无畏的动机，而在其程度；慷慨大度不在于馈赠的动机，而在于赠物的数量一样。"[53] 也就是说，一个行动或一个行为形式的原因和动机，是它的道德价值的惟一标准。独立于法律，"每一个人都是自己的法官，只受自己良心的控诉，和由自己意图的正直与否来辩白。所以当他的意图正确时，他的行为便不是罪恶……"[54] 对霍布斯来说，意图成为惟一的道德原则，因为他不再相信存在着一个"客观的"原则，使人必须赖以安排他的行动，他也不再相信存在着一个自然法，它先于全部人类意志。正如我们已经看到的，他明言否认，自然道德法则，可能是任何真正的法律。[55] 否认一个自然法的存在，否认先于全部人类契约的某种义务制约的存在，这就是那个终极原因，可以解释为什么意图、特别是"勇气的某种高尚性或豪侠性"，亦即宽宏气度，被认为是可以阐释全部德行的充足理由。

关于宽宏气度是全部德行的起源的理论，只有在《利维坦》里，才能找到。在《法律、自然和政治的原理》里，宽宏气度是作为一种可估价的激情来讨论的，仅此而已。而《论人》则已经不

---

[53] 《利维坦》，第 15 章（第 83 页）；同时参看《法律、自然和政治的原理》，第 1 部分，第 17 章，第 14 节，及《论公民》，第 3 章，第 32 节。参看康德：《道德形而上学基础》（手稿，学院版，第 6 卷，第 404 页）。

[54] 《利维坦》，第 27 章（第 155 页）。

[55] 见本书上文第 28—29 页。

再提及宽宏气度了;这部著作所讨论的,是较为平淡无奇的"正当的自尊心",[56] 它跟宽宏气度根本不同,因为它本质上不属于优越意识。关于宽宏气度的理论,只出现在《利维坦》,仅是这个事实本身,就会使人猜想,这个理论并不是霍布斯道德哲学的一个不可缺少的要素。即使从《利维坦》本身,我们也可以看出,这个理论不但不是不可缺少的,而且甚至与《利维坦》的根本目的,截然背道而驰。我们已经指出,随着霍布斯政治哲学的逐步成形和深化,他越来越远地背离了自己最初对贵族德行的承认。《利维坦》在这一发展演变的过程中,属于一个成熟高级的阶段。正如它的书名即已显示的,它的论证锋芒所向,首先针对"骄傲"这个激情。[57] 在霍布斯把宽宏气度当做正义的起源加以描述的那些段落里,他把"自豪或骄傲"当做"勇气的高尚性"的同义词来使用,即当做宽宏气度的同义词来使用。然而,正是因为宽宏气度是骄傲的一种存在形式,霍布斯就不可能把宽宏气度认可为正义的起源;哪怕它是最"可尊敬的"一种存在形式,他也不可能这样作。因为,鉴于它以优越感为基础,它就跟对人人天然平等的承认相抵触;归根结底,霍布斯只允许把这种对人人天然平等的承认,当做公正的自我估价。[58] 所以,关于宽宏气度是全部德行的起源的理论,直接违背霍布斯的真正意图。考虑到这个理论只在《利维坦》出现过,我们可以推测,霍布斯对它,可能是一时受笛卡尔的影响,随意沿用的;笛卡尔的《心灵的激情》发表于一六四九年,与霍布斯写作《利

---

[56] 《论人》,第 12 章,第 9 节。

[57] 见本书上文自第 13 页始,及第 29—30 页。

[58] 《法律、自然和政治的原理》,第 1 部分,第 14 章,第 2—3 节,及第 17 章,第 1 节;《论公民》,第 1 章,第 3—4 节,及第 3 章,第 13 节;《利维坦》,第 13 章(第 63 页),及第 15 章(自第 79 页始)。

维坦》在时间上正好吻合。可以肯定地说，霍布斯被笛卡尔的权威所迷惑，这既不是第一次，也不是绝无仅有的一次。笛卡尔说：“我们可以在我们自己心里，唤起慷慨的激情，从而获得这个美德。这个美德一如既往，是通向所有其他美德的钥匙，也是可以医治各种激情紊乱的普遍良药。”[L][59]

可是，霍布斯附带地也借用了笛卡尔关于“慷慨”的理论，这一事实，我们应该如何判断呢？我们是不是要说，霍布斯只是在笛卡尔的影响之下，才深化了他的道德学说，而他自己在此前和此后，都没有能力独立地这样作呢？我们可能应该更恰当地推测，霍布斯对这个道德问题，自有深刻得多的答案；他穷尽毕生之力，徒劳无功地试图为这个答案找到一个清楚的公式；千虑一失之间，他满足于接过笛卡尔的答案，予以沿用；而笛卡尔的这个答案，虽然清晰，但却肤浅，是此前全部思想演变显而易见的必然结果。这样一个判断，更有根据，因为霍布斯自己的道德思想体系，与笛卡尔最深刻的意图，更相对应，其投契程度，超过了它与《心灵的激情》的道德理论的关系。[60] 激进的怀疑，其道德表现，在于不信任与恐惧；发源于独立自由意识的自信心，其道德表现，在于“慷慨”；而怀疑总是先于自信心而产生的。笛卡尔的哲学奠基，启始于对他自己的偏见的不信任，尤其启始于对潜在的“欺瞒背叛之神”的不信任；同样地，霍布斯对国家、从而对全部道德的阐释，启始于人类所天然怀有的不信任感。然而，这种根本的不信任，其具体涵义和具体后果，是在霍布斯的道德思想那里得到阐释的，而不是在笛卡尔

---

[59] 《心灵的激情》，第 161 节。同时参看第 154 节。

[60] 我们可以回顾，笛卡尔最初曾经被人认为是《论公民》的作者，而他本人也曾表示称许这部著作。

那里得到阐释的。因为，除了为笛卡尔所惑，没认清自己的真正意图，懵懂一时之外，霍布斯洞若观火，一口咬定，德行的起源，不在于宽宏气度，而在于恐惧，在于对暴力造成的死亡的恐惧。他把对暴力造成的死亡的恐惧，而不是宽宏气度，视为惟一恰当的自我意识。

涉及自我意识的哲学问题，没有人比黑格尔更权威了。黑格尔把自我意识赖以发源的经验，描述为人们由于希图得到他人的承认而酿成的生死搏斗；此时此刻，他其实是在默认，霍布斯哲学的基础，较笛卡尔哲学的基础为优。他在《精神现象学》里说：

> 自我意识，凭依另一个自我意识而存在，在这个意义上，鉴于这个事实，自我意识靠自身存在，为自身存在；这就是说，只有通过被认识，被“承认”，才可能有自我意识。……每个个体，确实确知它的自我，但是不能确知对方，因此，它自我的确定性，尚未获得事实的印证。……这样，两个自我意识，通过生死搏斗，来证明它们自己，并相互证明，从而构成它们之间的关系。它们必须进入这场搏斗，因为它们必须把它们的自我确定性，把它们为自身而存在的确定性，提高到客观真理的高度，并且使这个确定性，既就对方而言，又就它们自身而言，都成为事实。[61]

从这场生死搏斗之中，自我意识的原始形式，伴随着主仆关系，应运而生。根据黑格尔的理论和霍布斯的理论，仆人的意识在

---

[61] 《精神现象学》，詹姆斯·布莱克·贝利的英译本，第1卷，自第175页始。

本质上都是由死亡恐惧决定的；[62] 在原则上，就黑格尔而言，正如就霍布斯而言一样，仆人的意识所代表的，是一个比主人的意识更高的阶段。黑格尔以霍布斯的哲学为基础，[63] 从分析主仆关系入手，以此展开他对自我意识的各个近代以前的形式（斯多噶学派、怀疑主义及“不幸意识”）的分析；他在这样做的时候，实际上是承认，霍布斯的哲学，是对自我意识的最基本形式的第一次探讨。

---

[62] 如黑格尔所说：“……奴役束缚……是一种自我意识，……这个自我意识的险境与恐惧，不是由于这个因素或那个因素，也不在于此时或彼时，而是为它的整个生存所感到的恐惧；它感受到死亡的恐惧，它面对生杀予夺的主人，置身于致命的恐怖之中。……”《精神现象学》，詹姆斯·布莱克·贝利的英译本，第1卷，第185页。

[63] 亚历山大·柯杰弗尼科夫先生和本书作者，计划对黑格尔与霍布斯之间的相互关联作一次详尽的探讨。

第五章　国家与宗教

霍布斯研究历史时，着眼于政治学。他所偏爱的作者，是修昔底德——“有史以来最具政治意义的编史作者”。[①] 他在自传里说，他发表《伯罗奔尼撒战争史》的译著，是因为希望与他的公民同胞们，交流修昔底德使他皈依的信念。这就是，民主政体不足为训，君主政体更为可取。[②] 这些后来所作的自述，在《伯罗奔尼撒战争史》译本的引言中，得到充分的印证。在那篇“引言”里，霍布斯概括了修昔底德“涉及国家政府的观点”，说明了修昔底德“最不喜欢民主政体”，“最称许王权政府”。[③] 这篇引言的整个语气，证实霍布斯毫无保留地接受修昔底德的观点。所以，霍布斯从一开始，就是君主政体的坚定鼓吹者和民主政体的强硬反对者；终其整个生涯，他一直坚持这个立场。

在他思想演变的各个阶段，霍布斯始终认为，绝对的世袭君主政体，是最佳的国家形式。在《伯罗奔尼撒战争史》译本引言里，他确实把庇西特拉图的形式上的君主政府，跟伯利克里

---

① 《英文全集》，第 8 卷，第 viii 页。

② 《拉丁文全集》，第 1 卷，第 xiv 页，第 lxxxviii 页。

③ 《英文全集》，第 8 卷，自第 xvi 页。

的名义上民主、但事实上的君主政府，视为价值等同的对应政体。[④] 可是，在他的三部系统的政治哲学著述中，他都承认民选的君主政体的可能性；他把这种政体同罗马专制体制相类比，指称在这个政体之下，国民拥有“财产主权”，只是并非在“使用”。[⑤] 尽管他断言，在原则上，民主政体和君主政体在法制上可以等量齐观，我们却可以说，他把绝对的君主政体和专制体制，视为惟一切实可行的政府形式。[⑥] 从翻译修昔底德《伯罗奔尼撒战争史》，到写作《利维坦》，霍布斯始终坚持这个立场。在这方面，他在推崇专制体制的同时，认为绝对的君主政体尤为优越；这个看法，也始终没有改变过。

霍布斯关于君主政体的立场，毕生不渝，没有改变。[⑦]但是，他赋予“君主政体”这个概念的涵义，却有变化。这一点，可以从他在不同的著作里，解释君主政体的突出地位时所采用的不同方式之中发现出来。在早期著述中，他提到传统的论证，它们实

---

④ 《英文全集》，第 8 卷，自第 7 页始。同时参看《法律、自然和政治的原理》，第 2 部分，第 2 章，第 5 节，及第 5 章，篇尾；《论公民》，第 10 章，第 15 节；《利维坦》，第 25 章，篇尾。

⑤ 《法律、自然和政治的原理》，第 2 部分，第 2 章，第 9 节；《论公民》，第 7 章，第 15—16 节；《利维坦》，第 19 章（自第 100 页始）。

⑥ 参看弗迪南德·特尼厄斯：《托马斯·霍布斯》，第 3 版（斯图加特，1925），第 252—255 页。

⑦ 所以，霍布斯的演变，并不是从只承认绝对君主政体，逐步过渡到也承认专制体制的。对绝对君主政体最不容置辩的肯定，不是出现在《法律、自然和政治的原理》里，而是出现在《论公民》（第10章，第17节）里。《法律、自然和政治的原理》（第2部分，第2章，第10节）和《利维坦》（第19章，第101页）断言，存在着有限的君主政体的可能性，然而这并不是真正的君主政体，而是拥有主权的国民所给予的委托和授权；而《论公民》（第7章，第17节），则否定了这种可能性。而且，《论公民》的一个章节（第10章，第18节），强调了世袭君主政体的优越性，而另外两部著作，则没有相应的章节。由于在《论公民》里，霍布斯对君主政体的鼓吹过于斩钉截铁，他在后来写的前言中，不得不正式宣称，君主政体的优越性，尚未得到印证，而只是大致约略如此。

际上都是在说,君主政体是惟一自然的权威形式,惟一原始的权威形式,惟一与自然的原始秩序相对应的权威形式;而贵族政体和民主政体,却是人为产生的,只是"人类机智所塑造的"。[8] 确实,在早期的《法律、自然和政治的原理》里,以及在更清楚的《论公民》里,他对这种论证,并未予以重视。然而,早期著作的确提到过这种论证,这一事实使我们有理由推论,霍布斯只是逐步地抛弃这种论证的,而他在最初,确实曾经把君主政体视为权威的惟一自然形式。进一步说,他一直到最后都在坚持,父权,从而世袭君主政体,即便不是所有国家或多数国家的法律上的起源,也是所有国家或多数国家的历史上的起源。[9]

在任何时候,霍布斯都坚持自然国家与人为国家之间的区别。他总是划清一条界限,一方面,是"以力取得的国家",其基础在于自然力量,无论是来自父权,还是来自征服者;另一方面,是"按约建立的国家",它产生于对一个民选政府的自愿服从,也就是人为地产生。在他看来,自然国家的君主政体性质,无论在什么时候,都是理所当然不证自明的。[10]

在所有的三部政治哲学著作里,霍布斯都先探讨人为的国家,然后处理自然国家。而且,根据他的最终观点,他在讨论人

⑧ 《法律、自然和政治的原理》,第 2 部分,第 5 章,第 3 节;《论公民》,第 10 章,第 3 节。参看特尼厄斯:《托马斯·霍布斯》,第 3 版(斯图加特,1925),自第 250 页始。同时参看《论公民》,"前言",及《拉丁文全集》,第 5 卷,第 352 页。

⑨ 《利维坦》,第 10 章(自第 47 页始),第 13 章(第 65 页),第 20 章(第 105 页),第 22 章(第 124 页),第 27 章(第 164 页),及第 30 章(第 182 页);《比希莫特》,第 147 页。

⑩ "取得这种主权的方式有两种:一种方式是通过自然之力获得的,例如一个人使其子孙服从他的统治就是这样,……这一方式下还有一种情形是通过战争使敌人服从他的意志,……另一种方式则是人们相互达成协议,自愿地服从一个人或一个集体,……"《利维坦》,第 17 章,篇尾。参看《法律、自然和政治的原理》,第 1 部分,第 19 章,第 11 节;《论公民》,第 5 章,第 12 节。

为国家时，同时都特别探讨体制上的君主政体，也就是人为的君主政体。但是，存在着一个极为值得注意的区别：在《利维坦》里，继承权是在讨论“按约建立的国家”时，作为君主政体的一个特殊问题来处理的；而在此前的著作中，继承权却只是在讨论自然国家时连带提及的。[11] 最开始的时候，君主政体的这个特殊问题(即继承权)，只囊括在对自然国家的处理之中，这是因为，根据霍布斯的原始观点，君主政体与自然国家，就是同一回事。

可是，这里所说的是哪一个自然国家呢？霍布斯区分了两种自然国家：以征服为基础的专制国家，和以父权为基础的世袭君主政体。在早期著述中，君主政体的继承权，只在世袭君主政体的意义上来处理；甚至《利维坦》在追溯提及以前对继承权的探讨时，也只是在这个方面进行，而不是在讨论专制国家的构架内进行；这个事实已经说明，霍布斯最初与自然国家等量齐观的那个君主政体，是世袭君主政体，而不是专制君主政体。我们必须充分强调，早期著作所提到的赞成君主政体的那些传统论证，无例外地只与世袭君主政体相关联，而与专制君主政体无涉。因此，对霍布斯来说，君主政体跟世袭王国本就并无二致。

只有到后来，他才把基于父权的君主政体与基于征服的君主政体，相提并论。这个变化，原因在于他关于人为的(“体制上的”)君主政体的观念；跟这个政体相比较，所有形式的权威，只要它们不是人为产物，不以自愿授权为基础，就似乎是自然的。对人为君主政体的想法，就像对人为国家的想法一样，在

---

[11] 《法律、自然和政治的原理》，第 2 部分，第 4 章，第 11—17 节；《论公民》，第 9 章，第 11—19 节；《利维坦》，第 19 章(第 101—104 页)。

他的著作中,一部比一部清晰。《法律、自然和政治的原理》附带地谈到:“(君主的)臣民,……对他来说,就像他的子嗣和仆人。”这个观察,在后来的著作里,消失得踪迹全无。[12]《论公民》的一个语调新异的段落,在特别谈到君主政体时,对“权威的权利”与“权威的行使”,加以区分。[13] 君主政体,已经不复在任何高于民主政体和贵族政体的意义上,继续是个人统治了。而《利维坦》,在以“论国家致弱或解体的因素”和“论主权代表者的职责”为题的两章里,有些段落涉及前所未见的问题;在这里,霍布斯试图按照体制上的君主政体的理想,对君主政体的传统观念作出修改。另一方面,对自然国家的处理,至少相对而言,篇幅有所缩短。[14] 霍布斯对代议观念完善得越精致,[15]他对体制上的君主政体的本质,对君主作为自然人与君主作为政治动物之间的区别,就阐述得越清楚,而自然国家,世袭君主政体,以及君主政体与父系权威之间的密切关系,对他来说,也就越不重要。到最后,父权(及专制)政府与君主政体成为截然对立:“君主,作为子嗣之父,作为家仆之主,驾驭一切,约束子嗣家仆;然而,他治理国民,只依先存之法,于斯,他是政治人,不是自然人。”[16]

根据霍布斯的最终看法,我们必须划清界限,一方面,是自然国家,它理所当然地是君主政体;另一方面,是人为的国家,

---

⑫ 《法律、自然和政治的原理》,第 2 部分,第 4 章,第 12 节;《论公民》,第 9 章,第 14 节;《利维坦》,第 19 章(第 103 页)。

⑬ 《论公民》第 13 章,第 1 节。

⑭ 参看特尼厄斯:《托马斯·霍布斯》,第 3 版(斯图加特,1925),自第 255 页始。

⑮ 特尼厄斯:《托马斯·霍布斯》,第 3 版(斯图加特,1925),自第 238 页始,以及第 210 页,第 242 页。

⑯ 《比希莫特》,第 51 页。同时参看《英文全集》,第 6 卷,第 152 页。

它在原则上，同样有根据地可能是民主政体，贵族政体，或者君主政体。然而初始，他认为民主政体，是人为国家的首要形式。《法律、自然和政治的原理》在讨论人为国家时，曾经明确说过："民主政体，在时间上先于所有其他政府体制。"贵族政体和（体制上的）君主政体，发源于原始的民主政体。这个主题，在《论公民》里只以一个远远削弱了的形式出现；而它在《利维坦》中，则消失殆尽。[17] 因此，按照霍布斯的原始观点，人为国家首先是民主政体，自然国家就是世袭君主政体。

有一个看法认为，霍布斯最初由于君主政体的自然起源，曾经在君主政体和人为的民主政体之间，偏爱君主政体。这个看法是错误的。他的观点最早的系统阐述，恰恰是最倾向于民主政体的。我们已经谈到，民主政体先于国家的其他人为形式，这个见解，在《法律、自然和政治的原理》中，论断得最为明确，不容置辩。而下述的事实，则不那么模棱两可。尽管霍布斯在《法律、自然和政治的原理》里，否定亚里士多德关于民主政体意在自由的观点，他在这部著作里对这个观点的处理，却比他后来的作法，更为公允。[18] 而且，《法律、自然和政治的原理》有一段关于人为国家的话，似乎是某个赞成民主政体的论

---

⑰ 《法律、自然和政治的原理》，第 2 部分，第 2 章，第 1 节；《论公民》，第 7 章，第 5 节（参看特尼厄斯：《托马斯·霍布斯》，第 3 版（斯图加特，1925），自第 243 页始。这个观念，使我们联想到《比希莫特》第 76 页的一个段落。

⑱ "亚里士多德说得好，民主政体的基础或意图，在于自由；他用下面的话证实这一点：因为人们通常这样说，除非置身于一个大众国家，否则无人可能分享自由。"《法律、自然和政治的原理》，第 2 部分，第 8 章，第 3 节。"……这就是亚里士多德意图之所在，他按照当时习俗，误称其为自由治辖……"[L]《论公民》，第 10 章，第 8 节。"为了要避免更换政府的念头，雅典人被人教导着说他们是自由的人民，所有君主国家中的人都是奴隶。于是，亚里士多德在他的《政治学》一书中便写道……"《利维坦》，第 21 章（第 113 页）。

证的残余；这个论证，只以一个远远削弱了的形式，出现在后来的著述中。他在《法律、自然和政治的原理》里说：

> "那些自行建立国家的人，其隶属服从之绝对，并不亚于奴仆之被统治。在这方面，两者相差无几；然而前者所怀希望大于后者。因为，不受胁迫地隶属于人的人，感觉他有理由，比被人胁迫而隶属于人的人享有更好的境遇；尽管为人所治，他以自由之身自称自由人；以此看来，自由就是……一种状态，比迫于武力和征服而被人统治的状态，更具希望。"[19]

这似乎是在暗示，导致自然国家的动机，是恐惧；另一方面，导致人为国家的动机，是希望或信任。基于希望或（对君主的）信任的人为国家，与基于恐惧的自然国家截然相反。但是，在民主政体是人为国家的首要形式的情况下，这种对立就意味着，民主政体比世袭君主政体更为可取。

然而，除了具体引证说明问题以外，霍布斯在他的人本主义时期，很可能从一开始，就比后期更为接受民主政体的思想。在后来的年代里，他总是提及古典作者，把他们当做他所处时代的民主政体思想的主要源头。我们不能假定，在这些作者占据他的思想时，在他能够援引数学的确实性，用他自己的政治哲学，向这些作者挑战之前，在他只能依靠修昔底德的权威，或

---

⑲ 《法律、自然和政治的原理》，第 2 部分，第 4 章，第 9 节。比较《论公民》，第 9 章，第 9 节，及第 5 章，第 12 节；《利维坦》，第 20 章（第 107 页），及第 17 章，篇尾；《比希莫特》，第 12 页。同时参看斯宾诺莎：《政治论》，第 5 章，第 6 节。

几乎只能依靠修昔底德的权威的时候，他就已经像后来那样，充分准备好去否定民主政体传统了；更毋需说，霍布斯偏爱绝对君主政体，而修昔底德在这方面，毕竟并不是一个绝对无可置疑的权威。霍布斯早期描述民主政体与世袭君主政体的关系，是在修昔底德那里，是在科林斯人比较雅典国家（古典民主政体）与拉西代蒙（斯巴达）国家（古典贵族政体）的演说那里，为自己找到模型的。修昔底德借科林斯人的演说之口，一方面描述雅典民主政体的勇敢和希望，另一方面描述“老派的”拉西代蒙贵族政体的踌躇不决和不信任感；[20] 如同修昔底德一样，霍布斯最初把民主政体的动机描述为希望，把“老派的”自然国家的动机，特别是世袭君主政体的动机，描述为恐惧。

在任何情况下，我们都必须认识到一个自相矛盾的事实，霍布斯最早的政治哲学著作，既最赞成世袭君主政体，同时又最赞成民主政体。如果我们考虑到，《法律、自然和政治的原理》所阐述得最清晰的世袭君主政体的与民主政体的观念，都是传统的观念；如果我们考虑到，霍布斯试图实现这两种观念的非传统的结合，直到《利维坦》才完全成功；如果我们也考虑到，因而在此前的著作里，这两种观念的结合，必然是不完美的，而且结果是彼此自相矛盾的，那么，矛盾之处就会自行消失了。在《法律、自然和政治的原理》那里，或者更确切地说，在他的人本主义时期，霍布斯还没有找到途径，调和这些相互对立的传统观念，也就是说，他还没有足够清晰地形成他关于体制上的人为君主政体的最终观念。这就造成了世袭君主政体与民主政体之间的原始矛盾。在这两个政治观点的冲突中，霍布斯从一开始，就站在世袭君主政体一边；但是从一开始，他同时

---

[20] 《伯罗奔尼撒战争史》，第1篇，70，3。

就对这个立场,在道德上有所顾忌疑虑。

因此,霍布斯的国家理论,追本溯源,代表着两个相互对立的传统的结合。霍布斯主张,世袭君主政体是惟一自然的国家形式,因而是惟一合法的国家形式;在这个意义上,他是在遵循着君主政体传统。对照之下,民主政体传统主张,全部合法性的根源,在于主权国民的授权。霍布斯首先通过对自然国家与人为国家加以区分,把这两个对立的传统结合起来。关于自然国家,至少就现存国家的历史起源而言,他毕生不渝,坚持君主政体传统。关于人为国家,至少初步地看,他倾向于民主政体传统,从最初就不遗余力地论证,民主政体的积极作用,莫过于它能够在事实上,甚至也在名义上,把自己转化成一个绝对君主政体。

在这个尝试的过程中,霍布斯最初之所以要把相互对立的传统结合起来的原因,就显露出来了。霍布斯企望展示君主政体的优越性,使所有各方都能承认;他自己对这些优越性,从一开始就确信无疑,原因我们将在后面讨论。君主政体的优越性,自然而然地享有君主政体一方的认可。所以,问题只在于说服民主政体传统的信奉者们。而这样做,最方便的途径,首先是对民主政体的前提假设予以承认,不加批评,以便然后在这个前提假设的基础上,去证明君主政体的优越性。这样,赞成君主政体的论证,最初是与一个替换方案相联系的。归结到原则的角度来表述,就是在君主政体动机与民主政体动机之间作选择,在恐惧与希望之间作选择;这个选择,在我们上面从《法律、自然和政治的原理》所引用的那段话里,仍然字里行间,跃然纸上。然而从长远看,自然国家与人为国家,君主政体原则与民主政体原则,恐惧与希望,这种等量齐观的并存,霍布斯毕竟不能默许接受。他探求一个共同的动机,既为自然国家奠基，又为人为国家奠基。他在对暴力造成的死亡的恐惧那里，找到了这样一个动机；而这个动机，他最初似乎只与自然国家相关联。在这个意义上，自然国家对人为国家的优先地位，霍布斯自始至终，都承认不讳。

所以，霍布斯把两个根本不同的主权理论调和起来了。按照一个理论，主权是一种权利，它的基础，归根结底在于父亲的权威，因此完全独立于个人的意志。按照另一个理论，所有的主权，都要追溯到大多数自由公民的自愿授权。开始的时候，霍布斯很可能是这样调和这两个对立理论的：父权治辖是家庭的自然秩序；按照自然法则，父亲是子嗣和家仆的绝对主宰；另一方面，政治统治的基础在于，父亲们把父权自愿地委托给国王。[21] 在霍布斯最终的主权理论中，不仅服从的自愿性质，而且服从的非自愿性质，都得到了更系统的调和：在人为国家奠基之际，人们（指个人，而不是父亲）出于相互恐惧，出于对暴力造成的死亡的恐惧，把最高的权力，委托给一个人或者一个机构；而恐惧虽然本身是胁迫性的，却与自由相一致。换句话说，对

---

[21] “……原先每一个人的父亲也是他的主权者，对他操有生杀之权。建立了国家之后，这些家庭中的父亲就放弃了这种绝对权力，……”《利维坦》，第 30 章（第 182 页）。“……父母权力虽然已经交付出来服从民约法了，但却……应当具有主权者的尊荣。”《利维坦》，第 27 章（第 164 页）。我们要注意，在这些类似的段落里，霍布斯所谈论的，是国家事实上的起源，而不是法律上的起源。根据霍布斯的最终理论，对子嗣的法律上的绝对权力，也就是按照自然法所拥有的绝对权力，来自父亲，而不是来自母亲。按照原文所阐述的理由，我们可以认为，霍布斯最初从父亲的权威那里，不仅找到了事实上的主权来源，而且找到了法律上的主权来源。在君主政体的原则与民主政体的原则之间，我们所推测的最早的调和尝试，可以在胡克那里看到：“在私人家庭里，自然赋予父亲以至高无上的权力。……尽管如此，在大众的广大领域，这种对任何人的依赖，都并不存在，……除非人们给予承诺同意，或者上帝予以直接授权，否则，任何人都不可能拥有完全合法的权力。……”《论教会体制的法则》，第 1 篇，第 10 章，第 4 节。

一个中立的第三者(即政府)的权力的恐惧,同样是胁迫性的恐惧;他们自愿地用这个同样是胁迫性的恐惧,去取代胁迫性的相互恐惧;这样,他们用一个可计量的、有限度的、可以避免的危险,去取代一个无法计量的、无限度的、不可避免的危险;前者来自敌手的威胁,后者来自法庭,它只威胁违法肇事者。

截止到霍布斯成功地把两个对立的主权理论调和起来,他对那些其基础既不能用传统的君主政体原则来解释,又不能用传统的民主政体原则来解释的政体,一直加以否定,认为是没有合法身份的。因此,他在《伯罗奔尼撒战争史》译本引言中说,修昔底德"始终称赞(雅典政体),不但在庇西特拉图统治时期(尽管那是一个僭主政权)是如此,而且在战争爆发初始,它名义上是民主政体,实际上是伯利克里治下的君主政体时,也是如此。"㉒ 所以,霍布斯最初能够区分合法政权与僭主政权(或者按照君主政体原则,或者按照民主政体原则);这样可以认为,他最初只把世袭(因而是合法的)君主政体视为自然国家,而不把一个征服者的专制统治视为自然国家。他的最终理论则认为,任何统治,仅仅只凭在统治着,就是合法的。于是,"暴政"、"专制"这些概念,对他完全失去了意义。他毫不踌躇地宣称,任何国家的权威,或者几乎任何国家的权威,都是建立在僭越篡权的基础上的,这丝毫无损于它们的合法性。㉓

如果说霍布斯最初承认的,是合法的主权条件,而不是事实上的主权条件的话,那么,我们就可以认为,他最初也假定存在着最高权力的法律限度。后来,他否定了对主权的任何限制

㉒ 《英文全集》,第8卷,第 xvii 页。

㉓ "……世界上根本没有什么国家的开业创基在良心上是说得过去的。"《利维坦》,"结论"(第388页)。

及划分,指为荒谬绝伦。可是,在《伯罗奔尼撒战争史》译本引言里,他曾经用显然是肯定的口吻,不加批评地提到修昔底德的一个见解:民主政体与贵族政体的混合宪政,一方面应该优先于民主政体,一方面应该优先于贵族政体。㉔ 在《法律、自然和政治的原理》中,他像在其后的著作里那样,系统地反对混合政体的想法,然而他虽然不承认主权划分的可能性,但却仍然承认,把主权的行政划分为君主的最高控制跟一个贵族政体的或民主政体的枢密院,是可能的。㉕ 在后来的著述里,这段话被略去了。所以,霍布斯对混合政体之议的断然拒绝,只是逐步地演变形成的。而他最初的看法必然是,绝对君主政体,绝非强制约束,而完全可以设置一个贵族枢密院或民主枢密院,以此将贵族政体或民主政体的长处兼收并蓄,与君主政体的优越性结合起来。

然而,霍布斯最初并不是只主张,对主权的行使,可以设置发自自愿的限制;他同时也承认对主权的强制性限制。在所有的三部著作中,他确实都同样明确地否定了君主受民法制约的观点,他甚至否定了君主在特定情势下可以被臣民诘问的观点;但是,他在最初远没有像在《利维坦》里那样,把君主的权力设想得那么绝对。按照他的最终看法,君主的主权不受任何真正意义上的任何一种制约;因为自然法则,尽管显然也约束君主,但是它只在君主的支配之下,才具有约束力;没有人能"对

㉔ 《英文全集》,第 8 卷,第 xvii 页。

㉕ "主权不容混合,或者是单一的民主政体,或者是单一的贵族政体,或者是单一的君主政体,永远三者必居其一;然而,就这个单一政体的行政而言,所有上述政府形式,均可有其下属地位。……因此,一个君主政体,也可以由君主指定人选,下设一个贵族枢密院;或者可以(经君主钦准)由全体国民承诺同意,指定人选,下设一个民主枢密院。"《法律、自然和政治的原理》,第 2 部分,第 1 章,第 17 节。

自己负有义务,因为系铃者也可以解铃,所以只对自己负有义务的人便根本没有担负义务”。[26]于是,君主的主权不受真正的制约。霍布斯的确说过,自然法则带有强制的约束性,其基础不仅在于君主的主权支配,而且“来自上帝的直接命令”。可是,这个约束性不具重要意义,因为,按照他自己的说法,上帝的命令本身,只有通过君主的主权支配,才带有约束性。《法律、自然和政治的原理》中的理论,[27] 与此形成尖锐的对照;根据那个理论,自然法则带有强制的制约性,不仅由于来自上帝的直接启示,而且由于关于上帝的自然知识,因此它约束所有作为理性存在者的个人,尤其约束君主。至于君主的职责,霍布斯最初提到了对臣民灵魂永恒拯救的关怀,以及与自然法相对应的婚姻法。在《论公民》里,这两项职责的前者,尚且不如《法律、自然和政治的原理》规定得明确,后者则完全略去了。在《论公民》的另一个地方,我们还被告知,婚姻及通奸的规则辖理,悉属民法;于是婚姻的自然法则属性,旋被否定。在《利维坦》中,君主的这两项职责,根本不再提及。[28]

㉖ 《利维坦》,第 26 章(第 141 页)。由此两节以下,他接着说:“……自然法……在单纯的自然状况下都不是正式的法律,而只是使人们倾向于和平与服从的品质。国家一旦成立之后,它们就成了实际的法律,在这以前则不是;因为这时它们成了国家的命令,于是也就成了民约法,强制人们服从它们的乃是主权者。”

㉗ 参看《法律、自然和政治的原理》,第 1 部分,第 17 章,第 12 节;《论公民》,第 3 章,第 33 节;《利维坦》,第 15 章,篇尾。同时参看《利维坦》,第 33 章,篇尾,及《论公民》,第 17 章,第 17—18 节。

㉘ 参看《法律、自然和政治的原理》,第 2 部分,第 9 章,第 2—3 节,及《论公民》,第 13 章,第 15 节;第 6 章,第 16 节;第 14 章,第 9—10 节;第 17 章,第 10 节。按照《利维坦》的处理,婚姻的自然法,只以当时通行的观点为基础。见第 27 章(第 164 页),第 30 章(第 182 页)。对有关继承法的章节的彻底改动表明,随着霍布斯阐发完善他的政治哲学,他使自然法越来越销声匿迹于国家颁布的人为法规之中,至少是使国家颁布的人为法规,越来越占突出的统治地位。根据《法律、自然和政治

综上所述，我们现在可以对霍布斯最初的政治观点作出如下概括：绝对的世袭君主政体，是国家的最佳形式；君主政体在事实上和法律上的起源，在于父权；父亲们出于自愿，把自然在家庭中赋予他们的绝对权力，转让给君主及其后嗣。这样取得合法地位的君主政体，根本上有别于所有的僭越政权；君主的职责，不仅仅是、而且首要地不是保障他的臣民的人身安全，照看他们的物质福祉；他高于一切的职责，是负责关怀他们的道德幸福；君主的职责，来源于自然法则；自然法则，奠基于自然秩序，奠基于上帝的神明；而上帝，则是所有存在事物的第一推动力。审慎的美德告诉君主，应该在自己周围，设置一个贵族枢密院或民主枢密院，以便在君主政体内部，容纳吸收贵族政体或民主政体的长处。假如出于任何原因，一个国家不可能有绝对的世袭君主政体，君主对国家事务事实上的导向，仍然是绝对必需，不可或缺的。霍布斯著作中有某种民主政体的倾向，荡涤未尽，同他根本上的君主政体信念，相互抵触冲突。

然而，这些矛盾观点，只不过是亚里士多德《政治学》的断简残编而已。从《政治学》那里，霍布斯借鉴了关于国家的初级形式是来自父权的世袭君主政体的观点，[29]也借鉴了他在《法律、自然和政治的原理》里仍然容纳了的民主政体观念。[30]亚里

的原理》，假如君主死亡，未曾留下遗嘱，继位者将按照关于继位的自然法挑选。《论公民》坚持了这个原则，但附有保留规定，以继位自然法不与习俗相抵为条件，即不与人为法规相抵为条件（《论公民》，第14章，第15节）。最后，《利维坦》将习俗明确置于自然法之上。参看《法律、自然和政治的原理》，第2部分，第5章，第12—17节；《论公民》，第9章，第14—19节；《利维坦》，第19章（第103页）。

㉙ 亚里士多德：《政治学》，第1篇，第2节。

㉚ 《法律、自然和政治的原理》，第2部分，第8章，第3节。我们可以回顾《法律、自然和政治的原理》所采用的国家定义，仍然可以看出它源自亚里士多德的定义的痕迹。见本书上文第39—40页。

士多德将君主政体的观念与民主政体的观念结合起来，这个结合，霍布斯肯定已经不复承认；可是另一方面，这些观念最终在《利维坦》里实现的新的统一，却很难说莫测端倪。

霍布斯的三部政治哲学著作，堪称神学政治论，这个看法之确凿有据，不亚于斯宾诺莎公然以此命名的著作。正如斯宾诺莎日后所为，霍布斯出于双重意图，充当了基督教《圣经》的诠释者；这双重意图，首先是为了利用《圣经》的权威，鼓吹他自己的理论，然后特别是为了通过诠释，撼动《圣经》的权威本身。第二个意图，只是逐步地才昭然若揭的。在《论公民》里，霍布斯专辟两章，为他自己关于自然法与国王的绝对权力的理论，提供《圣经》佐证；第一章在《利维坦》里没有相应章节，第二章的内容，在《利维坦》关于自然国家那章的两段话中处理。[31] 当霍布斯在关于自然国家的讨论中，这样授予政治哲学的神学动机以最后的一席之地时，他以此特别表明了神学与自然国家之间的关联。这个关联，表现在主张君主政体的神学论证中；霍布斯在早期著作里，提到过这些神学论证，它们主要指的是世袭君主政体，也就是自然国家。随着自然国家对霍布斯来说越来越不重要，政治哲学中这些神学论证的重要性，也越来越小。而最初，在他还没有构想出人为国家的概念时，或者在他还没有把这个概念完全阐发清晰时，他无可比拟地更为处于神学传统符咒的镇惑之下。这一点，将通过比较他的三部政治哲学著作涉及宗教批判的那些部分，从而显示出来。

我们首先必须指出，从《法律、自然和政治的原理》到《利维坦》，用于宗教批判的篇幅与日俱增。《法律、自然和政治的原理》用了三章，《论公民》增至四章，《利维坦》则专辟十七章。伴

---

[31] 参看特尼厄斯：《托马斯·霍布斯》，第 3 版（斯图加特，1925），第 252 页。

随着篇幅上的扩张，是批判的日益深化。霍布斯对传统的背离，一部著作比一部著作清晰可鉴。根本性的问题是：我们根据什么权威，相信《圣经》是上帝说的话？对于这个问题，不同的著作回答得就不同。《法律、自然和政治的原理》的答案：根据基督教使徒的继承者天主教会的权威。《论公民》的答案：不是根据教会的权威，而是根据耶稣基督的权威。《利维坦》的答案：根据主权权力所批准指定的布教者的权威，就是说，人们在口头上表白说（因为思想是自由的），《圣经》是上帝说的话，因为世俗权威要求此种表白。[32] 霍布斯在所有的三部著作里都断定，拯救灵魂，只需要相信耶稣就是基督；在这项根本信仰里，他总是再加上它的前提（上帝存在、天意、耶稣复活等等）。按照早期著作，关于灵魂不死的信仰，属于这些前提；而《论公民》第二版追加了一条注释，[33] 缄默不宣地以肉体复活取代了灵魂不死。《利维坦》终于将肉体复活与灵魂不死，公开对立起来，并只承认前者是基于《圣经》的。[34] 在所有的三部著作里，霍布斯都宣称，只要世俗政权不禁止关于耶稣即是基督的信仰，对世俗政权的无条件服从，就是每一个基督教徒的义务。但是，要害问题是：当一个世俗政权禁止一个基督教徒公开表示他的信仰时，这个基督教

---

[32] 《法律、自然和政治的原理》，第 1 部分，第 11 章，第 9—10 节；《论公民》，第 18 章，第 9 节；《利维坦》，第 43 章（自第 321 页始），第 33 章（第 203 页，自第 208 页始），第 42 章（第 280—284 页）。

[33] 我们可以附带指出，涉及宗教批判的部分，《论公民》两版之间还有一个不同之处：第 17 章第 1 节结尾处具有讽刺意义的“虽然不真实”［L］，系第二版所加。

[34] 《法律、自然和政治的原理》，第 2 部分，第 6 章，第 6 节；《论公民》，第 17 章，第 13 节，及第 18 章，第 6 节注释；《利维坦》，第 43 章（自第 326 页始），第 38 章（第 243 页）。

徒还有没有义务服从这个世俗政权？对于这个要害问题，早期著作的答案是，基督教徒在这个情势下的权利和义务，只是消极抵抗和殉难牺牲；《利维坦》的探讨结果认为，一个普通基督教徒，如果他没有布讲福音的特殊天职使命，那么他于殉难牺牲的义务甚至权利，就要予以否定。[35] 按照《论公民》，基督教的一项教义规定，基督的王国，不在尘世，而在天国；另一方面，在《利维坦》看来，不仅根据《旧约》，而且根据《新约》，上帝的天国被理解为纯粹是一个人间尘世的王国。[36] 按照《法律、自然和政治的原理》，君主的首要职责，在于“创建他们认为是最好的宗教”；《论公民》的相应段落，以这样一句话了结：“然而我们将把这个困难搁置不谈”［L］；在《利维坦》中，这个问题整个不复触及。[37] 在《法律、自然和政治的原理》里，霍布斯为教会的主教团体制辩护；这个体制的正当性，在下述事实中得到证明：基督凭依他的最高权力，主持他的使徒们登位，然后，由使徒们主持长老会的长老们就职，等等。与此同时，他否认在基督教僧侣统治集团中，存在着主教们所隶属的一个“祭司长”。鉴于在《法律、自然和政治的原理》中，他把使徒继位也列为论证《圣经》权威的原因，我们因而必须说，在这部著作里，他至少在某种程度上，沿袭了英国圣公会主教派教会的观念。另一方面，他在其后的著作中，否定了教会的主教团体制；甚至连教会官员可以由任何教会权威授以圣职的观点，只要这个教会权威不完全依

[35] 《法律、自然和政治的原理》，第 2 部分，第 6 章，第 14 节；《论公民》，第 18 章，第 13 节；《利维坦》，第 42 章（第 270—272 页），第 43 章（第 328 页）。

[36] 《论公民》，第 17 章，第 13 节；《利维坦》，第 35 章。

[37] 《法律、自然和政治的原理》，第 2 部分，第 9 章，第 2 节；《论公民》，第 13 章，第 5 节。

赖世俗政权,他也予以否定。[38] 而且,在《利维坦》全书终结的那一章,他强调地宣称,教会的主教团体制,甚至长老会体制,都违背福音派教义的自由;只有独立派运动一家教义,才符合这个自由。[39] 更引人注意的是,在《利维坦》中,以及早在《论公民》那里,霍布斯提出了一个显然对教士集团十分有利的观念,这个观念认为,在摩西法律被接受与扫罗被推举为王(此举未获上帝批准,只有一处例外,即摩西有生之年,位置高于祭司长)之间的那个时代,全部宗教权力和世俗权力,集合于祭司长手中;而《法律、自然和政治的原理》,则把宗教权力在《旧约》的整个时期都隶属于世俗权力的观念,看成是理所当然的。[40] 但是,霍布斯在后期著述中赋予遵奉《圣经》教义的价值,远远不如前期著述;如果我们注意到这个事实,那么,《法律、自然和政治的原理》与后来的著作在总的倾向方面的这个显而易见的矛盾,就不难理解了。从那时起,关于《圣经》保证教士统辖的看法,已经不再是支持教士统辖的论据,而是反对《圣经》的论据了。因此,这个看起来孤立的例外,事实上是下述论点最强有力的佐证,那就是:启始于《法律、自然和政治的原理》,经由《论公民》,最后到《利维坦》,霍布斯沿着这条发展轨迹,越来越远离了宗教传统。可以这样说,同霍布斯的这个演变(它有点不足

㊳ 《法律、自然和政治的原理》,第 2 部分,第 7 章,第 8 节,及第 1 部分,第 11 章,第 9 节;《论公民》,第 17 章,第 24 节;《利维坦》,第 42 章(第 286—290 页)。特别比较《法律、自然和政治的原理》与《利维坦》对基督教《圣经·使徒行传》(第 14 章,第 23 节)所作的截然相反的诠释。《法律、自然和政治的原理》第 2 部分,第 7 章,第 8 节的诠释,在《利维坦》第 42 章(自第 288 页始)中被否决,指为只是"初看起来"的权利。

㊴ 《利维坦》,第 47 章(自第 380 页始)。

㊵ 《法律、自然和政治的原理》,第 2 部分,第 6 章,第 2 节;《论公民》,第 16 章,第 13—15 节;《利维坦》,第 40 章(第 254—258 页)。

为训)并行不悖的,是他从英国圣公会主教派教义到独立派运动教义的转变(耐人寻味的是,这个转变绕过了长老派教义)。[41]

所以,相对而言,霍布斯在他最早的政治哲学著作中,接近于英国圣公会主教派教义。然而,他那时就像后来一样,远远不是一个虔诚笃信的基督教徒。只有政治上的考虑,才使他为教会的主教团体制辩护;出于同一个原因,他在那时谈论宗教教义,比较在英国内战时期、共和国时期及摄政时期,更为谨慎小心。霍布斯个人对体制化的宗教的态度,各个时期都是一贯不渝的:宗教必须服务于国家;对宗教尊重还是蔑视,要依其为国家服务得好坏而定。这个看法,早在《伯罗奔尼撒战争史》译著的引言中,就能看到。在那篇"引言"里,霍布斯用下面这段话,为修昔底德辩护,驳斥关于修昔底德奉行无神论的攻击:

> 在他的战争史里,他注意到神谕显灵的某些含糊暧昧的可疑之处;然而,他却借助神谕的预言,证实了他自己关于这场战争持续时间的一个断言。他责备尼西亚斯宗奉其宗教礼仪过于拘泥死板,招致自己被人颠覆,全军覆灭,致使国家版图破碎,自由涂炭。然而,他却在另一个场合,赞扬他对神的膜拜。……因此,我们的作者,在他的著述里,一方面没有迷信,另一方面并非无神论者。[42]

---

[41] 比较霍布斯对长老派的评判,见《利维坦》,第 44 章(第 338 页),第 47 章(第 377 页),及《比希莫特》,自第 21 页始。同时见本书下文自第 138 页始。

[42] 《英文全集》,第 8 卷,第 xv 页。霍布斯在《伯罗奔尼撒战争史》译本献辞中说:"我以祈祷结束本文:祈愿上帝赐你美德,匹配他为之准备的华厦绣户,祈愿美德降福于你,无论人间还是天国。"然而,这自然不足以推断他写这些话时所怀的信仰,因为《论公民》的献辞也以同样的话收尾。

无神论与迷信之间的中庸之道，在于服从一个国家指定的宗教，这个宗教永远不能与国家发生冲突。

霍布斯所做出的妥协，不是不信仰宗教，而是对自己不信仰宗教的和盘托出，直言不讳；他在这方面，迁就于作为一个顺从的臣民的行为规范，特别是迁就于作为一个审慎的臣民的行为规范；[43] 这个事实使我们有理由推测，在英国内战之前的数十年里，特别是在他的人本主义时期，霍布斯出于政治原因，隐蔽了他的真实观点，虚与委蛇，注意敷衍神学常规，较《法律、自然和政治的原理》尤甚。这个推测可以从一六三六年的一封信中得到佐证。他在信中写道：

> 我极欲看到天使众神的那些书，并与你有同感，他们要把这样的想法，灌输到民众头脑里去，而于他们的生活并无裨益。因为，当他们把基督教十诫之一，只当做人为法律时（如果教会能够修改它，它就必定只是人为法律），他们也会希望，另外九诫亦然。因为迄今为止，人人都曾相信，基督教十诫是道德法，亦即永恒法。[44]

而早在写作《法律、自然和政治的原理》时，霍布斯就已经不再把基督教十诫同道德法相提并论了。

总的来说，我们可以认为，霍布斯原来对宗教态度，与据克拉伦敦所称系纽卡斯尔侯爵的态度比较，完全相同，不分轩轾：

---

[43] 参看他的坦率观察，见《利维坦》，第 38 章（第 244 页），及“结论”（第 390 页）；《拉丁文全集》，第 1 卷，第 xvi 页，第 xciv 页，及第 3 卷，第 560 页；《英文全集》，第 4 卷，第 355 页，第 407 页。

[44] 《英文全集》，第 7 卷，第 454 页。

> 他热爱……基督教教会，因为它是为了王权的辉煌与安全而设立的；他也热爱宗教，因为它维系并珍视为王权的辉煌与安全所必需的秩序和服从；他痛恨对安邦定国任何可能的骚扰，除此以外，他对产生于宗教、又将宗教分成派系的那些具体观点，没有任何别的激情。[45]

霍布斯是在同纽卡斯尔侯爵私下交流过他的政治学说以后，根据纽卡斯尔侯爵的授意，撰写《法律、自然和政治的原理》的。[46]我们已经看到，《法律、自然和政治的原理》维护了一个比后来的著述保守得多的基督教教会政策。

我们以上所探讨的，仅限于霍布斯对体制化的宗教的态度。至于自然宗教，他最初对其可能性，不可能像后来那样怀疑。缓和地说，后来他认为，关于上帝的任何自然知识，只要超过关于第一推动力之存在的知识范围，就是完全不可能的。由于这个原因，他不但把启示神学系统地排除在哲学之外，而且把自然神学也系统地排除在哲学之外。为了掩盖这种怀疑主义的危险实质，为了维系一个表面现象，似乎他只是在攻击经院神学，而不是在攻击《圣经》宗教本身，霍布斯同自然神学的论战，是在严格信仰《圣经》的名义下进行的；[47]与此同时，他通过对《圣经》权威的历史批判和哲学批判，暗中削弱这个信仰的

---

[45] 引自塞缪尔·罗森·加德纳：《英国史》，第 8 卷，自第 243 页始。

[46] 《法律、自然和政治的原理》，"献辞"。

[47] 霍布斯声称，他对神学传统的批判，是以基督教《圣经》为基础的；我们仔细考察就可以看到，在这个意义上，这个批判从索齐尼派那里，接受了决定性的影响。莱布尼茨认识到了这一影响（参见他的《霍布斯生平思考》，第 2 节）。霍布斯的批判，其最保守的部分，发源于索齐尼派；我们能不能从这一事实出发，就对霍布斯自己的思想发展史得出结论，这一点可以质疑。但是，我们可以指出，他的"辩术"，

根基。这样，他在《圣经》诠释方面的一个表面上的演变，就可能标志着他在自然神学批判方面的实质上的演变，同时也证明，与后来相比，他最初的评判，较为赞成自然神学。他的《圣经》诠释以这样的方式明显地增加，这一点，可以联系到几个重要的学说，予以确认。根据《法律、自然和政治的原理》，自然法的约束力，以关于上帝的自然知识为基础；根据后来的著作，自然法的约束力，以宗教启示为基础。[48]《法律、自然和政治的原理》和《论公民》两部著作，还在维护关于灵魂不死的学说；而《利维坦》则借《圣经》的名义，用肉体复活取代了这个哲学学说。[49]同《利维坦》相比较，《法律、自然和政治的原理》在提出上帝存在的证据时，强调得更为有力，阐述得更为详尽；如果我们把这两部著作的论证加以比较的话，我们就会开始认真怀疑，《利维坦》的论证，可能言不由衷。在这个比较中，媒介的链条是《论公民》；霍布斯在《论公民》中说，没有宗教启示，无神论就

即较短的那篇《修辞学》汇纂的最后一部分（约写于 1635 年，比较本书上文第 51 页注㉟），是在模仿福斯图斯·索齐尼的《智者的探索：通过神学例证加以解说与阐明》（拉科夫，1625）。大约在一六三五年，霍布斯同卢西厄斯·凯里·福尔克兰德子爵友善，而福尔克兰德，据信属于索齐尼派。

㊽ 《法律、自然和政治的原理》，第 1 部分，第 17 章，第 12 节；《论公民》，第 3 章，第 33 节；《利维坦》，第 15 章，篇尾。

㊾ 见本书上文第 86 页。

㊿ "人类的情况是这样：出于对自身荏弱的意识，出于对自然现象的钦羡，多数的人们相信，上帝是所有目不可及之物的隐形创造者；……但是，由于他们对他们的理性使用得不尽完美，由于他们为自己的激情骚动所迷惑蒙蔽，他们就不能够正确地膜拜上帝。……因此，假如没有上帝的特别辅佐，人们欲想既要避免无神论的暗礁，又要避免迷信的暗礁，就几乎是不可能的。"[L]《论公民》，第 16 章，第 1 节。参看《法律、自然和政治的原理》，第 1 部分，第 11 章，第 2 节；《利维坦》，第 11 章（第 53 页），第 12 章（第 55 页）。

是不可避免的。[50]所以在这个例证里,也有迹象表明,随着他的宗教批判的演变,霍布斯倾向于用一个貌似的启示神学,取代自然神学。我们可以进一步回顾,霍布斯至少在早期著作里提到过的关于君主政体至上的传统论证,是建立在自然神学的前提假设的基础上的。最后,《法律、自然和政治的原理》里有一段话,抨击"超自然主义者们"对理性的敌意,这段话在以后的著作中,完全没有反映。[51] 后来,霍布斯同超自然主义论战,明确地、或者只是明显地以超自然主义为名义,并使用超自然主义的武器,而他真正的思想基础却是唯物主义。他最初能够同超自然主义指名道姓地公开论战,是因为那时,他的论证基础是自然神学;这个观点,即便是在最不同情宗教的情况下,也与启示宗教更相靠拢,其接近程度,无法比拟地甚于同唯物主义的关系。可是,霍布斯一定在相对而言比较早的时期,就与自然神学决裂了。无论事实是何种情况,早在一六四一年,他就在同笛卡尔的通信中,跟后来如出一辙,为他涉及上帝和灵魂的唯物主义结论作辩护了。而我们现在所推测的仅仅在于,在他的唯物主义得以阐发完善之前,[52] 特别是在他的人本主义时期,在他尚未摆脱亚里士多德的权威的情况下,他在原则上,是承认自然神学的。

---

[51] 《法律、自然和政治的原理》,第 1 部分,第 18 章,第 22 节。参看《论公民》,第 12 章,第 6 节。

[52] 在一六三六年致纽卡斯尔伯爵的一封信中,他把爱德华·赫伯特勋爵(瑟伯里的)的《论真理》描述为"一个高峰"。见《历史手稿》,报告 13,附件,第 2 部分,第 128 页。

第六章　历　史

到目前为止，我们探讨的结果是，霍布斯早期的主要道德观点和早期的主要政治观点，都可以追溯到亚里士多德主义的传统在十六世纪的修正形式。只要事实的确是这样，这些道德观点和政治观点，充其量就只是他的政治哲学的材料，而不是他的政治哲学的萌芽与起源。因为，无论我们在何种意义上去理解亚里士多德主义，霍布斯最终完善的理论都同亚里士多德主义，系统地和明确地大相径庭，截然对立。霍布斯从一开始就认为，有必要对亚里士多德主义作出相当幅度的修正，或者说他从一开始就把这种修正看成是理所当然的；然而，即便我们可以说，这样的修正，确实为他后来同亚里士多德主义的决裂铺平了道路，我们仍然要看到，尽管如此，实行这个决裂，他必然在亚里士多德的哲学中，以及在整个传统哲学中，察觉到了某种根本意义上的缺陷。这个察觉，使霍布斯不可能满足于只对亚里士多德主义作出某种修正，而是迫使他把这种修正，理解为一个系统的反对立场，并阐发成为一个系统的反对立场。霍布斯的人本主义时期，以他的离开哲学而转向历史为特征，而在这个转变的背后所隐匿的，就是他对传统哲学所怀有的这种深刻的不满意。我们到现在为止所探讨的，是蕴涵在他最初的立场中的传统因素；而同这些传统因素形成对照的，是历史，是历史在他的早期思想中所起的巨大的变革作用。

我们的出发点是,霍布斯是怀着哲学上的意图而转向历史的。但是,现在正是这个事实,尤为难于理解。如果霍布斯的确曾经持有我们在以上各章中所试图分析的那些道德观点和政治观点的话,那么,像他这样的一个哲学家,就自然而然地首先会赋予这些观点以一个连贯系统的说明和表述。然而,他何以又从哲学研究转向历史研究呢?这个过程,在何种意义上是由某一种哲学体系决定的?

我们可以从《伯罗奔尼撒战争史》译著引言里,推测出下述答案。哲学与历史,云泥殊路,截然不同。哲学为人们的正确行为提供准则。然而准则远远不如例证儆戒切实有效。通过记叙实例,拓宽人的经验,揭示准则是如何被人遵循或被人无视的,昭示由此而来的成败得失,从而较之传授准则本身,更为有效地使人能够在具体的情势下,奉行那些准则——这就是历史的任务。使人审慎,使人深思远虑的,不是哲学,而是历史。[①]

面对这个答案,哲学的权威,亚里士多德哲学的权威,依然岿然存在,不为所动。霍布斯不加质疑,理所当然地认可,这个哲学正确地阐发了人类行动的准则;他至少没有提出异议,与之辩驳。甚至连他所倡导的以历史来补充哲学的见解,也完全

---

① “……历史的首要和恰当的作用,在于传授关于过去的行动的知识,使人们在现时审时度势,对将来思深忧远。……”《英文全集》,第 8 卷,第 vii 页。“……(历史的)本质仅在于叙述,……它使人认识到,如果一个聪颖的人,在过去就仰观俯察,熟悉当时的人事沧桑的话,那么,他就会已经在多大程度上,丰富了他的经验:如果他现在专心致志地阅读这里的(修昔底德的)著作,他就将可以同样深受裨益。他可以从这些叙述中,为自己汲取教训镜鉴。……”《英文全集》,第 8 卷,第 viii 页。“他(修昔底德)从来不离开叙述去耳提面命,从来不这样专门传授准则(这是哲学家的事);历史叙述本身,将过去的成败利钝,来龙去脉,清晰地展示在人们眼前,从而晓以大义,潜移默化地影响着读者,其奏效的程度,绝非先验概念所能比拟。”《英文全集》,第 8 卷,第 xxii 页。

没有超出亚里士多德哲学的论述所及。实践性的智慧，即使不是道德德行的充足理由，至少也是道德德行不可缺少的条件；这种智慧，要从经验中获得。[②] 研究历史可以拓宽个人的经验，使之超越他自身的视野和时代；历史给人以智慧，因而有助于道德教育；亚里士多德的哲学对于所有这些，绝无反对阻挠之意。同亚里士多德的《伦理学》无法调和的，仅仅是霍布斯对准则本身的有效性所提出的疑问。亚里士多德并不否认，理性的准则，对多数的人们不具影响；他甚至明确地指出了这一点。但是，按照他的看法，对多数人是如此，绝不意味着对人格自由、胸襟高尚、热爱荣誉的人，也是如此；这样的人，宗奉先验概念。[③] 鉴于霍布斯根本怀疑准则（他不是断言，对所有的人来说，也就是作为一条原则来说，理性是荏弱无力的吗？），我们难道不是必须得出结论，对他来说，早在他研究自然科学之前，理性的荏弱无力，就已经是不易的定论了吗？

到现在为止，我们可以说：历史最初带给哲学的问题，是理性的准则的有效性的问题。我们要注意到，成为问题的只是这些准则的有效性，而不是它们的正当性；这里所涉及的，纯粹是一个准则能否施行运用的问题。这一点，至少使霍布斯转向历史的绝对必要条件，清晰明白地显示出来。这些准则的正当性未被质疑，它们实际上就是从亚里士多德的伦理学那里流传下来的那些准则。由于亚里士多德已经充分而恰如其分地完成了对这些准则的阐发和解说，由于首要的哲学问题已经解决，由于这个解决途径对我们来说已经是习以为常、理所当然的事，只是由于所有这些，像霍布斯这样的哲学家，才可能享有悠

② 《尼各马可伦理学》，第 6 篇，第 13 节（自 1144b17），第 8 节（自 1142a14）。
③ 《尼各马可伦理学》，第 10 篇，第 10 节（自 1179b3）。

闲,享有机会,去考虑准则的施行运用这个次要的问题。

因此,准则妥为哲学传统所薪传,问题仅系施行运用。牵涉施行运用,有人断言,准则单凭自身难以发挥效用;人们不会只为了奉行的缘故而就去奉行;在任何情况下,甚至面对高尚人格,都必须另行采取措施,以保证它们之被遵奉如仪。亚里士多德为此诉诸法律,约束凡夫俗子,规范芸芸众生。霍布斯对于法律的必要性和有效性,当然不会质疑。可是来自历史的殷鉴,一向介乎于哲学的准则与法律之间。[④] 如果把准则的功效完全否定,而另一方面又承认,法律主要针对“大多数人”,那么这就意味着,高尚的人格,将由历史的教训去影响;而按照亚里士多德的看法,这本来应该是哲学准则的任务。于是,历史的教训取代哲学的准则,教育贵族阶层。[⑤]

为了正确地理解霍布斯的意图,我们必须对他的先驱者们,加以概括的回顾考察。在《伯罗奔尼撒战争史》译本引言中,他列举西塞罗(《论演说术》)、卢奇安(《如何写历史》)、贾斯特斯·利普修斯(《政治与公民学说》),作为他的历史观的圭臬权威。通过西塞罗和卢奇安的途径,他接触了修辞雄辩学派的传统;这个传统同哲学传统形成对照,并对哲学传统不无批评贬抑;它一贯主张,有必要研究历史学家的著作。西塞罗对历史的尊崇,在十六世纪和十七世纪,一再为人引证,我们已经耳熟能详:“历史是业已逝去的时代的见证,历史的火炬照临现实,使往事的追忆焕发生命,使人类的生存有例可援,并重温来

④ “……(历史)发挥作用,比之法律条典,较为优雅谦逊:因为让人教诲理喻,循循善诱,比之苛责惩戒,更具风度魅力。”见艾米奥特为普卢塔克的《希腊罗马名人传》所写的前言(引自托马斯·诺思爵士的译本)。

⑤ 见本书上文第 53 页。

自昔日岁月的音讯。”[L][⑥] 在昆提利安那里，我们读到：

> 然而，我们最好不宜把我们的研究，仅仅局限于哲学准则的领域。更重要的是，我们从古代所继承的全部至理名言、文韬武略，我们都应该通晓，并应该不断温习思索。这些至理名言，文韬武略，我们自己这个国度的史乘史籍之所蕴藏，至纤至悉，独步天下。除了法布里齐乌斯、库里乌斯、雷古卢斯、德西乌斯、穆齐乌斯这些不胜枚举的人物以外，还有谁能更好地昭示勇气、正义、忠诚、自制、率真以及心如铁石、坚韧不拔？因为，如果说希腊人在道德准则方面独占鳌头的话，那么，罗马就能为嘉言懿行，提供更多的师表楷模，这些师表楷模，使准则相形见绌。[L][⑦]

哲学准则与历史鉴证之间的对立，基础在于对准则的功效的怀疑；这个对立在十六世纪的有关文献中，反复出现，屡见不鲜。[⑧]

---

⑥ 《论演说术》，第2篇，第9节，36。参看《论法律》，第1篇，第1节，4；至第2节，5。

⑦ 《雄辩家的培训》，第12篇，第2节，29—30。

⑧ 譬如，托马斯·布朗德维尔在他的《历史撰写阐读之真谛及方法》（伦敦，1574）中说：“（达到内心和谐宁静的）途径，部分地由哲学家用普遍准则和诫条来传授；但是历史著作，凭借具体例证和具体经验，可以将这个途径，昭示得更为深入浅出；特别是假如这些著作，理应如此地写得条理严整、字斟句酌、深切著明的话，史鉴功效尤为昭著。”艾米奥特在为普卢塔克《希腊罗马名人传》所写的前言里说：“……这些事（历史）的作用，比道德哲学著作，优雅得多，有效得多，迅捷得多：因为例证儆戒，比理性论证，比精确的准则，更具说服感召的效力，这是因为，我们的行动，伴随着各种具体情势，就存在于例证儆戒之中。理性论证是普遍性的，侧重于事物的实证及其上升为理念；而例证儆戒，则侧重于在实践和实施中的昭示殷鉴，因为它们不仅是在宣布应该做什么，而且是在潜移默化地使人产生这样做的愿望。……”同时参看托马斯·埃利奥特爵士的《统辖者》，第3篇，第25章。

但是，同样这个思想，可以作出各种不同的阐释。它的意思只需要是：大多数人不奉行哲学的准则；他们热爱德行，不是由于德行本身，而是希图得到报偿，得到赞美褒奖；[9] 我们必须把这一点，归咎于大多数人身上的某种令人遗憾的瑕玷。怀疑准则的功效，意思也可能是，德行的真正动机在于荣誉与光荣，德行本质上是贵族阶层的属性。按照这种解释，荣誉与历史之间的关联，就显得尤为密切。一个贵族在他的行动中，头脑为他的荣誉所左右，特别为名垂史册的念头所支配；这个念头，无时无刻不在增强，因为他总是往事萦怀，惦念着历史学家们所记述的凯撒、亚力山大、西庇阿、汉尼拔这些伟人的功业。[10] 由于历史与荣誉或光荣之间，存在着这种紧密的关联，我们越是把德行视为贵族阶层的德行，我们对历史的兴趣也就越浓厚；这个兴趣，在修辞雄辩传统的复兴中，已经备受青睐了。

在《伯罗奔尼撒战争史》译本引言中，霍布斯除了西塞罗和卢奇安以外，还提出了利普修斯，引为他的历史观权威。通过利普修斯的政治哲学，霍布斯接触到了政治哲学在十六世纪向历史所作的系统转向，以及整个哲学本身在十六世纪向历史所作的系统转向。这个转向表现在，从此以后，对历史进行讲究方法的系统研究，第一次提上了日程。人们发现，古典作家们就撰写历史所作过的论述处理，致使“从这些史料之中，甚至连一个历史的定义，都无法归纳界定出来”。[11] 人们感到付诸阙如的，与其说是用科学方法撰写历史（自古以来的历史写作，公认已经满足全部需要），甚至与其说是历史写作的正确取向，不如

---

⑨ 见本书下文第100页注⑫。

⑩ 卡斯蒂廖内，见沃尔特·罗利爵士：《作者们》（牛津，1923），第70页。

⑪ 见J.N.斯图帕内斯为弗朗西斯科·帕特里瑟斯的《关于读史撰史之方法》所写的前言（巴塞尔，1570）。

首先说是对业已存在的历史，加以讲究方法的系统阐读，加以讲究方法的系统运用。历史将作为材料，服务于一种全新的研究。历史学家们所提供的材料，将经历熟读精思，条分缕析，意在形成史鉴，以利人类行动之正确规范，正确导向。[12]这个新的研究关注其材料的历史性，只有一个原因，就是，只有关于以往已经发生的行动的知识，才是关于施行人类行动准则的惟一清

---

⑫ "……毫无疑问，尽管善恶的范畴限度已经被界定，但是，被称为'生活指南'的哲学，会对业已逝去的往事保持缄默，除非所有的言论、行动、计划，都要同往昔的遥远记载，联系起来加以考虑。不但今天的事务，要在往事的基础上进行阐释，而且未来的事件，也要在往事的基础上作出推测；这样，我们就可以鉴往知来，获得可靠的规矩准绳，指示我们应该追求什么，避免什么。因此我深感惊异，时代博学如此，论者众多如此，迄今为止却鲜有其人，曾经比较过我们祖先的各种昭著的历史，也没有人曾经把这些历史，同古人事迹的记载，加以比较。然而，假如所有类型的全部人类活动，都被汇集起来，假如从中分门别类，梳理提炼，取精用宏，形成各种不同的鉴证，那么这种比较，本来是不难作到的；若能如此，那些以身试法，以犯罪为业的人，就会罪有攸归，受到唾弃惩处，那些修身洁行的人，就会获得他们理应获得的赞美颂扬。于是，至少可以秦镜高悬，彰善瘅恶，有人由于君子自重而被褒奖，有人受到儆慑而不敢作恶，这就是史籍最大的裨益。……"[L]让·博丹：《历史研究简法》(巴黎，1566)，第1—2页。"……因为它(历史)所清晰地昭示我们的，不但有必需的生活艺术，而且还涉及，什么是必须不惜代价地予以追求的，什么是要避免的，什么卑鄙，什么高尚，何种法律是最值得谋求的，何种国度是最好的国度，以及什么样的生活是最幸福的生活。最后，如果我们把历史搁置起来，那么，对上帝的顶礼膜拜，宗教，以及预言占卜，就都会随着世纪的流逝而废弃过时；所以，这个知识的无法形容的优越性，导致我写作本书，因为我注意到，虽然历史学家车载斗量，不乏其人，然而却还没有人曾经对这门艺术及这个主题的方法，加以解说。很多人漫不经心，等闲视之，毫无条理，混淆史籍记载，而没有人从史料中汲取教训。过去，人们曾经著书立说，谈论典籍的安排整理；他们做得睿智与否，我不予置评。他们的所为，也许有某个可能的理由。然而，如果我可以贡献一点拙见的话，他们似乎就像某些医生，对各种医药，全无信任：他们不厌其烦，屡次三番，检查他们的准备工作，而对已经如此丰富多彩的药物的长处与本质，却不去试图传授介绍，或者不去着手用药，医除为害的疾病。这个看法，也适用于那些著书讨论史料整理的人们；史乘史籍，已经浩如烟海，汗牛充栋；历史学家，已经济济多士，大有人在；他们完全可以钻研仿效，更见功益，而不是运用演说家的雄辩，望文生义，穿凿附会，寻行数墨，繁琐考据。因此，

晰的知识。[13]如同撰写历史一样，这个研究所探求的，是真理，是事实真相。在这一点上，它同哲学是一致的。与哲学的不同点在于，哲学探索普遍性的准则，历史研究考察准则的施行与实现，以及实现准则的条件与结果。哲学与历史之间的共同点，致使它们都跟诗作根本不相同。因为诗的主要目的，是使人产生快感，而哲学与历史，则都是严肃庄重的事。[14]直到《利维坦》，霍布斯仍然承认历史对诗的这种优先地位。亚里士多德宁愿

为了使我们写作的历史研究方法有章可循，我们首先行将划分界定主题，然后说明研读材料的等级序列。……”[L]博丹：《历史研究简法》，第 8 页。“鉴于饱学之士在他们的著述中，已经把这个主题，精当地划分为三个部类，我旋而对自己提出，可以为阐读并精心评判这三个部类，特别是为阐读并精心评判人类事务的历史这个部类，设计一个序列，并采用一种方法风格。”[L]博丹：《历史研究简法》，第 11 页。

⑬ “……历史上光荣的行动与耻辱的行动，确实一目了然，清晰明确；但是在当代，它们都被蓄意隐蔽伪装起来，掩人耳目，混淆视听，鲜有例外。”《英文全集》，第 8 卷，第 vi 页。

⑭ “（历史）包含着悲剧中所虚构的那些同样的事件与人类苦难，并且对之进行同样严肃的阐释。”[L]弗朗西斯科·帕特里瑟斯：《关于读史撰史之方法》（巴塞尔，1570），第 165 页。哲学家和历史学家都有责任“按照事物发生的本来面目去描述它们，既不能夸大其词，又不能缩小讳言，也不能丝毫背离事实真相。”托马斯·布朗德维尔：《历史撰写阐读之真谛及方法》（伦敦，1574）。历史“行事，较之诗人的汪洋恣肆，神工鬼斧，更为严肃凝重：因为它除了朴实无华的事实真相，别无他求；而诗，则往往夸多斗靡，言过其实，因为它的首要意图，在于给人以快感。”艾米奥特为普卢塔克《希腊罗马名人传》所写的前言。“对于这些过度娇柔荏弱的艺术、音乐和诗歌，我轻蔑睨视，并肯定不予考虑。”利普修斯：《政治与公民学说》，第 1 章，第 10 节，注。“……历史的……灵魂在于展示事实真相。”霍布斯：《英文全集》，第 8 卷，第 xx 页。“狄奥尼修斯（哈利卡纳苏斯的）的观点，跟所有论述过这个主题的人相反，也跟常识相反。因为他不是把历史的意图视为探求事实真相，而是把它视为取悦读者，仿佛它是一曲歌。”《英文全集》，第 8 卷，第 xxvi 页。同时参看格劳秀斯：《战争与和平法》，“绪论”，第 46、47 节。

选择"哲理的"诗,而不是历史;培根将知识划分为历史、诗和哲学;霍布斯离开了亚里士多德和培根的立场,他把历史和哲学,视为人类知识的两大根本部类。⑮

如果历史的作用在于"传授知识,使人们在现时审时度势,对将来深思忧远",⑯ 那么系统地运用历史,就意味着要将关于审慎美德的系统教育,视为我们的目标。审慎教育,不能寄托在个人经验上,因为个人经验,包含着诸多偶然因素;因此我们要把我们所能够利用的全部人类经验,加以利用,从而尽可能地排除偶然因素。这就是说,我们与其说要用系统的训练,去培育审慎的美德,不如说要用这个新的历史研究,去根本取代这个美德。"一个人在某个具体的情况下应该如何行事?"面对这样的问题,我们将不再接受亚里士多德主义关于一个明白事理的人的行为举止所提供的答案;我们就这个具体的情势,从历史研究之中,接受至少近似于完全恰如其分的镜鉴训示,接受具体的行动准则。

鉴于历史研究旨在培养审慎的美德,那么,就这个研究而言,言辞和行动就不如目的重要,或者更准确地说,言辞和行动只有在涉及目的的时候,才是重要的。通过历史,读史者学到哪些目的是有益的,哪些目的是有害的。博丹所特别痛惜的,正是截止到他那个时代,历史研究中所欠缺的对目的的考察。⑰而霍布斯在《伯罗奔尼撒战争史》译本引言中所大力强调的,恰

---

⑮ 《利维坦》,第 9 章。同时参看第 8 章(自第 33 页始)。

⑯ 《英文全集》,第 8 卷,第 vii 页。

⑰ "……有人记述了伟人们的言行,但是记述的效果却并不理想,缺乏系统的序列安排。……他们甚至不指出历史行为的目的,尽管国家的安危,常常维系于某个个人的意图。"[L]博丹:《历史研究简法》,自第 24 页始。参看西塞罗的《论演说术》,第 2 篇,第 15 节,63。

恰也是这些目的。[18]

哲学兴趣的系统变化，造成了朝着历史的转向；这个系统变化，在培根的哲学中，表现得最为充分。[19] 培根赖以出发的前提是，道德哲学，作为关于德行与义务的理论，业已由古典哲学做出完美无瑕的阐发。在他看来，古典哲学的根本缺陷在于，它仅局限于描述“善的本质”，局限于“对德行、义务、幸福做英雄史诗式的描述”；而忽略了道德的另一个同样重要的部类，这个部类“涉及（心灵的）科学栽培与耕作”，“为了驯化、运用、迁就人的意志（于善行的要求），而规定行动准则”。[20] 有一些命

---

⑱ “推测揣度编史作者笔下人物的秘计用心与帷幄谋划，……在这种推测揣度有充分根据的情况下，亦并非一部历史中最不重要的优点。……”“（修昔底德的专注读者）可以从这个叙述中为自己汲取教训，并能够自行追本溯源，探究历史人物的内在动向与最终意图。”“我意识到，绝大多数的人们读史时，怀着一种十分类似古罗马人那样的感情：他们莅临观看斗士击剑的壮观场面，与其说是来欣赏击剑的艺技，不如说是来见识斗剑士之喋血。因为，那些热衷于通过读史，领略金戈铁马、喋血沙场、伏尸遍野的人，较之那些关注折冲尊俎、纵横捭阖、以实现他们的目的的人，在数量上要多得多。”《英文全集》，第 8 卷，自第 viii 页始。同时参看《英文全集》，第 8 卷，第 xxii 页（见本书上文 95 页注①）。霍布斯在写作他的英国内战史时，也是以同样的观点为指导的。见《比希莫特》，第 45 页。

⑲ 我们在下文中，只考察培根的道德哲学纲领。但是我们可以附带地指出，他对传统物理学的批判，与他对传统道德哲学的批判，具有相同的动机，即对施行运用的兴趣。

⑳ “在我看来，论者们似乎是这样处理这门科学（道德科学）的，仿佛一个以教书写作为业的人，仅仅在展示字母文字的整洁罗列，而没有为手的姿态与文字的构架，提供任何准则或方位取向。这样，他们制作了美好精致的样板和范本，陈列出善行、美德、义务和幸福的图案肖像，把它们形象地描述成人的意志与欲望的真正目标和意图。但是，如何达到这些优异的品第，如何驾驭征服人的意志，使之忠实于这些追求，安逸于这些追求，他们完全避而不谈，只字不提，或者轻描淡写，语焉不详。”《培根哲学著作》，詹姆斯·斯佩丁与罗伯特·埃利斯编，第 3 卷，第 418 页。“然而，即使我们承认（亚里士多德的）结论，德行与腐蚀存在于习俗之中，他就更应该告诉我们，这个习俗是如何形成的。”《培根哲学著作》，第 3 卷，第 439 页。同时参看《培根哲学著作》，第 3 卷，自第 419 页始。

题,古典哲学或者只作了草率仓促的处理,或者完全予以忽略;现在,正是由于培根在考虑为准则的实现与施行,提供讲究科学方法的指导,于是,这些命题旋即具有核心意义。这些命题计有:“人的本质和禀性的一些特征与趋向”;㉑“自然的影响印记,它们通过性别、年龄、宗教、……以及外在机运,作用于人的心灵”,对于它们,“亚里士多德略有涉及,……但是它们从未被囊括进它们理应隶属的道德哲学”;㉒关于激情,“这里我如同以往一样,再次感到诧异,亚里士多德本应写过鸿篇巨制的伦理学,但是他从未探讨过理应是伦理学首要论题的情感问题;然而在他的《修辞学》里,……他给予它们一席之地,并在数量方面处理尚妥;可是,在它们所真正隶属的地方,他却置之不问。……在我看来,斯多噶学派对此,作了较好的论证努力。……但是,他们所追求的,似乎是它们的表现方式,是定义的精巧,而不是积极而充分的描述与观察”;㉓还有,“涉及协商与生意事务的智慧”,“评议与咨询的智慧”;㉔再有,“机运作为德行与功绩的器官,亦值得考虑”;㉕最后,司法知识分支,尚不存在,这个知识分支的领域,与其说是“正义的载体”,不如说是“正义的施行运用”。㉖所有这些知识领域,都关涉道德准则的施行运用;按照培根的论点,这些领域,迄今为止都处理得不尽充分,甚至完全被置之不顾。培根明确地谈到一个具体的当务

㉑ 《培根哲学著作》,第 3 卷,自第 434 页始。

㉒ 《培根哲学著作》,第 3 卷,自第 436 页始。

㉓ 《培根哲学著作》,第 3 卷,自第 437 页始。同时比较笛卡尔的判断:“我们从古人那里继承的科学,其缺陷瑕疵之显见,莫过于他们关于激情的写作。”[L]《心灵的激情》,第 1 节。同时参看斯宾诺莎:《伦理学》,第 3 部分,“前言”。

㉔ 《培根哲学著作》,第 3 卷,自第 447 页始。

㉕ 《培根哲学著作》,第 3 卷,第 456 页。

㉖ 《培根哲学著作》,第 3 卷,自第 475 页始。

之急，一个特别牵涉个人天职行业的关于邪恶的学说；可是当他考虑全部普遍情势时，这些学说所要关注的，也都不是人们在道德上应该做什么，而是人们实际上在做什么。它们要考虑的，不是善行，而是“邪恶的全部形式与全部本质”，或者更普遍地说，它们要考虑德行的主体材料，以便为创造德行、保护德行起见，找到明智的准则。[27] 传统哲学，甚至没有为这些知识领域提供材料。我们是在“历史、诗和日常经验”那里，找到这个材料的，[28] 而且历史可以优先于诗和日常经验。[29] 因此，首先是历史在提供材料，从中我们“可以获得教益，用于生活”。[30] 由此可见，对历史的忽视，是经院哲学之所以不尽充足，之所以无以为用的一个最为重大的原因。[31] 培根同博丹一样，认为当务之急，与其说是撰写历史，不如说是在哲学上运用历史。可以肯定，由于这种系统地转而重视施行运用，也就是由于这种朝着历史的转向，寄托给历史的任务，旋即更为广泛了；培根特别诉诸于文学史，认为这是历史的一个尚被忽略的部分。历史的这

---

[27] “……在那里，进一步隶属于这一部分的处理的，还有要触及各种职业与行业的责任义务，以及相对而言或与之相反的，要触及每个职业内部所包含的谲诈诡秘，表里不一，冒名顶替，腐化恶迹，……在我看来，对这个论证加以忠实的驾驭运用，始终阙如，而这样的驾驭运用，却是我们可能为诚实与德行构筑的一道深壁高垒。……所以，我们铭感受惠于马基雅维利等人，他们所阐述的，是人们在做什么，而不是人们应该做什么。因为，除非人们通晓确知蛇蝎虎狼的全部情势条件，……亦即确知邪恶的全部形式与全部本质，否则，假如将蛇蝎之凶险叵测，与幼鸽之天然无邪，混淆不分，那就无异与虎谋皮：因为，如果做不到这一点，德行就会四面受敌，全无设防。”《培根哲学著作》，第 3 卷，自第 430 页始。这里对马基雅维利的纲领(《君主论》，第 15 章)的提及，为进一步按图索骥，考察近代思想对历史的兴趣起源何在，提示了我们所应该参照的线索和轮廓。

[28] 《培根哲学著作》，第 3 卷，第 435、438 页。

[29] 《培根哲学著作》，第 3 卷，第 453、271 页。

[30] 《培根哲学著作》，第 3 卷，第 435 页。

[31] 《培根哲学著作》，第 3 卷，第 285 页。

个分支，也应该服务于启迪人们，使之睿智的目的。[32] 培根特别渴望看到一部不同哲学家的理论汇纂；它在体例上应该有别于古典荣耀颂韵文，“按照标题捆绑装帧起来，像普卢塔克所做的那样”，而是要“每个哲学，未经删略，自成一家”：“使一家哲学发蒙启蔽、信而有征的，是这个哲学自身的完整和谐；如果寻章摘句，断简残编，它就会显得离奇不谐了。”[33] 这种对历史各部类日益浓厚的兴趣，在培根那里看得最清晰；这个兴趣的原因，在于对施行运用的问题日益浓厚的兴趣。这个兴趣是历史研究的动机，因为它直接研究个性、激情、气质、幽默等等；[34] 一句话，它直接研究人在现实中的本来面目；按照培根的论点，这个研究为传统哲学所忽略，为关于人的行为应该如何的研究所取代，尽管他也承认，后者应该是首要的。

像培根这样的一个哲学家，倡导哲学转向历史，这个事实减缓了回答下述问题的困难，即“这个转向牵涉一些什么前提假设？”假如历史还没有成为哲学的主题，它至少已经成为哲学的最重要的材料；之所以会如此的第一个原因，似乎是哲学的兴趣，正在从物理学和形而上学，转向道德和政治；因为“我们

---

[32] “历史分为自然史、公民史、基督教教会史和文学史；前三者，我承认尚存未废，而文学，我则认为治史不足。因为，没有人详细地描述阐发过历代学术的一般状况，……而在我看来，缺乏这一点，世界历史就如同独眼巨人波吕斐摩斯的雕像，被剜去了他的独眼一样；所阙如不存的，恰恰是最显示一个人的精神与生命的那个部分。……我现在的设想，其功用及意图，与其说是着眼于饱学之士们的好奇心及满足感，不如说主要是为了一个更严肃、更凝重的目的；简而言之，这个目的就是要使硕学鸿儒们，在学术的运用与施行方面，明智起来。因为，造就一个睿智的神学学者的，不是圣奥古斯丁或圣安布罗斯的著作，而是对基督教教会历史的饱读深谙；涉及学术，亦是如此。”《培根哲学著作》，第 3 卷，自第 329 页始。

[33] 《培根哲学著作》，第 3 卷，自第 365 页始。

[34] 比较霍布斯在《伯罗奔尼撒战争史》译本引言中对这些主题的论及。《英文全集》，第 8 卷，自第 xxix 页始。

推测，历史有可能首先作为阐发生活与习俗的哲学的一个组成部分，来被人们所享用欣赏”。[35] 根据亚里士多德的论点，一旦人被认为是万物之灵，是世界上最高的存在，这个兴趣上的转变就发生了。[36] 然而，如果我们回溯到柏拉图，我们就会看到，对柏拉图来说，道德和政治问题的重要性，无法比拟地高于亚里士多德的看法；而另一方面，柏拉图同时又不亚于亚里士多德，也把他的视野，从人转移到永恒秩序的高度；这样，我们就必须认为，哲学探索之所以启始于伦理和政治问题，之所以启始于合乎道德的正确生活方式与合乎道德的正确社会构成的问题，其原因不在于确信，人优越于所有现存的创造物，而在于确信，善行超然存在于全部存在之上。[37] 对柏拉图的这个回顾同时表明，从自然哲学到政治哲学的这个兴趣上的转移，其自身绝不可能是哲学之所以转向历史的原因。哲学转向历史，不是由对善的问题和对最佳的国家形式问题的更大兴趣造成的，而是由对人的更大兴趣造成的。这个对人的更大的兴趣，可以从培根那里发现，因为他把逻辑、伦理、政治、医学等传统学科，压缩成关于人的一门科学；这门人的科学，是“关于我们自己的知识，由于它与我们的切身存在更为休戚相关，因此应该更准确地予以阐发”；从现在开始，它作为“反思的”知识，应该与关于自然的“直接”知识区别开来。[38] 把哲学划分为自然哲学与人

[35] A. 里科博尼：《历史》（巴塞尔，1579），第 74 页。

[36] 见本书上文第 42—43 页。

[37] 参看维尔讷·威廉·耶格尔：《关于哲学生活理想的起源与发展》，普鲁士科学院年会报告，1928，第 409 页。

[38] “……人的知识的光芒，涉及自然时，直接辐射；……涉及人的自我观察与自我思索时，反折辐射。”《培根哲学著作》，第 3 卷，第 366 页。“我的确认为，对于一般人类本性，适于另辟一门专门知识来考察。……”《培根哲学著作》，第 3 卷，第 367 页。

的哲学,其基础在于对人与世界所作的系统区分;在这个问题上,培根与古典哲学展开了公开论争。[39] 人越是被视为"大自然最精美的艺术品",[40] 人,而不是超越于人之上的永恒秩序,就越成为哲学的核心主题。结果就造成了一个与日俱增的倾向,就是,利用冥思苦索的生活方式(即献身于思索领悟超越于人的永恒秩序的生活方式)[41] 的"超人"特性(此为哲学传统的奠基者们所承认)作为理由,去反对冥思苦索的生活方式自身。我们所探求的,是这样一个理想,它一旦实现,人就不再超越他的人性,而是满足于仅仅是人,仅仅是一个集感性和理性于一身的存在者。[42]同冥思苦索的生活理想相比较,这个理想更受人

---

[39] "……上帝的工作……昭示造物主的全能与智慧,但是不昭示他的形像:因此在这里,异教徒的观点跟神圣的真理不同;因为他们假定,世界就是上帝的形像,人就是世界的精确无误或大致扼要的形像,但是,基督教《圣经》从未允诺赐予世界这个上帝形像的殊荣,《圣经》只俯允,世界仅仅是上帝手创的作品;《圣经》也没有谈论,上帝除了人以外,还有任何别的形像。……"《培根哲学著作》,第 3 卷,自第 349 页始。"……除了人是例外,此外各种物质的不同形式,……复杂难解,无法探索。……"《培根哲学著作》,第 3 卷,第 355 页。

[40] 《利维坦》,"引言"。

[41] 特别参看《尼各马可伦理学》,第 10 篇,第 7 节(自 1177b33)。

[42] "……但是公民社会的生活,千秋万古,要求采取行动;整个国家,不可能都在奉行冥思苦索的生活方式,正如依附于灵魂的肉体,或者灵魂的各部官能,不可能都在从事思索。假如我们将'善'仅仅定义为冥思苦索的生活方式,那么,同一种类型的幸福,就不会像产生于个人那样,在整个国家生活中同样产生。这个问题,深深地困扰着亚里士多德,使他忧虑,无以自拔。……心灵在从肉体完全超度出来之前,不可能从冥思苦索的生活方式之中,享受纯粹乐趣。"[L]博丹:《历史研究简法》,第 32 页。"……涉及幸福、美、或者至善的那些无尽无休的争论,……被基督教的信仰所免除清偿。正如亚里士多德所说,年轻人可能是幸福的,但是他们之所以能幸福,只是由于憧憬希望的缘故;因此,我们都必须承认我们的尚未成年,应该去拥抱希望所允诺的来世的幸福。"《培根哲学著作》,第 3 卷,第 419 页。"关于冥思苦索的生活方式与采取行动的生活方式孰优的问题,就这样有了定论;这个定论,不利于亚里士多德。……人们必须知道,在今生今世的这个舞台上,为人所尊崇仰慕的特权,只是

们的欢迎。这样的一个理想,看起来依然是道德德行,依然是亚里士多德所指示的、同人的感性理性本质相称的德行。但是,用道德德行代替冥思苦索的生活理想,仍然不能解释哲学向历史的转向。有一个迹象是,冥思苦索的生活方式,一直受到在基督教《圣经》规定的生活准则的名义下一再发出的挑战,而这种挑战,却并不直接产生任何日益浓厚的对历史本身的兴趣。哲学之所以转向历史的原因,不在于道德德行对冥思苦索的生活理想的取代,特别不在于《圣经》的正义要求与博爱要求,对冥思苦索的生活理想的取代,而在于对准则的效用所怀有的系统的怀疑;这种怀疑,补充附加于道德德行对冥思苦索的生活理想的取代之中。一方面,是关于准则无功效的信念,即关于理性无能为力的信念,另一方面,是思想兴趣从超验的永恒秩序到人的转移,这两者之间有没有直接关联,我们在这里不能考察。我们只要强调一点就应该足够了,即培根对理性准则的怀疑,丝毫不亚于他的先行者们。他说,古典哲学家们"极尽坐而论道之能事,壁垒森严,顽强固守(德行与义务的)立场,对抗腐蚀的观点和取悦于人的观点"。[43]然而这还不够;因为,

只凭依精巧的论证,来说明(德行)符合理性,这种做法,从

留给上帝和天使的。……"《培根哲学著作》,第3卷,第421页。在《政治与公民学说》阐述历史的教益的一章里(第1章,第10节),利普修斯要求人们恪守遵循"智慧与明智的行为方式"。

[43] 《培根哲学著作》,第3卷,第420页。

来就在克里西波斯和很多斯多噶派学者那里，受到嘲弄；他们试图借助尖锐的争论与结论，来证明人是具有德行的动物，可是这种尝试与人的意志完全不相投契。……假如人的各种感情自身，对于人的理性能够适应，能够顺从，那么，除了直截了当的命题论证以外，的确就应该不太需要循循善诱，潜移默化，对人的意志因势利导，说服规劝；但是，面对感情的桀骜不驯，骚动反叛，……如果说服规劝的雄辩，不能从感情那里唤起联想，从而实现理性与想像的联手，以便制约感情的话，那么，理性就会变得低三下四，束手无策。[44]

但是，为了使激情得到控制，我们不但必须使激情失去想像的支持，而且为了征服激情起见，还必须对各种激情内部的相互冲突，加以利用。我们必须观察到，激情是如何“彼此抵触，自相残杀的，……这在道德事务与公民社会事务中，具有特殊的功用；我所说的是，如何在各种感情之中，挑动鹬蚌相争，以期渔人得利；甚至如同我们行猎，利用野兽捕捉野兽，利用飞禽捕捉飞禽，舍此一法，我们恐难轻易得逞。……”这门学问，“诗人和历史作者，尤为精通擅长”。[45]

由此可见，哲学转向历史，根源是关于理性荏弱无力的信念，加上对人的日益浓厚的兴趣。理性荏弱无力，并不意味着没有能力建立生活行动准则，或者没有能力论证行动准则。理性具有这方面的能力，这一点，普遍认为是理所当然的，培根尤其

㊹ 《培根哲学著作》，第 3 卷，第 410 页。

㊺ 《培根哲学著作》，第 3 卷，第 438 页。同时见《培根哲学著作》，第 3 卷，第 346 页。培根的这个论点，预示了斯宾诺莎的著名理论；参看《伦理学》，第 4 卷，第 7 命题和第 14 命题。

这样看;即便在这个能力受到挑战的情况下,在人们不复期望理性来建立准则,而期望宗教启示来建立规范的情况下,导致人们转而研究历史的那个困难,依然会存在。因为,研究历史的原因,不在于人获得准则的途径,无论这个途径是通过理性还是通过宗教启示,而在于人不服从超验规范这个事实,无论这个规范是理性的还是宗教启示性质的。诉诸历史,是为了约束纠正人的桀骜不驯。历史的鉴证,有助于使人顺从驯服。[46]培根走得更远。他主张实行一个方法,其基础是从生活经验作出的归纳,特别是从历史作出的归纳,以期使人能够遵循履行准则。这样,顺从驯服的问题,就被避开了。在这种情况下,顺从驯服对任何其他动机的优先地位,对任何利己动机的优先地位,在原则上仍然受到承认。然而,如果贵族德行取代真正的道德德行,那么,顺从驯服就要被荣誉所取代。[47]但是从长远来看,我们不可能(原因本书下章论及)把这个问题,就这样托付于贵族德行。于是贵族德行,又通过将德行与审慎相提并论而被取代。我们在这里所能够指出的,仅仅是近代道德哲学的这个进一步发展,以及对历史的兴趣作为这个发展不可分割的一部分。[48]思想史的发展,至少在十六世纪,证明了哲学转向历史的原因,在于

㊻ “……有的哲学家倡导,我们应该于我们的祖国有所裨益,应该以最为圣洁的方式虔诚笃信宗教,而且,对于灾难苦情与人身折磨,应该坚忍不拔地予以隐忍经受;而我们,将会很难同意这些哲学家的主张,除非我们认可,从前确实曾经有过这样一个人,他具有令人难以置信的精神力量,当他被迦太基人捕获时,……”[L]A.里科博尼:《历史》(巴塞尔,1579),第76页。

㊼ 霍布斯在《利维坦》第14章(第73页)中表明,荣誉将要取代人所做不到的顺从驯服。援引于本书上文自第28页始。

㊽ 与此相关,我们可以在这里指出,黑格尔的历史哲学与他对顺从驯服的道德批判之间,存在关联;我们并且可以回顾,在马克斯·韦伯的理论中,“责任伦理”与历史研究之间,也存在关联。见马克斯·韦伯:《学术全集》(蒂宾根,1922),第467、549页。同时参看维尔讷·布罗克:《当代德国哲学引论》(剑桥,1935),自第39页始。

顺从驯服的道德所受到的约束压制。[49]

培根清晰明确地划清一条界限，一方面，是关于准则亦既规范的哲学知识，另一方面，是关于施行运用准则的方法知识，这种知识的基础在于归纳，特别是来源于历史的归纳。只要这个区别受到承认，只要规范对施行运用的优先地位因而受到承认，那么，我们就在原则上，至少缄默不宣地承认了顺从驯服对所有其他行为动机的优先地位。假如历史不仅仅导致对业已存在的规范的施行运用，而且首先导致对规范本身的发现，那么，情况就不同了。因为，历史研究和历史归纳，只可能以一个方式致使发现规范，就是，历史教导我们划清一条界限，一方面，是可以自身论证并导致成功的那些目的，另一方面，是造成不幸灾难的那些目的。研究历史之“所获”，只涉及成败，不涉及道德上的高尚或卑劣。只要我们期待从历史中发现生活行动准则，那么，我们就只能或明或暗地把道德的善同成功相提并论，把德行同审慎相提并论。研究历史会致使发现行动准则，这个预见性的看法，博丹强调得尤为明确；他说：“历史所清晰地昭示我们的，不但有必需的生活艺术，而且还涉及，什么是必须不惜代价地予以追求的，什么是要避免的，什么卑劣，什么高尚，何种法律是最值得谋求的，何种国度是最好的国度，以及什么样的生活是最幸福的生活。”[L][50] 由于这个原因，历史“令人难以置信地有用”。鉴于在所有的人文学科与科学中，历史最容易领会掌握，鉴于人们不需要经过专门的训练与教育，就能领悟历史，它的意义就更为重要了。这个对人极具迎合吸

---

[49] 霍布斯自己的思想演变，以另外一种方式，证明了这一点：一般而言，德行越是与对国家法律的顺从驯服重合一致，历史就越退居幕后；因为王侯将相的历史，在原则上意味着，臣民批评他们的君王，从而威胁着无条件的顺从驯服。

[50] 博丹：《历史研究简法》，第8页。

引力的特征,完全无损于历史的尊严高贵,而只说明历史优越于所有其他知识部类。[51] 历史是所有科学里面最容易领悟的,与此同时,由于它的研究对象是人类事务,“蕴涵有更多的紊乱失序之处,隐晦曲折之处”,因此,它又比较任何其他知识部类,更为“模棱两可,扑朔迷离”[L]。[52]

十六世纪的思想演变,形成了关于历史的观念;这个观念,特别是就博丹而言,可以作出如下的表述。历史在所有的科学里,最容易掌握,也最朦胧隐匿。它依赖于所有其他科学。它的独特对象主题,是研究生活目的和生活方案。通过对善的(即成功的)生活目的,与恶的(即不成功的)生活目的加以区分,它使一门关于人类行动规范的知识,成为可能。如果这样理解,那么历史就在主要的问题上,与哲学等同一致。我们因此可以说:十六世纪的思想演变,倾向于用历史取代哲学。

霍布斯在他的人本主义时期,对这种倾向有所保留。无论看上去何其自相矛盾,只是在他的思想回到哲学以后,也就是说,只是在牵涉他同亚里士多德的决裂的情况下,这种以历史取代哲学的倾向,才占据统治地位。因为,如果我们按照培根的那种极端的表述去理解历史的话,霍布斯从此日趋成熟完善的政治哲学,恰恰具有取代历史的功效。霍布斯的政治哲学,同样也在所有的科学里,既最容易领悟掌握,又最朦胧隐匿;[53]

---

[51] “但是,除了那个不可限量的优越性以外,还有舒展悠逸与赏心悦目,这两个一般任何学科都要追求的长处,蕴涵渗透于对史籍的融会贯通之中,以致任何其他知识部类,无以望其项背。历史的舒展悠逸,使它的研究对象深入浅出,为所有的人,不具任何专门知识,就都能领悟理解。在其他学科那里,盘根错节,经纬万端,相互依存,不可偏废。历史则高居全部知识部类之上,重要性无与伦比,无需专业技能佐助,甚至无需形诸笔墨。……”[L]博丹:《历史研究简法》,第4页。

[52] 博丹:《历史研究简法》,第14、25页。

[53] 见本书上文第8页。

它独立于所有其他科学,[54] 并在尊严方面,优越于所有其他科学;[55] 它特别探讨(或者更确切地说,它的主体就是探讨)目的、意向、"暗自策划"、"隐秘心术"、"意图和良知"、人的"图谋";[56] 它通过对善的(即成功的)意图与恶的(即不成功的)意图加以区分,从而发现了规范。传统哲学,被认为蕴涵着某种缺陷;无论这个缺陷,只是被认为存在的,还是真的存在,它都导致了对历史的需求;而新的政治哲学,可以满足这个需求。于是,这个新的政治哲学一旦问世,历史就退居幕后,返回到它在哲学上无足轻重的本来地位;与传统哲学的重要区别在于,在新的政治哲学那里,历史已经被"考虑在内",兼收并蓄了。

只有从这个观点看,我们才能理解,截止到他的思想返回哲学,霍布斯一直对历史怀有特殊的兴趣,而随着他的政治哲学阐发成形,他对历史,就考虑得越来越少了。迟至《法律、自然和政治的原理》,他依然在一个段落中特别强调,

> 信念……在很多情况下,并不比经过论证的完美知识,更缺乏确凿无疑的可靠性。……有很多事,我们通过他人之口获悉,而无从想像任何理由对之加以怀疑:因为,除非一个人可以说,整个世界都在串通起来蒙骗他,否则,如果所有的人,都对他们有能力知道的事,予以认可,并且没有提出理由,证明事实并非如此(譬如我们大部分的历史)的话,那么,我们就很难质疑,提出异议。

---

[54] 见本书上文第 7—9 页。

[55] 见本书上文第 41 页注⑮。

[56] 《英文全集》,第 8 卷,第 8 页;《论公民》,第 3 章,第 27 节,注释;《利维坦》,"引言"。见本书上文第 27—29 页。

对历史的真实可靠性的这个论证，在《利维坦》的有关章节中，被删除了。[57] 在《法律、自然和政治的原理》中，对频繁重复的司法裁决作为公正裁决的估价，被援引为诉诸经验、因而造成谬误的例证；与此相对应，《利维坦》强调以历史为基础的全部政治知识的可疑性质，于是，《伯罗奔尼撒战争史》译本引言所依赖的基本前提遂被否定：

> 一个人以往如果看见过一个繁荣的国家曾经经过怎样的过程和步骤从开始发生内战起走向崩溃，那么当他看到任何另一个国家的废墟时，就会推测那儿也发生过类似的战争和类似的过程。但这种推测几乎和关于未来的推测同样不肯定，两者都只是根据经验作出的。[58]

《论公民》和《利维坦》，与《法律、自然和政治的原理》不一致；这两部著作，都谈到了阐读历史造成的危害。[59]《利维坦》拉丁文版，含有英文原版所没有的一段话："历史进一步划分为自然史和公民社会史，而这两者，都与我们这里的目的无涉。"[L][60]《利维坦》有一个章节，早期著作里找不到相应部分；霍布斯在这里，系统地拒绝了对政治理想的全部批评，这些批评，都是以实践为基础的，就是说，都是以历史经验为基础的："因为纵然全世界的人们都把屋基打在沙滩上，我们也不能因此就推论说

---

[57] 《法律、自然和政治的原理》，第 1 部分，第 6 章，第 9 节；《利维坦》，第 7 章。

[58] 《利维坦》，第 3 章(第 11 页)；《法律、自然和政治的原理》，第 1 部分，第 4 章，第 11 节。

[59] 参看《论公民》，第 12 章，第 10 节，第 12 节；《利维坦》，第 5 章，篇尾，及第 29 章(第 174 页)；《法律、自然和政治的原理》，第 2 部分，第 8 章，第 3 节，第 13 节。

[60] 第 9 章。

屋基应当这样打。”完全按照这个观点，早期著作关于每个国家事实上都有一个同政治哲学的全部要求相对应的君主权力的观察，从此略去不提了。[61] 霍布斯越是善于在现实是什么与应该是什么之间明确划分界限，“利维坦”的理想特征在他心目中就越清晰，历史的重要意义对他来说也就越小。结果，严肃的追求真理的历史与诗之间的区别，以及历史对诗的优势，就失去了原有的论证根据。迟至《利维坦》，以及在大致同时代的《对戈迪伯特“前言”的答复》(1650)中，霍布斯仍然在以过去的方式，坚持历史与诗之间的界限。[62] 时间上晚得多的荷马著作译本的引言，已经不复提及这个界限。[63] 与历史的分道扬镳，在《论人》的如下这段话中，表述得最为精确：“文字……也很有用，特别是各种历史；因为它们为涉及原由因果的科学，大量提供赖以立足的佐证；事实上，自然史为物理学提供佐证，公民社会的历史，为公民社会科学和道德科学提供佐证；无论这些历史，是信史还是虚构杜撰，都是如此，只要它们不是不可能的。”[L][64] 新的政治哲学在多大程度上水落石出，始见端倪，历史就在多大程度上退隐幕后。因为，只要传统的政治哲学尚且被

---

[61] 参看《利维坦》，第20章，篇尾；《法律、自然和政治的原理》，第2部分，第1章，第19节；及《论公民》，第6章，第18节。比较费迪南德·特尼厄斯对这些段落的提及，见《托马斯·霍布斯》，第3版(斯图加特，1925)，第210、244页。

[62] “……一首诗的对象，是人们的风度举止，……杜撰的风度举止，即所谓诗歌的涵义，在现实中的人们身上，无从发现。”《英文全集》，第4卷，第445页。“因为事实真相，是历史的范围界限，所以，事实真相的外貌肖像，就是可供诗歌发挥的最大的极限。”《英文全集》，第4卷，第451页。参看《利维坦》，第8章(第34页)。

[63] 英雄史诗的诗人，讲述“一个诚实的和令人愉快的故事，信史如此，杜撰亦然”。《英文全集》，第10卷，第111页。荷马、维吉尔、卢卡等人的“诗篇，除了引入他们的诸神之外，都不过是见诸于诗句的纷繁历史。……”《英文全集》，第10卷，第vii页。

[64] 《论人》，第11章，第10节。

承认是正当合法的，新的政治哲学就在完成本来要由历史来完成的使命。

只要把霍布斯的政治哲学更仔细地审视考察一下，我们就会充分认识到这一点。在《伯罗奔尼撒战争史》译本引言中，霍布斯自己论证了同研究哲学一起研究历史的需要；后来，他援引同样的论据，论证他的政治哲学的必要性。政治哲学是必要的，因为“大多数人”不服从准则。而霍布斯政治哲学的基础，恰恰就是导致向历史的转变的那个同一个先决假设：以审慎的道德，取代顺从驯服的道德。[65] 结果，霍布斯政治哲学与传统的政治哲学之间的区别，就跟霍布斯的先行者们心目中的，同时也是霍布斯本人最初心目中的历史与（传统的）政治哲学之间的区别，完全等同一致。这样，培根对亚里士多德主义道德学说的批评（即它没有涉及德行的实施运用），就也成为霍布斯对亚里士多德的批评的一个因素。[66] 因为，正是由于（传统）哲学对规范的施行运用无能为力，置之不顾，故而才发生了朝向历史的转变。这个失败，在新的政治哲学那里得到补救，它自称与传统哲学形成对照，提供一个切实可行的道德学说。培根承

---

[65] “我承认，人的灵魂得到拯救的条件，无论在信仰方面，还是在行为方面，都已经在《圣经》中，最浅显不过地写明了。‘孩子们，你们要事事服从父母。……让所有的人都臣服于更高的权力。……’这些都是《圣经》的词句，它们为人所理解，足够明白；但是，无论是儿童，还是绝大多数的人，都不理解，他们为什么负有责任义务，要这样做。他们认识不到，国家的安全，从而他们自己的安全，都维系于他们对此的遵奉如仪。每一个人出于天性，不受儆戒，在他所有的行动中都只关注，他假如顺从驯服，从中能获得什么好处。……《圣经》讲的是一回事，他们想的是另一回事；他们视野所及，所估量权衡的，只是今生今世方便与否，舒服与否，从不考虑也不可能看到，来生来世的道德善恶问题。”《英文全集》，第 6 卷，自第 230 页始。

[66] “……亚里士多德的道德学说……引起了涉及善恶的很大争端，但是，何谓善恶，它没有提供任何知识，褒善贬恶，也没有提供任何方法。”《英文全集》，第 6 卷，第 218 页。比较培根的类似阐述，援引于本书上文第 103 页注⑳。

认传统道德学说(但要作出某些修正),他只希图借助一个关于施行运用的理论(主要基于历史归纳),对它加以补充完善;同样地,霍布斯对贵族德行的正当合法性,予以认可(尽管要作更为广泛详尽的修正,持有更为广泛详尽的保留),他用一个系统地切实可行的、对"绝大多数的人"有吸引力的道德学说,对它加以补充完善。[67] 具有同样涵义的是,霍布斯在《论人》的一个论证中,承认基督教十诫的约束力,"仅仅"在没有来自世俗政权的更详尽阐释的情况下,否认十诫的现实可行性。[68] 同样地,霍布斯承认人的天然不平等,承认天然等级品第有别,而"仅仅"对这种天然不平等具有的任何实践重要性,提出质疑。[69] 最后,霍布斯承认,"世俗政府被规定为使我们进入精神至福状态的手段",因而,尘世人间的所有事物,就都是天堂的永恒至福的手段,从属于那个根本的目的。但是他否认,从人间事物和永恒事物的这个等级制度中,我们可以就世俗权力持有者与精神权力持有者之间的相对态势关系,作出任何演绎推断。霍布斯所借助的前提,在他为这个否认立场所作的论证中,显现得十分清楚。我们从目的与手段之间的关系,推论不出人与人之间的关系,因为,手段与目的之间的客观关系,完全独立于人类

---

[67] "语词之力太弱,不足以使人履行其信约,人的本性之中,可以想像得到的只有两种助力足以加强语词的力量:一种是对食言所产生的后果的恐惧,另一种是因表现得无须食言所感到的光荣或骄傲。后者是一种极其少见而不能作为依据的豪爽之感,在追求财富、统治权和肉欲之乐的人中尤其罕见,偏偏这种人却占人类的绝大部分。可以指靠的激情是恐惧。"《利维坦》,第 14 章(第 73 页)。比较沃尔特·罗利爵士的如下评判:"在(卡斯蒂廖内)失败的时候,他的心虔志诚,如圭如璋,难辞其咎,要负责任;对自己为侍臣制定的高山景行,举止准则,他推诚相见,表里如一,然而他却挂一漏万,没有将人类的卑鄙龌龊、人心不古考虑在内。"《作者们》(牛津,1923),第 47 页。

[68] 《论公民》,第 6 章,第 16 节;第 14 章,第 17 节;第 17 章,第 10 节。

[69] 《论公民》,第 3 章,第 13 节;《利维坦》,第 15 章(第 80 页)。

意志,因而在根本上不同于本质上依赖于人类意志的人们对手段的运用。[70] 通过这个论证,霍布斯使我们看到,即便确实存在着一个永恒秩序,他也将只考虑人们在现实中的行为;他的全部兴趣,集中在人身上,集中在规范的施行运用方面,集中在“手段的运用”方面。

正如我们已经看到的,思想兴趣从永恒秩序到人的转移,也就是从永恒秩序到施行运用的转移,此前已经在哲学向历史的转向中,体现出来。这里合乎逻辑的结论,导致霍布斯的政治哲学。霍布斯不满足于提出“传统道德规范如何实现”的问题。他无意仅仅为传统规范寻找根据,使之比在传统哲学那里,更为切实可行;他全盘否定传统道德的现实可行性,无论是古典哲学的道德学说,基督教《圣经》的道德学说,甚或是贵族德行的学说。他甚至走得更远。他不仅断言,亚里士多德没有揭示实现规范的途径,而且断言,亚里士多德甚至没有正确地界定规范本身。霍布斯不仅对亚里士多德在他的《政治学》里所假设的人的天然不平等的实践意义,或者永恒至福对所有尘

---

[70] “……让我们看看在什么意义下可以让人理解世俗权力是服从于性灵权力的。这两个词只有在两种说法中才有意义。当我们说一个权力服从于另一个权力时,其意思要不是具有一种权力的人服从于具有另一权力的人;便是一种权力服从于另一种权力,有如手段服从于目的。因为如果说一种权力能够统治另一种权力,或是说,一种权力能支配另一种权力,那是无法理解的。因为服从、命令、权利和权力都不是权力的偶性,而是人的偶性。一种权力可能从属于另一种,就像制鞍的技艺服从于骑术一样。……因此,正像根据技艺的从属关系并不能推论出操业者的从属关系一样,根据政府间的从属关系也不能推论出统治者的从属关系。……读者可以看到,他用第一论据中精心编造的谬论来欺骗一些人,这些人分不清行为对目的的从属关系与人与人间在运用手段上的从属关系二者之间的区别。因为对于任何一种目的来说,手段都是由自然决定的,也就是由上帝本身以超自然的方式决定的。但驱使人们运用这种手段的权力则在每一个国家中(由于自然法禁止人们违背已提出的信守)都归属于世俗主权者了。”《利维坦》,第 42 章(第 313—315 页)。

世利益的优先地位的实践意义加以质疑，而且否认这种不平等和这种优先地位本身的存在。但是，虽然霍布斯的政治哲学最终不仅否认了传统政治哲学宣称的规范的现实可行性，而且否认了这些规范的正当合法性，然而，即使在霍布斯政治哲学的最终完善形式那里，现实可行性的原则，却始终依然是决定性的因素。[71] 与传统形成对照，霍布斯试图“将这些原则奠定为基础，因为激情并非不可信任，故可存之”。[72] 可见，霍布斯不仅像培根那样，希图使各种激情自相冲突，以期为实现那些业已建立的规范，指示迷津；他期望阐发一个政治哲学，从一开始就与激情互为你我，和睦相处。对激情的研究之进入道德领域，最初只同业已存在的规范的施行运用问题相关联，而从现在起，这个研究遂成为关于规范本身的知识的基础。霍布斯在对暴力造成的死亡的恐惧(它既征服了激情，同时又说服了激情)那里，为政治哲学找到了一个真正切实可行的原则；在这以后，他从这个基础(他称之为“自然权利”)出发，着手建立“自然法”，而这样做，也是符合施行运用的利益的。由于无从逃脱、无以释怀的死亡恐惧，人天然地拥有权利，保卫自己的生命与躯体；这个权利旋即可以支配所有的事物，所有的行动，因为，如果无权支配必要的手段，一个涉及目的的权利就是无效的。霍布斯没有把关于哪些手段是必要的这个问题，留给有识的智者去判断决定；他没有说，“有识之士届时判断哪些手段必要，哪些手段就是必要的。”相反地，他企图提出一项普遍有效的公理，可以赖以解决施行运用这个特定的问题。为了避免某位智者在

---

[71] 换一个方式来说，霍布斯的政治哲学，质疑“法律”与“政体”之间的区别。参看《英文全集》，第6卷，第12—13页。

[72] 《法律、自然和政治的原理》，“献辞”。

无法预见的情况下所做裁决的“任意性”即不确定性，他规定，每一个人都有权支配所有的事物和所有的行动，因为在特定的情势下，任何人都可能认为任何事物或任何行动，是保卫他的生命的必要手段。而这个论点的特殊前提，就是所有人之间的平等。[73] 既然人人平等，就是说，既然不存在普遍的自然秩序，因而不存在符合自然的人类品第等级制度，那么，少数的智者与芸芸众生之间的区别，就失去了它本来对传统政治哲学所具有的根本重要性。只要这个区别的根本重要性受到承认，我们就有必要在研究只对少数人有吸引力的哲学的同时，也研究历史，以便向“大多数人”揭示实现生活准则的途径；而当人人平等被尊奉到原则的高度的时候，一个全新的哲学随即应运而生，它为所有的人指明了通向“褒善贬恶”的道路，或旨在为所有的人指明这条道路。[74]

由于霍布斯的政治哲学，可以满足致使哲学转向历史的需要，所以，它首先让历史退回到本来对哲学无足轻重的地位。于是，哲学与历史，一时又完全分离了。在这个意义上，我们可以说，霍布斯的政治哲学是“非历史的”。然而，这个判断通常的涵义，与其说是霍布斯对历史没有兴趣，不如说在于，霍布斯断言历史是他的政治哲学的基础，是不正确的。霍布斯在历史问题上所犯的根本错误，被认为在于他假设，人类的原始条件，是每一个人针对每一个人的战争状态。针对这个假设，亨利·萨姆纳·梅恩爵士特别坚持，至少欧洲各国的原始条件，“可以公允地描述为，由一系列专制暴虐的小国政体构成，它们彼此千差万别，截然不同，每个国度都为一个君主的特权所绝对控

---

[73] 《论公民》，第1章，第7—10节。

[74] 参看本书上文第117页注[66]。

制”。“……原始时代的社会,并非如同人们今天所假设的那样,是个人的总和。原始社会是家族的聚集;事实如此,在当时身居其间的人们心目中,亦是如此。”[75] 这些研究结果,特别针对霍布斯。

> ……没有什么可能比霍布斯关于社会起源与政府起源的揣测假设更没有价值了。……那个理论破绽百出,不堪一击。……人类幼年的普遍无秩序,在部落与部落、家族与家族之间的械斗倾轧方面,可能是真实的;但是,在个人与个人的关系方面,这种普遍无秩序并不真实。……而且,这个理论与洛克的相反假设恰恰相同,都经不起一个同样的反驳,就是,它造成历史时期错位,提早了关于契约的近代法律观念。

从这里,我们可以领会梅恩的综合判决:“在才智见识不相上下的人们中间,鲜有人如霍布斯和边沁那样,完全脱离历史真实,或者,无论如何以我所见,他们深信不疑,仿佛整个世界,或多或少,从来恰如他们所见。”[76] 为了答复这个批评,我们必须指出,这种“父权理论”,不仅不足以批驳霍布斯的理论,而且它本身,反而享有霍布斯所提供的辩护。

> 也许会有人认为这种时代和这种(每一个人针对每一个人的)战争状态从未存在过,我也相信绝不会整个世界普遍出现这种状况,但有许多地方的人现在却是这样生活

---

[75] 《古代法》,C.K.艾伦编,第104、152页。

[76] 《政制前史》(伦敦,1875),第356、396页。

的。因为美洲有许多地方的野蛮民族除开小家族以外并无其他政府，而小家族中的协调则又完全取决于自然欲望，他们今天还生活在我在上面所说的那种野蛮残忍的状态中。不论如何，我们从原先在一个和平政府之下生活的人们往往会在一次内战中堕落到什么样的生活方式这种活生生的事实中可以看出，在没有共同权力使人畏惧的地方，会存在什么样的生活方式。[77]

……原先每一个人的父亲也是他的主权者，对他操有生杀之权。建立了国家之后，这些家庭中的父亲就放弃了这种绝对权力。[78]

日耳曼地区在古时，也像所有其他地区一样，起初是由无数的小领主或族长割据；彼此征战不已。……[79]

尽管如此，霍布斯在国家的历史起源这个问题上，不可能满足于这些发现，因为它们没有回答涉及正确的社会秩序的那个惟一重要的问题。从这个观点出发，我们就可以理解，他何以没有给予国家的历史起源，以特殊的关注。梅恩等人，一直在从父权共同体的角度，提出批评[80]（我们已经指出，这个批评其实完全符合霍布斯自己的看法），但是这样的批评，同样不可能使霍布斯满意。因为他所关注的，恰恰是为这种批评寻找根据，为那些首先致使历史考察独特地成为可行的标准寻找根据。于是，具体地说，他试图为父权共同体的不完美性，寻求最确切

---

[77] 《利维坦》，第13章（第65页）。

[78] 《利维坦》，第30章（第182页）。

[79] 《利维坦》，第10章（第47页）。

[80] 《古代法》，第18页，第109页，自第130页，第133页，自第140页始，自第195页始，自第259页始。

的表述；普遍地说，他试图为他那个时代的所有国家政体的不完美性，寻求最确切的表述，并且揭示，它们无时无刻不处在国内战争的永恒危险之中；他是通过同时指出一个可能性来这样做的，那就是根治这个缺陷的可能性，“从身份走向契约”的可能性；对于这些，他和梅恩，同样予以肯定。因此，他超越关于父权原始社会条件的历史发现，去构筑一个彻头彻尾不尽完美的人类状态。在他构思的这个状态里，完全不存在任何秩序，甚至不存在带有最严重缺陷的秩序，所存在的，只是每一个人针对每一个人的战争状态。最后，他追本溯源，将这个战争状态的根源，归结到人类天性。因此，所谓霍布斯的政治哲学是“非历史的”这个批评，其中惟一站得住脚的因素，是在霍布斯看来，涉及政治问题的全部判断所赖以立足的原则，要有哲学基础；这个哲学基础，比较甚至最为凿凿可据的历史知识，都更带有根本性，并且无法比拟地更为重要。

由此可见，对霍布斯来说，所谓“自然状态”，并不是一个历史事实，而是一个必须的构想。尽管如此，如果认为他的自然状态理论，似乎带有某种历史涵义，却也不是毫无根据的凿空立论。对他的政治哲学至关重要的是，这个政治哲学，应该着手于对自然状态的描述，它应该使国家产生于自然状态。从这里出发，霍布斯不是在描绘一个真实的历史，而是在把握一个典型的历史。然而尽管如此，正是鉴于这个事实，他同时却承认，至少他的政治哲学的根本组成部分，而且恰恰是那个根本组成部分，是以一种历史为对象的，以一种创始起源为对象的，而不是以某种静止的和完美的秩序为对象的。为了把这一点把握得更清楚，我们可以将霍布斯的“综合”方法，与亚里士多德的“发生学”方法，加以比较。这两位哲学家，都对历史的典型要素怀有兴趣，然而他们感兴趣的方式，却不相同。亚里士多德把城邦的发生与起源，描述为产生于原始共同体的完美共同体；当他这样做的时候，对完美的有机体的理解阐释，是主线和主要假设，贯穿于对其组成部分的理解阐释之中，即贯穿于对原始共同体的理解阐释之中。这个标准，从一开始即已确立，在随后对城邦的发生起源的分析中，始终没有改变；对这个标准的理解阐释，在考查检验城邦发展的各个具体阶段的过程中，一直占据统治地位。[81] 霍布斯的思路相当不同。对他来说，人类原始条件的不完美性，或自然状态的不完美性，不是通过考察国家作为完美的共同体这个业已澄清（即使只是粗略地澄清）的观念而感知认识的，而是通过对自然状态的经验的充分理解阐释而感知认识的。检验的标准，未经事先确立，未经事先论证，而需要自行产生，自行论证。所以，霍布斯没有追随仿效亚里士多德，而是开辟了通向黑格尔的道路。对霍布斯来说，原始条件是非理性的；同样地，对黑格尔来说，"开始即已认识到，精神在其直觉阶段和原始阶段，并不具备精神的本质，而只是感官意识"。[82] 正如霍布斯系统地使国家或对国家的需要，产生于自然状态那样，黑格尔也使绝对知识，产生于自然意识。因为，这两位哲学家都无意借助一个超越不完美状态的标准，去衡量不完美的状态；他们简单地只在"袖手旁观"，让不完美的状态凭依自身的运动，自行宣告无效，"自行考查检验"，这时他们自己，便被"免去了考查检验的任务"。[83] 这就是霍布斯如

---

[81] 对亚里士多德的这个理解，尤其更适用于柏拉图关于国家的起源与衰亡的论述。特别参看《理想国》，545D—E，《美诺篇》，76E。

[82] 黑格尔：《精神现象学》，詹姆斯·布莱克·贝利译，第1卷，第25页。

[83] 黑格尔：《精神现象学》，第1卷，第85页。

下论证的涵义：愿意留在自然状态的人，同自己相矛盾；[84] 作为自然状态本质特征的相互恐惧，恰是废除自然状态的动因；或者，用黑格尔的话来说，“各种激情，按照它们自身的构成，自行设计，自行制订目标，构筑人类社会的大厦，在这个大厦中，它们借助针对它们自身的反对力量，提供法律与秩序。”[85] 一种“内在”考查检验的前提，必然体现在一个典型历史的构架之内；这个前提，对霍布斯和黑格尔来说，都是对顺从驯服的道德的拒绝。这个前提，最初造成了哲学向历史的转向，而它最终又反过来，使哲学本身，获得了典型历史的特征。无论如何，在霍布斯看来，历史最终流于肤浅，因为对他来说，政治哲学本身，变成了一种历史，变成了一种典型历史。他的政治哲学，成为历史性的政治哲学，因为对他来说，秩序不是一成不变的、永恒的、从来就存在的，而是在一个过程的终结时才产生的；因为对他来说，秩序并不独立于人类意志，而只是由人类意志支持的。由于这个原因，政治哲学变成了一种先验科学：不是因为政治哲学的原则是永恒的原则，而是因为“原则，即正义的根据（就是法律与契约），是我们自己制订的，凭借这些原则，我们得以知道，何谓正义与衡平，何谓非正义与非衡平”。[86] 由于这个原因，政治哲学不复具有它在古典时期曾经具有的功能，即提醒儆戒政治生活：完美的国家，存在着永恒不变的典型范例；政治哲学现在只负有近代所特有的任务，即为本质上是未来的完美国家，首次勾勒描绘纲要规划。从这时起，抑止历史与高扬哲学，事实上意味着，为了未来的缘故，封杀业已逝去的昔日，

[84] 《法律、自然和政治的原理》，第 1 部分，第 14 章，第 12 节；《论公民》，第 1 章，第 13 节。同时参看本书下文第 181 页（关于这个过程的“唯物主义”特征）。

[85] 《历史哲学讲演录》，第 3 版（柏林，1848），第 34 页。

[86] 《论人》，第 10 章，第 5 节。

封杀古代,因为那是亘古永恒的象喻。“我们诉诸科学,不仅是为了探索逝者的来龙去脉,而且是为了探求来者的原由因果。”[L][87]“……因为,知道我们如何能够最好地利用现存的原由因果,比通晓业已一去不返的过去,更有裨益,无论那个过去,本质何在。”[L][88]

如果人的世界的秩序,不是存在于一个超人秩序之下,而是仅仅产生于人的意志的话,那么这个秩序,就不享有哲学上的安全保障或者神学上的安全保障。因而,人之所以能使自己相信,自己有能力支配安排自己这个世界,只是由于自己的支配活动本身。按照霍布斯的假设来换句话说,我们无法满足于一个典型的历史:我们必须返回到真正的历史中去。于是自然状态,虽然在起初的意图中,仅仅是一个典型的构想,现在却重新获得了一个历史的涵义;自然状态,不复是一个绝对混乱无序的状态,而是一个极端不完美的秩序状态。这样,我们就可以在真正的历史中,追溯从上古未曾开化的原始野蛮时代,及至迄今为止,我们在征服自然方面所取得的进步;这个进步就是佐证,说明我们可能在支配安排人类世界方面,继续取得进步。[89] 所以,真正的历史具有功效,见证业已取得的进步,从而支撑持续进步的可能性。随后(在历史时期上甚至可能更早)它的功效,是使人摆脱以往的全部历史重负的桎梏束缚,摆脱古代权威的桎梏束缚,摆脱“偏见”的桎梏束缚。权威的历史起源和历史演化一经追溯,权威旋即声名扫地;作为历史批判的

---

[87] 《论人》,第 11 章,第 10 节。

[88] 《论人》,第 10 章,第 4 节。“哲学的目的或意图在于,我们得以为了我们的利益,利用业已看到的昔日成果;或者……我们可以按照我们腹中之所构想,造就类似的成果,……以益人类生活之福祉。”[L]《论物体》,第 1 章,第 6 节。

[89] 《论公民》,“献辞”。

结果，人的局限性，仿佛是人作茧自缚，从而应该予以克服。由于从一开始，就不存在任何约束人类的超人秩序，由于人在宇宙万物中，并无确切的既定位置，而须任人自行定位，那么，人就可以随心所欲，扩张他的力量。历史凿凿可鉴，人类进步的历史凿凿可鉴，他确实有能力这样扩张；[90] 历史可以作证，历史批判可以作证，现存的限度能够超越。从哲学到历史的转向，之所以先被造成，哲学自身，之所以又被“历史化”，其源概出于对理应制导人类理性的永恒超验秩序的怀疑，因而其源也概出于所谓理性荏弱无力的信念。

---

[90] 孔多塞在他的《人类精神进步史表纲要》之“引言”(原版，第2—3页)中说：“从这些关于人迄今为止的状况以及现状的观察中，我们的注意力将转移到如何确保并加速不断进步的手段方面去；考虑到人的天性，我们对这种进一步的进步，可以满怀希望。这就是我肩负的工作的目标；这个工作的结果，是要凭依理喻并借助事实说明，人类官能的改善余地，未可限量；人使自己不断完美的可能性，绝无止境；这种可完美性的向前推进，从今以后行将势不可挡，所向披靡；除了自然将我们置于其间的这个星球本身的生存生命之外，这种可完美性的向前推进，将不存在任何局限穷尽。”这里结尾的用词，暴露了孔多塞(以及他的先行者们)的根本假设：假如自然，没有把我们抛投到这个星球上的话，那么无止境的进步，就会是不可能的。比较本书下文自第161页始。

第七章　新的道德

霍布斯从哲学转向历史，是因为他认识到，哲学无法为自己所建立或论证的规范，提供施行运用的途径；而一旦他看到，有可能阐发形成一个关于施行运用(传统)规范的理论，一个以对人类天性的直接研究为基础的理论，或者有可能用切实可行的规范，取代据说是无法施行的传统规范，他立即就返回了哲学。然而到最后，他不但质疑传统规范的可行性，而且质疑这些规范的正当合法性。他之所以能够迈出这决定性的一步，是由于形成了一个全新的道德态度；这个新的道德态度，在他的政治哲学中的表述，比在其他任何地方，都更为诚挚，更为雄辩。作为哲学转向历史的基础，功利主义的道德思想，只是在从这个新的道德态度中得以焕发生机的情况下，才迸发出热情的火花，从而在随后的岁月中，走向胜利。规范的施行运用原则，只为霍布斯政治哲学的形式与方法，提供了条件；而新的道德态度，则赋予了这个政治哲学它的要旨与实体。

这个新的道德态度，最初是在传统理想的地平线上展露面目的。因为霍布斯把传统规范视为理所当然，所以，他就有可能专注于解决这些规范的施行运用问题。这样，诸如激情、品格、秉性、意图、动机等这些现象，旋即成为兴趣的关注核心。关于这些现象的知识，不是由(传统)哲学提供的，而是由历史提供的;[①] 在霍布斯看来,提供这个知识的历史学家,首推修昔底德。修昔底德是"有史以来最具政治意义的编史作者"。这不是因为他传授"统治秘术",比别的历史学家传授得有效,而首先是因为,他不是在武断地灌输准则的教义,而是在帮助读者透彻地、独立地对规范有所洞悉,通过经验,领悟其中的微言大义;第二,这同时也是因为,他意识到历史这门知识所含有的特殊困难。在他所传授的历史里,没有"关于行为举止与方针策略的……睿智论说",没有"规范的直接灌输",而只包含纯粹的叙述。修昔底德不仅严格遵循历史事件的时间顺序,而且特别忠实恪守"他为历史行动本身所揭示的背景原因与动机。……叙述过行动以后,如果场合恰当,他就会提供他对这些行动的评判;昭示成败得失的前因后果。"通过这样阐释"善恶意图的表现方式及事件",通过让关于动机、计划与结果之间的关联的判断,产生于具体的历史经验,他对读者的因势利导、发蒙启蔽、谈言微中,就远非任何哲学家所能比拟。[②] 修昔底德首先关注动机问题。最强势的动机,在于各种激情。[③] 修昔底德在历史学家中超群出众,特别因为他揭示了那些决定着社会生活的、通常是秘而不宣的激情。他的洞察力之深邃,充分体现在他的语言的朦胧隐晦之中:"这种朦胧隐晦……来自语言的深刻;其中蕴涵了对人类激情的深思熟虑;这些激情,或者被

---

① 见本书上文第 102—106 页。

② 《英文全集》,第 8 卷,第 viii 页,自第 xxi 页始。参看本书上文第 95 页注①。

③ 可将这句话及此前的那段话,与黑格尔《历史哲学讲演录》(引自约翰·西布里的英译本,伦敦,1905)的如下论述,加以比较:"自由将其自身演化成为一个世界,它所凭借的手段问题,把我们引导到历史这个现象本身。""从历史中,我们只须一瞥即能确信,人的行动,发之于他们的需求,他们的激情,他们的品格及才能。……各种激情,隐秘的目的,以及利己欲望之满足,乃是……行动最为见效的源泉"(第 21 页)。

掩饰伪装起来，或者通常为人们所避讳不谈，然而却在人们的共同生活中，最强有力地支配着他们。”[④]关于激情的知识，以及一般而言关于各种动机的知识，带有独特的困难性。因此，霍布斯将修昔底德描述为“有史以来最具政治意义的编史作者”，第二个原因是，修昔底德充分意识到关于动机的知识的局限性。“……超出行动本身所确凿昭示的范围，(他从来未能)迈进一步，窥探人们的内心世界。”因为“内在动机……只具揣摩推测性质”。[⑤] 所以，我们可以从修昔底德那里，领会到激情及激情知识的最深层的本质。霍布斯就教于修昔底德，认识“在人们的共同生活中，最强有力地支配左右着他们”的各种激情；他在《伯罗奔尼撒战争史》译著引言中，精练扼要地论述了激情问题，第一次宣示了他所特有的道德态度。

为了回答社会生活的正确秩序问题，特别是为了回答国家的最佳形式问题，对各种激情的透彻认识，是不可或缺的必要条件。霍布斯从一开始就表明，他主张君主政体。我们本来会估计，他关于君主政体的优越地位的信念，最初是从自然神学的传统论证那里获得的。[⑥] 他的《伯罗奔尼撒战争史》译著引言，证明这个估计是错误的。在这个最早的表述中，传统论证甚至没有提及。我们并不认为，霍布斯那时就已经否定了那些论证，但是可以肯定，即使在那时，它们就已经不再使他感兴趣了。从一开始，他就试图不是联系人的本质存在，不是联系人在宇宙万物中的位置，来回答国家的最佳形式问题，而是联系人类生活经验，联系准则的施行运用，因而特别联系各种激情，

---

④ 《英文全集》，第 8 卷，第 xxix 页

⑤ 《英文全集》，第 8 卷，第 viii 页，自第 xxvii 页始。

⑥ 见本书上文第 72 页。

来回答这个问题。哲学家们固然可能以自然神学论证和宗族血缘渊源作为根据，断言君主政体的优势地位；然而，如果君主政体能够在经验的基础上，在激情研究的基础上，论证自己是最佳的国家形式的话，那么这种优越性，就可能远远地更为显而易见。

在《伯罗奔尼撒战争史》译本引言里，霍布斯以各种激情的强大力量作为惟一的论证参照，阐明君主政体的优越性。事实上，他论证的重点，不是放在君主政体的优势方面，而是放在其他国家形式的劣势方面；对于瑕玷阙如的洞悉，导致对于理应如何的认识。[⑦] 就民主政体而言，他断定，在民主政体之下，“煽动蛊惑之徒，对声誉虚荣的争夺逐鹿”，对“支配驾驭民众”的欲望，起着某种于共同福祉是灾难性的作用。贵族政体情况更糟。每个贵族，都“觊觎出头，发号施令；他们蒙受轻怠冷遇，旋即比在民主政体之下，更为难于耐烦忍受”。[⑧] 对人类社会起决定作用的那些激情，或者追逐等级品第，出人头地，或者拔旗易帜，取而代之；有鉴于此，君主政体，就是国家的最佳形式。因为（这个论证不能有始无终），在君主政体之下，激情的这种骚动追逐，不可能像在其他国家形式那里那样，酿成灾难后果。

所以，主张君主政体，第一个前提假设就是确信，追逐名位是最为危险的激情，或者用我们上文的措辞来说，[⑨] 虚荣自负是最为危险的激情。霍布斯在撰写《伯罗奔尼撒战争史》译本引言的时候，就已经持有这个看法；这一点，可以从如下的事实中得到确证，就是，他在这部译著的献辞里恭维德文郡伯爵二

---

⑦ 参看本书上文第 125 页。

⑧ 《英文全集》，第 8 卷，自第 xvi 页始。

⑨ 见本书上文自第 12 页始。

世的美德时，至少三次强调，他的这位庇护人，完全不为这种激情所惑。[10] 从一开始，霍布斯就把虚荣自负视为万恶之源。因为他在虚荣自负这个激情里，看到了使人们眩惑盲目的那个力量。由于人企望沉迷于沾沾自喜的自满自尊，他就对说明他力量有限、才智有限的那些事实视而不见、拒不承认。虚荣自负迷惑人的理智，使他看不清自己的真实状况。虚荣自负为成功所滋育助长。因此厄运逆境比佳运顺境，于人更具裨益。厄运逆境，使他无法高估他的力量和才智，唤起他的恐惧，而恐惧则是人的警戒镜鉴。虚荣自负是一个眩惑力量，恐惧作为截然相反的激情，是一个发蒙启蔽的力量。虚荣自负与大庭广众的公共领域并列协调，恐惧与孤寂隔绝的私人场合并列协调。只有通过来自他人的承认，人才能使自己确信，他享有的美誉，或者他企望享有的美誉，当之无愧；同样地，他向他人隐瞒藏匿他的弱点，他的荏弱意识，也就是说，他的恐惧。另一方面，他的恐惧，他可以自己承认。所以，他宁愿接受哪怕对他的自爱最具伤害力、最严厉的谴责惩戒，只要这些谴责惩戒是私下施加的，也不愿在大庭广众面前，蒙受任何非议。[11] 于是，鉴于盲目的虚

---

[10] “……对于那些无拘无束，与世无争，研习学术的人，没有任何人，比阁下令尊，更能招纳提携。”《英文全集》，第 8 卷，自第 iii 页始。“……他于学术……完全无意虚饰炫鬻，露才扬己。”“……（他于）争逐内讧，功利野心，超然物外，不为所动。”《英文全集》，第 8 卷，第 iv 页。

[11] “……大庭广众之下的责难，包含着某种我所无法名状的因素，比任何一种无论多么严厉苛刻的裁判，都更为可怕。……”《英文全集》，第 8 卷，第 vii 页。“……成功昌隆……使人沉湎于自爱，不能自拔；使人有自知之明的劝戒，任何人都很难喜爱。这种劝戒在公共领域，比在私下场合多得多。因为一个明白事理的人不会耻于接纳事关他自己的谨小慎微的建议，劝戒越有力就会越为他所接纳；然而，面临大庭广众的公共场合，恐惧（它一般长于劝导，然而不长于行动）很少或从来不被流露或者承认。”《英文全集》，第 8 卷，第 xvi 页。“……人们获益于逆境，甚于佳境。……苦难施教于人，长于成功。……”《英文全集》，第 8 卷，第 xxiv 页。

荣自负统治公众生活，而令人自量的恐惧，只在独处私下方敢流露，鉴于一般而言，任何个人因而都比任何群体更为理智，所以说，君主政体是最佳的国家形式。

上述论证思路，构成了霍布斯政治哲学的基础，贯穿于这个政治哲学始于《伯罗奔尼撒战争史》译著引言的所有各个演化阶段。虚荣自负与恐惧之间的对立，其根本重要意义何在，我们在本书第二章已经讨论过。这里，我们只需要回顾到，在他的所有政治哲学著述中，霍布斯都坚持了这个对立同君主政体与民主政体（或贵族政体）的对立之间，所存在的并行不悖的关联。[12] 由于虚荣自负依照自然决定人的本质，因此，不仅国家是必要的，而且惟有君主政体，才是最佳的国家形式，因为在这种政体之下，大庭广众的公共领域（虚荣自负的要素）相对而言力量较小。

我们得出结论，霍布斯的政治哲学，从《伯罗奔尼撒战争史》译本引言到晚期著作，就论证的本质内容和根本目标而言，始终一脉相承，没有改变。有所改变的，是在方法方面。最初，霍布斯论证的根据，特别来自历史（归纳）；后来论证的根据，直接来自激情研究。只有推理方法，以及随之而来的表述方法，才可能从对欧几里得《几何原本》的"发现"那里，接受决定性的影响。

这并不是说，霍布斯从一开始，就充分地意识到他所特有的、以虚荣自负与恐惧的对立为特征的道德态度的全部涵义。最初他把恐惧视为正确行为方式的主要动机，但是还不是正确

[12] 《法律、自然和政治的原理》，第1部分，第13章，第3节；第2部分，第5章，第4、7、8节，及第8章，第3节；《论公民》，第10章，第7、9、11、12、15节；《利维坦》，第19章（第98页），第25章（自第138页始）。参看本书上文自第76页始。

行为方式的充足动机："恐惧……长于劝导，然而不长于行动。"[13] 这句话，使我们回想起培根在《论勇敢》中得出的结论："……勇敢永远是盲目的；因为它无视危险和烦难。因此它拙于警醒劝戒，却利于行动。……因为看到危险有利于警醒劝戒；无视危险有利于行动，除非危险极为严重。"审度谋划与行动之间的区别，可以延伸到两种德行之间的区别，即审度谋划的德行，与行动的德行。我们可以在这个意义上，理解霍布斯在其最早的政治哲学著作中所划分的界限，一方面，是涉及和平的德行（正义与衡平），另一方面，是涉及战争的德行（荣誉）。荣誉属于贵族德行。[14] 霍布斯起初能够接受贵族德行，是出于他关于恐惧的原始观点。后来他把恐惧，不仅理解为正确筹划的动机，而且理解为正确行动的动机：

> 出于恐惧，人们逃遁图生；假如认为无路可遁，他们就藏匿偷生；然而在多数情况下，他们拿起武器，实行自卫；由此，他们敢于拍案而起，彼此领略对方的精神气概。但是，如果他们诉诸武力，公民社会遂产生于胜利；如果他们妥协，公民社会遂产生于契约。[L][15]

由于这样一来，恐惧旋被视为所有正确行为的充足动机，特别是被视为创立国家的充足动机，于是，我们就不可能赞同接受任何其他德行，只要它们不是发源于恐惧，不是发源于对暴力造成的死亡的恐惧；这种暴力造成的死亡，本质在于对恐惧的

---

⑬ 见本书上文第133页注⑪。

⑭ 见本书上文自第56页始。

⑮ 《论公民》，第1章，第2节，注2。

克服或者否定。一旦霍布斯完成他对恐惧这个概念的充分阐发，他就别无选择，只能否定贵族德行了。因为，“恐惧”与“荣誉”无法调和共处：“恐惧难于示人，恐惧的行动，只能是不光彩的行动，它暴露一个人荏弱可欺的自我意识。”[16] 最初，霍布斯把荣誉视为涉及战争的德行，与涉及和平的德行并行不悖；而最终，他把荣誉与正义，直接对立起来，从而与普遍意义上的全部德行，对立起来。在《法律、自然和政治的原理》那里，霍布斯还可以说，“战争的惟一行动法则，在于荣誉”；而在《利维坦》中，他已经在说，“暴力与欺诈在战争中是两种主要的美德。”[17] 当霍布斯用“暴力与欺诈”取代“荣誉”时，他使我们领悟到，曾经被他尊为“荣誉”的德行，现在被视为根本上不公正，成为非正义的托辞了。他比这个委婉的批评走得更远。他说：

> 行为只要是伟大而艰巨的、因而成为巨大权势的象征，就是令人尊重的，合乎正义与否并不足以改变这一点。原因是尊重只在于权势的推崇。就是由于这一点，古代异教徒在诗中描述诸神的淫、盗及其他奇伟而不义或淫秽行为时，不以为是不尊敬神而以为正是大大地尊敬神。于是朱比特神最足称道的便是私通淫奔之迹，而墨丘里之见崇则在于其欺诈与盗窃。[18]

由于荣誉作为战争的德行，与英勇无畏等同，所以，对荣誉作为

---

⑯ 《法律、自然和政治的原理》，第 1 部分，第 19 章，第 2 节。

⑰ 第 13 章（第 66 页）。同时比较《论公民》“献辞”中如下这段话：“……忠良之士，必须自卫，乞灵于战神的一对双生女儿，欺诈与暴力，引为自己的庇护殿堂：明白地说，巧取豪夺，如此而已。”

⑱ 《利维坦》，第 10 章（第 47 页）。同时参看第 12 章（自第 58 页始）。

德行的否定,就意味着对英勇无畏作为德行的否定。[19] 霍布斯最终认为,对暴力造成的死亡的恐惧,是全部德行的根基,因此,他最终就必须对于致使一个人甘冒生命危险的所有义务,提出质疑,因而也对于人们对英勇无畏所必然发生的所有尊崇的理由,提出质疑:“两军交锋时,一方或双方都有逃亡的事情,如果逃亡不是出自叛逆而是出自恐惧,那就不能认为是不义的行为,而只能认为是不荣誉的行为。”[20] 英勇无畏可能是一个具体职责的美德,即武士职责的美德,然而,它不再被认为是人的普遍德行。

可见,霍布斯的道德思想,经历了一个清晰可辨的转变;启始于最初对贵族德行的赏识,他将自己的思想向前推进,越来越明确地批判贵族德行。贵族德行,最初囊括全部德行,其后则只被视为战争中的美德。后来,它竟变成原始野蛮时代的一种德行;在那个时代,“强夺劫掠,是生活的一项行业手艺”;所以贵族德行,被降低成为自然状态的德行。[21] 最后,全部道德德行俱被否定;它被霍布斯从德行理论中抽出来,放到激情分析中去。[22] 这样,德行便失去了全部约束效力,只被认为是感情生活的托辞与装饰陪衬;此后,它暂时在诗歌中,找到一个最后的

---

⑲ 见本书上文第 21 页及第 60—61 页。

⑳ 《利维坦》,第 21 章(第 115 页)。

㉑ 《法律、自然和政治的原理》,第 1 部分,第 19 章,第 2 节。与此相联系,各种英雄美德,被描述为“自然德行”;这其实是在否认,它们是真正的德行。见本书上文第 58 页注㉑。

㉒ 《利维坦》(第 10 章)中关于荣誉的分析,其实属于激情分析;这一点,可以从《法律、自然和政治的原理》(第 1 部分,第 8 章)的有关段落,与这部最早的著作里随后的激情理论之间的关联中,得到证明。在《利维坦》那里,这个关联被霍布斯抽去,以便适应机械论心理学的需要;而这个关联,由休谟在他的《人性论》第 2 篇中,加以恢复。霍布斯以“权力”和“高尚”为题所讨论的激情,为休谟放在“骄傲自尊与谦卑”的构架内,作为这些激情的“原因”,予以处理。

庇护所。霍布斯在他对“英雄美德”的描述中，对作为德行的“荣誉”，谈论得最为充分；我们已经看到，[23]“英雄美德”对他来说，与荣誉等同。现在，对“英雄美德”的描述，只有在界定英雄诗篇时，才会出现。但是，即使作为原始时代的德行，或者诗歌的德行，英雄美德也只是在新的价值观念还没有在公众观念中占据统治地位的情况下，才能为自己维系一席之地；这些新的价值观念的范围和涵义，以充分的意识发展成形，霍布斯是始作俑者。从那以后，即便在历史或诗歌里，英雄们也不再被容纳了。物换星移，时过境迁，历史与诗歌，不应只关注“王侯将相，折冲尊俎”，而特别要关注“市井之臣，布帛菽粟”，它们应该“比英雄事绩，更为亲近熟悉”。[24]

人们可以假定，对贵族德行的批评，首先意味着用审慎取代荣誉。这一取代，似乎发生于十六世纪，它似乎就是哲学转向历史所赖以发生的基础。[25] 霍布斯在他最早的政治哲学著作中所表现的对历史的兴趣，比后来的著述浓厚得多；[26] 他在那里谈到审慎时说，审慎“与普遍德行等同”。可是，在《论公民》与《利维坦》的相应段落里，审慎甚至未曾提及；在《论人》中，审

㉓ 见本书上文自第 56 页始。

㉔ 比较萨克雷的《埃斯蒙德》的开始部分。同时参看萨克雷的《名利场》，它的副题“一部没有英雄的小说”表示，小说的核心人物不是英雄，因为他们对名利场避而远之(特别见第 31 章)。另一方面，按照霍布斯的看法，“(英雄诗歌的一个粗鄙之处)在于贩夫走卒的方言，总与宫廷语言不同。还有一个粗鄙之处，在于举例说明任何事，都借助隐喻类比，它们进入人们的头脑，只凭借平庸的对话，以及卑陋邪恶的行径，为史诗人物所不了解。”《英文全集》，第 4 卷，第 455 页。

㉕ 见本书上文自第 110 页始。

㉖ 见本书上文自第 114 页始。

慎的道德价值,遂被明确否定。[27] 可见,霍布斯对贵族德行的批评,并不意味着用审慎取代荣誉。取代曾经由荣誉占据的位置的,其实是正义与博爱。然而,这些在霍布斯看来是惟一的道德德行的美德,其最终的根基,在于对暴力造成的死亡的恐惧。所以,归根结底,对贵族德行的批评,实际上意味着用死亡恐惧来取代荣誉。尽管我们可以把霍布斯的道德思想描述为功利主义的道德思想,然而这些道德思想,只是在带有重要的局限性的情况下,才可以说是基于对暴力造成的死亡的恐惧,基于一个本身并不审慎、可是却使人审慎的激情。霍布斯政治哲学的独特性在于,它试图通过诉诸于一个力量,强迫人们审慎,从而赋予功利主义的道德思想一个基础。只是凭依这个基础,霍布斯才得以确保在道德动机与不道德动机之间划清界限。

霍布斯道德思想的具体意义,在他最晚期的一部著作《比希莫特》中,体现得尤为清晰。这部关于英国内战的缘由及过程的批判著述,首先是针对基督教长老教派教士集团和中等阶级的。根据霍布斯的断言,这两个集团首先要对内战的爆发承担责任。长老教派教士集团,操纵他们的布讲教义,迎合中等阶级的利益:

---

[27] 参看《法律、自然和政治的原理》,第 1 部分,第 17 章,第 14 节;《论公民》,第 3 章,第 32 节;《利维坦》,第 15 章(第 81 页);《论人》,第 13 章,第 9 节(见本书上文第 21—22 页)。可将本文引语,与那篇《尼各马可伦理学》汇纂(本书上文第 52 页曾提到)的如下段落加以比较:“德行,恰如其分地说,要么较带普遍性,或者说提供儆诫指导,譬如审慎和普遍正义,要么较带特殊针对性,譬如坚忍刚毅,自我节制,等等。亚里士多德事实上是从坚忍刚毅那里,开始阐发他的德行学说的,他其实认为,在坚忍刚毅内,包含着某种最为难于达到的目标,所以他将其置于首位:作出判断的方法,永远实难变易,现在我们似乎应该遵循从普遍性着手、进而及至特殊性的那种序列方法”[L](第 12 页)。根据这个论述,审慎最先被论及。

他们布道，对五行八作、三教九流之惟利是图和利欲熏心，从不谴责，或者轻描淡写；诸如弄虚作假，偷工减料，鼠窃狗盗，假仁假义，或者其他恶迹，不一而足，除非伤及牧师信徒，否则绝无申斥：这于芸芸众生，市井之徒，极为便利，于他们自己，亦不无私利。……他们对两种罪孽，男女肉欲及失信食言，确实常常义愤填膺，斥责不贷；这毫无疑问，可钦可嘉。但是匹夫村妇，却因而倾向于相信，基督教十诫，除第三第七两项之外，其他皆可触犯，……因此于欺诈行骗，蓄谋作恶，并无顾忌；只是设法不使自己牵连在内，或者至少不致酿成丑闻。……然而，他们中很多人的确频繁布道宣讲，反对压迫，……但是，那是面对不行压迫的人；我的意思是，普通百姓很容易相信，他们被人压迫，然而，他们并不是压迫者。㉘

而中等阶级，在长老教派教士集团的支持下，充当了英国革命的载体和执行人：

……伦敦和其他工商城邑，羡慕低地国家揭竿反抗他们的君主西班牙国王以后获得的繁荣昌盛，倾向于认为，在这里，类似的更换政府也会给他们带来类似的繁荣昌盛。㉙

……那些伟大的都市，在反抗是以苦情不平为名义时，都必定需要站在反抗一边：因为苦情不平不外乎涉及税制，而于税制，公民，也就是以私人赢利为业的商贾们，

㉘ 《比希莫特》，自第25页始。

㉙ 《比希莫特》，自第3页始。

自然是死敌；他们惟一的荣光，是通过生意之道，发迹暴富。

霍布斯仿佛要把中等阶级描绘成毫无价值，一无是处；“可是据说，他们给穷人以工作机会，从而在所有的天职中，对国家福祉，贡献最巨”，对这样的反驳，他作出如下回答：

这等于是说，他们使穷人以他们所出的价钱向他们出卖劳力，这样一来，多数穷人可能通过在布赖德韦尔工作，较之通过纺线织布及其他胜任的劳作，而赚得一个更为舒适的生计。……[30]

这样看来，霍布斯仿佛是中等阶级的死敌。然而，如果我们仔细考察一下，我们就会注意到，他的攻击矛头所向，其实是针对英国中等阶级的政策，而绝不是针对中等阶级本身，不是针对中等阶级的存在和理想。他的结论不是说，中等阶级是任何革命和每个革命的天然载体和执行人，而是说迄今为止，中等阶级的行为，一直在违背它自身的真正利益，而且，如果它能够正确认识自己的私利欲望，它就会无条件地服从世俗政权：

我认为，殷富臣民，以工商贸易、梓匠轮舆致富，他们的主体，除了数白论黄、掂斤播两之外，一无旁顾，视若无睹，只热衷于巧取豪夺的每一个念头。如果他们明白，服从他们的合法君主对保护他们的财富有多大益处的话，他

[30] 《比希莫特》，第126页。

们就永远也不会站在英国国会一边了。[31]

中等阶级对它自身的利益,有敏锐痛切的意识;霍布斯对中等阶级,不仅不是在攻击,而且甚至是在提供哲学论据;他的政治哲学所阐发的理想,正是中等阶级的理想。他确实谴责"发迹暴富",欲壑难填,可是,"正当的致富,稳健有度的致富",则符合"自由私人……的审慎"。[32] 他确实谴责对穷人的盘剥,可是,他认为天经地义之事乃是"人类的劳动也和任何其他东西一样是一种可以营利的商品"。[33] 因为,"一切立约议价的东西其价值是由立约者的欲求来测量的,因之其公正的价值便是他们满意赋予的价值"。[34] 私有财产本身和私人赢利本身如此无可厚非,以致它们其实是全部和平生活不可避免的条件:

维系国内和平,必须考虑安排的事,不可胜计;如同造成叛乱暴动,原因不一而足。首先,必须为每个臣民划定所有,明确领地财产,使之有所经营,有利可图;舍此一项,人们就会像亚伯拉罕和洛特的游牧人那样,自相争夺倾轧;对公共权益,人人极尽侵吞攫取之能事;如此极易酿成争端和叛乱。[35]

---

[31] 《比希莫特》,第 142 页。

[32] 《比希莫特》,第 44 页。

[33] 《利维坦》,第 24 章(第 130 页)。

[34] 《利维坦》,第 15 章(第 78 页)。同时参看《法律、自然和政治的原理》,第 1 部分,第 16 章,第 5 节;《论公民》,第 3 章,第 6 节。

[35] 《法律、自然和政治的原理》,第 2 部分,第 9 章,第 5 节。参看《论公民》,"献辞",及《利维坦》,第 24 章(自第 131 页始)。

个人致富自由，同国内和平与外部安全一道，是公共生活最重要的目标。除了保障和平以外，君主权力的职责，莫过于确保公民“在共同安全允许的范围内，得以尽量致富；使他们享有无害的自由”。[L][36] 因为，除感官利益及其获取手段以外，不存在任何真正的利益。[37] 甚至科学，除了增进人类力量与人类福祉以外，无论为个人带来多大乐趣，就公共意义而言，都不具备任何论证有据的目标。[38] 人类福祉，主要得之于勤勉节俭。自然的禀赋赐予，不及工商买卖，兢兢业业，来得重要：

> 臣民致富，二端必备：夙夜匪懈，铢积寸累；还有第三项，亦具助益即地土与水源的扩大；……只有前两者，必不可少。因为一个城邑，地处海岛，地土仅够居住，然而不事耕种渔猎，只凭商贾手艺，亦可致富。[L][39]

因此，收入与财产都不宜课税；只有消费才应课税；消费征税可以奖励节俭，惩戒奢华。[40] 政府的责任在于，驱使不能自立的穷人，只要力所能及，都去工作，并且提供工作机会，另一方面，禁

---

[36] 《论公民》，第 13 章，第 6 节。同时比较《利维坦》第 21 章（第 112 页）关于“臣民自由”的论述。

[37] 《论公民》，第 1 章，第 2 节。

[38] 《论物体》，第 1 章，第 6 节。

[39] 《论公民》，第 13 章，第 14 节。“……数量取决于人类劳动与勤劳的程度仅次于上帝的恩惠。……有些国家的领土仅够居民居住，但却不但能维持国力，而且能扩张国力；这一部分是由于在不同地方之间贸易往来的劳动而得来的，另一部分则是出售以外地原料制成的工业品所得来的。”《利维坦》，第 24 章（第 130 页）。同时参看《论公民》，第 12 章，第 9 节。

[40] 《法律、自然和政治的原理》，第 2 部分，第 9 章，第 5 节；《论公民》，第 13 章，第 11 节；《利维坦》，第 30 章（第 184 页）。

止奢侈浪费,以便鼓励勤俭。[41] 显然,除了“正义与博爱”之外,霍布斯只将勤奋和节俭,视为德行。与勤奋和节俭形成对照,战争不是保障人类福祉的可靠手段;只有“当全世界都人口过剩时,最后的办法就是战争”;[42] 但是,只要没有发生这种极端情势,战争就只应该用于防御,[43] 为此目的,最宜维系一支雇佣军。这样,“利维坦”与臣民之间的关系,发生了反向的转变;君主权力变成雇佣权力;受雇的个人,投身于正当有度的自我致富;他们购买劳力,出售劳力,如同任何其他商品一样;他们也可以付钱,购买他们自己的军事防御:“主权者向人民征收的税不过是公家给予保卫平民各安生业的带甲者的薪饷。”[44] 国王与他的职业军队,由于有责任保卫私人,所以无论愿意与否,都必须富于勇气:“坚忍不拔,是帝王美德;尽管部分私人,需要能够从戎,可是别人,则越不勇敢,越有利于国家和他们自己。”霍布斯绝不允许公民为帝王美德所惑,离开他自己本分的德行步入迷途;他甚至向帝王鼓吹中等阶级德行的典范:“俭朴德行(虽然您也许感到诧异),也属于帝王美德;因为它增加公共财富,为公众所用,多多益善。……”[45] 帝王行使他的君主权利,着眼于中等阶级的精神和利益;他规定法律面前人人平等,并且规定法制安全保障;他选用顾问,不仅考虑世袭特权,而且考虑个人能力;他反对贵族阶层的自尊与傲慢。[46] 无论霍布斯个

---

[41] 《论公民》,第 13 章,第 14 节;《利维坦》,第 30 章(自第 184 页始)。

[42] 参看《利维坦》,第 30 章(第 185 页);《论公民》,“献辞”;及《法律、自然和政治的原理》,第 2 部分,第 9 章,第 9 节;《论公民》,第 13 章,第 14 节。

[43] 征服性战争的动机,在于虚荣自负。参看《英文全集》,第 6 卷,第 12 页,及《利维坦》,第 13 章(第 64 页)。见本书上文第 12—13 页。

[44] 《利维坦》,第 30 章(第 184 页)。

[45] 《比希莫特》,第 45 页。

[46] 《利维坦》,第 30 章(自第 187 页始)。

人对贵族阶层及其品第多么崇拜钦羡，[47] 他的政治哲学的锋芒所向，都是在中等阶级生活规范的名义之下，针对贵族阶层生活规范的。[48] 他的道德属于中等阶级的世界。即使他对中等阶级的尖锐批评，归根结底也只是为了提醒中等阶级，它必须意识到自己最基本的生存条件。这个生存条件，不是勤勉节俭，不是中等阶级具体的竭力尽心，苦心孤诣，而是这个阶级自身所无法保障的人身安全与灵魂安全。由于这个原因，最高君主必须被授予不受制约的权力，甚至可以不受制约地支配私有财产，因为，只有满足这个条件，君主权力才能切实保护臣民的生命生计安全。这是因为，至高无上的最大邪恶，不是贫困，不是压榨，也不是凌辱损害，而是暴力造成的死亡，或者横遭暴力造

---

[47] 见本书上文第 54—55 页。同样地，《比希莫特》(第 69 页)附带提到，"我确信，贵族老爷们，多数遵循尚武凶猛禀性的原则，钦羡他的(斯特拉福德的)伟大，而他们自己不情愿谴责他的叛国。"这里"遵循尚武凶猛禀性的原则，钦羡他的伟大，"而这几个字，未见于旧版，系由特尼厄斯据手稿首次发表。

[48] 这一点，可以在克拉伦敦那里，看得清楚。他在《霍布斯先生著作〈利维坦〉涉及教会与国家问题之危险有害错误简述》(1676)中说，霍布斯"务请无须见怪，我观察到，他对贵族怀有极端的恶意，他们的面包，他一向享用，而在他的系统中，他们无以期待任何地位，至少无以期待任何尊荣地位；在他对基督教十诫的深邃思索中，恰逢(十七世纪英国)平等派思潮高峰，他决定发表他的评判，决意将所有的等级品第，一概取消铲平，对整个贵族阶级极尽轻蔑嘲弄之能事；仿佛人们的安全，维系于人的平等，而且'贵者的尊荣地位之所以有价值，就在于他们能施济贱者，否则就一无价值了；偏袒贵者将会以如下的方式造成后果：滋生仇恨，使人力图推翻一切压迫人和污辱人的贵族作风'；他的语言，既为当时的煽动分子所借用，同时亦借自于他们"(第 181 页)。克拉伦敦引用的词句，出自《利维坦》，第 30 章(自第 184 页始)。"'优良的意见'，他说，'不是碰运气来的，也不是祖传的；因为希望富贵者在国政方面提出良好意见就和希望他们在测绘堡垒的尺寸大小方面提出好意见一样是没有理由的'；他就像虔诚的平等派那样渴望，无人可以凭依出身血统享有特权，或者享有超出其自然能力的荣誉……"(第 182 页)。引语出自《利维坦》，第 30 章(自第 187 页始)。在王政复辟以后发表的《利维坦》拉丁文版中，霍布斯删去了对贵族含有敌意的措辞。比较上项注释。

成的死亡的危险。的确，霍布斯宁愿与乡下人们为伍，而不喜城邑居民；[49] 但是归根结底，这只有一个意义，即他宁愿面对自然状态的全部恐怖险恶，萧索万状，也不喜欢社会生活中假造的舒适欢逸。[50] 霍布斯“宁愿面对”自然状态的这些恐怖险恶，因为一个真正而持久的社会，只能建立在对这些恐怖险恶的觉察意识之上。中等阶级的生存，已经不再经验这种恐怖险恶；但是，只有对这种恐怖险恶铭心刻骨，这个生存才能长治久安。霍布斯的这个发现，与他的反对者们，大相径庭；那些反对者，原则上同意他的中等阶级理想，但是却拒绝他关于自然状态的观念。[51]

霍布斯在这个问题上的探索，比后来的思想家们更深刻，这一点，黑格尔比任何人都认识得更清楚。我们试图说明，霍布斯的道德与中等阶级道德观之间，存在着一致性；这个一致性，在黑格尔对中等阶级的分析中，得到了佐证。因为，黑格尔不满足于仅用正当谦卑的自我致富等类似特征，来描述中等阶级。他显然在仿效霍布斯，强调中等阶级的首要生存条件，在于对暴力造成的死亡的防范，在于对坚忍不拔作为德行的否定，因而在于对暴力造成的死亡的恐惧。[52] 由于黑格尔将对暴力造成的死亡的恐惧，视为中等阶级生存的基础，所以他所同

---

[49] “……人口众多的大城邑，那里的居民，有一种虚假伪饰，反复无常，令人烦恼的性情，就像那里的空气，流动无常，呼啸狂暴，掺杂不洁；而乡村田夫野老，则有一种平易朴实，虽然有些单调无味，却还有一种孕育滋养的禀赋，所有这些，都与他们所耕种劳作的大地，相得益彰，相映成趣。”《英文全集》，第 4 卷，第 444 页。

[50] 比较《论公民》第 1 章第 2 节对这种舒逸欢愉的描绘。

[51] 这个问题，我在另一个地方，作过更充分的探讨。见《卡尔·施米特〈政治的观念〉评注》，《社会科学与社会政策档案》，第 67 卷，自第 738 页始。

[52] 参看黑格尔：《政治法律哲学文集》，格奥尔格·拉松编（莱比锡，1913），自第 379 页始，自第 472 页始，自第 477 页始。

意的，是霍布斯的自然状态概念，而不是后人的其他观念："霍布斯对这个状态，独具慧眼，真知灼见；他不作所谓天然性善的空泛之谈；人类的天然状态，在事实上，远远更加近似于动物世界的状态——这是一个个人意志桀骜不驯的状态。"尽管黑格尔否定霍布斯的"看法"，视为"肤浅的和经验主义的"，但是他承认，"他为之所提出的理由及命题，都具首创性质。"[53] 黑格尔对中等阶级的批判之所以成为可能，是因为他不仅借助了对柏拉图政治哲学的新的理解，而且借助了对中等阶级理想论证的新的理解，而后者，必须追溯到霍布斯。

通过把自然状态描述为一个相互恐惧的状态，霍布斯作出如下假设：人与人之间的本质关系依照自然在于，每个人的命运，都处在他人的支配摆布之下。可是，如果人不是全无设防、毫无掩蔽地暴露在自然面前的话，如果"人性（不会）使人们如此彼此互相离异、易于互相侵犯摧毁"的话，[54] 那么这个本质关系，就将是不可设想的。人暴露于自然；自然既无秩序，又不是在形成秩序，只有一个原则，即混沌无序，危害四伏；换言之，否认宇宙创世，否认上帝主宰；这种信念，就是霍布斯自然状态概念的前提假设。只有在人的良知不受一个更高的主宰力量制约的情况下，人与人之间的关系，才可能如霍布斯所设想的那样，不为相互责任义务所决定，而是无论有没有根据，都为彼此之间的权利诉求所决定。在《法律、自然和政治的原理》里，霍布斯还在说："所以我们再考虑一下，人们在自然状态，没有契

---

[53] 《哲学史讲演录》，《全集》，第15卷，第396页；引自伊丽莎白·S. 哈尔戴恩与弗朗西丝·H. 西姆森的英译本（伦敦，1895），第3卷，第317页。"……自然状态（是）非正义与暴力的状态，是本能冲动桀骜不驯的状态，是行为感觉野蛮非人的状态。"《历史哲学讲演录》，第51页（引自J. 西布里的英译本，伦敦，1905）。

[54] 《利维坦》，第13章（第65页）。

约，彼此不受支配，仿佛只是此时此刻，他们弹指之间，同时被创造出来，成为男女。”在《论公民》中，他说：“让我们再回到自然状态，考虑人们仿佛只是此时此刻，弹指之间，雨后春笋般地从地下涌现出来，成熟成年，彼此之间，没有任何约束。……”[L][55] 如果人因此完全处在宇宙万物的支配摆布之下，如果宇宙万物冷漠苛刻，对他时而伤害，时而照顾，那么，他就没有理由为这个宇宙的“第一推动力”而庆幸感念。霍布斯明确说：“上帝用以统治人类并惩罚违犯神律的人的自然权利不能溯源于他创造人类这一点，那样就好像是说上帝要求人们服从以报答他的恩德似的；这一权利我们只能溯源于他的不可抗拒的力量。”[56] 如果人的自然条件，使他没有理由感恩戴德，那么，他就会把偶然的佳运视为一种危险，而不是一种天赐。因为，鉴于他不可能认识到应该为之感激上帝，所以他认为自己就是他的佳运的原因：“成功昌隆……使人沉湎于自爱，不能自拔。”[57] 幸运使人盲目，不胜枚举，俯拾即是；幸运只能蒙蔽人，不能启迪人；这是霍布斯与传统论战时，赖以立论的一个独特见解。亚里士多德更为清醒理智，他说过：“成功昌隆的人，有一个劣势，即比他人更骄傲，更轻率；也有一个优势，即他们膜拜神明，信任神明，因为他们发现自己获得了比由于自己的勤奋努力所应

---

55 《法律、自然和政治的原理》，第 2 部分，第 3 章，第 2 节；《论公民》，第 8 章，第 1 节。关于这个问题，参看《论人》第 1 章，第 1 节关于世界起源的无神论理论与有神论理论之间的比较，在那里，霍布斯显然赞同前者。而对目的论比比皆是的承认（《论人》，第 1 章，第 4 节，及第 12 章，第 5 节；《利维坦》，第 11 章，第 53 页；《英文全集》，第 7 卷，第 176 页）如果是诚挚的，就只能解释为传统的残余，与霍布斯哲学的整体自相矛盾。参看特尼厄斯：《托马斯·霍布斯》，第 182—184 页。

56 《利维坦》，第 31 章（自第 191 页始）。同时比较霍布斯为布拉姆霍尔主教批评这个命题所作的揶揄嘲弄，见《英文全集》，第 4 卷，自第 288 页始。

57 见本书上文第 133 页注⑪。

该获得的更多的酬答。”[58] 在《论人》以亚里士多德《修辞学》的这段话为基础的那个章节，霍布斯只提到佳运的消极后果，自豪与傲慢。而于佳运唤起感念，他或者没有认识到，或者不予承认。[59]只有厄运，特别是无法预见的厄运，才能对人发蒙启蔽。[60] 这是因为，人之认清他的处境，必须有赖于现实世界对他的猛烈抗拒，也必须有赖于对他自己的自然倾向的抵制；这个自然倾向，编织一道自以为是的虚幻屏障，使他自我蒙蔽，看不到自己的自然处境的恐怖险恶。因为一个人，一旦与这个现实世界发生接触，他的欢笑自得，沾沾自喜，顷刻瓦解，时过境迁，一去不返。[61] 情势的凶险，人必须明白，必须每时每刻，临深履薄，战战兢兢。使人恋栈生命，维系生存的，不是人生的美好甜蜜，而是死亡恐惧。[62] 人完全处在命运的摆布之下；命运可以称为上帝无法抵御的主宰力量；这个主宰力量，对人的存亡祸福绝对漠不关心；人在全能的宇宙面前所经验的，不是慈悲为怀，而只是赤裸裸的强势力量；鉴于所有这些，人别无选择，只有孤注一掷，自救图生。[63] 他不能生活在感恩戴德之中，而只能生活在一种被压抑的凝重自觉之中，意识到他的自由，意识到他作为一个自由存在的自身，意识到他使自己自由的能力。鉴于他

---

[58] 《修辞学》，第 2 篇，第 17 节，引自霍布斯的汇纂，《英文全集》，第 6 卷，自第 471 页始。

[59] 参看《论人》，第 13 章，第 5 节。（见本书上文自第 48 页始。）

[60] 见本书上文第 11—12 页及第 133 页注⑪。

[61] 比较霍布斯关于欢笑作为虚荣自负一种表现形式的解说，见《法律、自然和政治的原理》，第 1 部分，第 9 章，第 13 节。

[62] 可将霍布斯政治哲学里基于死亡恐惧的国家奠基，与亚里士多德在《政治学》(1278b24—30)中的不同论述，加以比较。

[63] 霍布斯将人视为天生的无产阶级。霍布斯所理解的人同宇宙万物的关系，与马克思笔下的无产阶级同资本主义世界的关系，如出一辙：他若反抗，失去的只是锁链，获得的是整个世界。

意识到他的处境岌岌可危，险象环生，他就不会顾及为他的自由感到骄傲；最重要的是，他就会警戒自己，不要居心不轨，怀有投机心理，滥用这个自由，以这个自由为乐。对人的处境比较有益、比较相称的是，我们应该借助机械物理科学，从理论的高度，否定这个自由，同时在实践上，借助科学，坚持这个自由，征服自然，特别是征服人类天性这个自然。与人的处境相适合的，不是冥思苦索，感激自然，更不是冥思苦索，虚幻地自以为是，而是利用自然，驯化自然。因为，人只有通过他的劳作和努力，扩大并改善自然所提供的那些带有欺骗性的、吝啬的赐予，才可能在自然面前，表达他自己，表现他自己；他越是通过劳作，使自己独立于自然，越是使自己与自然拉开距离，使自然的赐予消失在他自己的自由活动后面，他的劳作，就会受到越高的评价；[64] 所以工商贸易，比农耕渔猎价值更高。由于霍布斯的出发点，是人完全受自然支配，因此，他就不信任人生的佳运及享有佳运的人们，不信任他们的感激与他们的欢乐；他把他个人的感情放在一边，特别不信任贵族阶层，把他们的美德，称为"自然德行"。这样，他就站在了准备把自己的佳运完全归功于自己的成就和自己的勤奋的那些人们一边。

我们认为，霍布斯的政治哲学，是在中等阶级德行的名义下进行的那场反对贵族的斗争的最重要见证。它是这场斗争的见证，特别是因为，这场斗争，就是在这个政治哲学的内部展开的；霍布斯的政治哲学，其起源演化不是别的，就是以中等阶级的德行，逐步地取代贵族阶层的德行。因为，霍布斯只是逐

---

[64] 与此相关联的，是霍布斯将直接来自自然的所有感性认知，排除在科学之外(《论物体》，第1章，第2节)。同时比较霍布斯关于政治哲学是先验科学的观念。见本书上文第126—127页。

步地才认识清楚，他所采用的标准道德态度，要求对贵族德行，作出无条件的拒绝。对他来说，这个对立，在一段时间内可能是隐匿不见的，因为，贵族德行与中等阶级德行，尽管对立，[65]却带有根本上的共同点。

卡斯蒂廖内所理解的贵族德行，与霍布斯所理解的中等阶级德行，彼此和谐一致，因为它们都是具有文明教养的人们的德行，并都被理解为具有文明教养的人们的德行。卡斯蒂廖内以"文章学问"为名义，对抗一种更古老的观点；这种观点特别为当时的法国贵族所拱卫，它只承认"戎马军旅至上"。卡斯蒂廖内的侍臣，肯定会以终身戎马倥偬，为其主要职业，"所有其他正理平治，都只是这个职责的装饰陪衬。"但是，他会明白，除了包括英勇无畏在内的道德德行以外，"每个人心灵中真正的和主要的装饰陪衬……是文章学问。"[66] 他会懂得，战争的目的，是和平，是防御，而不是征服，是教化各国臣民，而不是对他们实行野蛮的暴政统治。[67] 他会从未经开化的乡村生活走出来，把那种西徐亚游牧武夫式的野蛮鄙陋，抛在身后。[68] 卡斯蒂廖内所面对的，与霍布斯所面对的一样，都是一种都市生活的理想。[69] 所以，不足为奇的是，卡斯蒂廖内认为，一个君主的职

---

[65] 特别比较卡斯蒂廖内的《侍臣论》关于欢笑的段落（卡斯蒂廖内，见沃尔特·罗利爵士：《作者们》（牛津，1923），自第 137 页始，与霍布斯著作中的相应段落（如《法律、自然和政治的原理》，第 1 部分，第 9 章，第 13 节）。

[66] 卡斯蒂廖内：《侍臣论》，见沃尔特·罗利爵士：《作者们》（牛津，1923），第 68 页，自第 35 页始，第 72 页。

[67] 卡斯蒂廖内：《侍臣论》，见沃尔特·罗利爵士：《作者们》（牛津，1923），第 280 页，自第 288 页始，第 300 页。

[68] 卡斯蒂廖内：《侍臣论》，见沃尔特·罗利爵士：《作者们》（牛津，1923），第 129 页。

[69] 比较霍布斯关于哲学与都市生活之间的关联的观察："首先有繁荣的大城市的地方，就首先有哲学的研究。"《利维坦》，第 46 章（第 364 页）。

责，在于“偏袒商贾，并扶佐他们储存经营”，还要“对私人的朱楼广厦，酒食征逐，加以限制。……”[70] 我们可以概括地说，霍布斯和卡斯蒂廖内，伯仲之间，相差无几，因为他们都是古典传统的后嗣。他们无须在恺撒的理想与阿里奥维斯图斯的理想之间，作出抉择。对于恺撒笔下野蛮人极具挑衅性的傲慢与残忍的粗鄙，他们都深恶痛绝。因此，关于我们自身的局限性及人类的局限性的自知之明，也就是充分意义上的谦逊，对卡斯蒂廖内来说，如同对霍布斯来说一样，[71] 都是德行的必要条件："一个以军旅为生涯的绅士，令人欣慰喜悦；如果他同时又温文尔雅，缄默讷言，不矜不伐，而不像有的人那样，自吹自擂，亵渎神明，恣行无忌，威胁天下，那么，他就更加高山仰止，有口皆碑了。"[72]

贵族德行与中等阶级德行，等同一致，难分轩轾，不仅因为它们都在古典传统所赋予的意义上，以文明教化的观念，作为它们的前提假设，而且因为这两种道德理想，以古典天然质朴的丧失，作为它们的共同基础。由此我们可以理解，卡斯蒂廖内何以转而谈论他关于优雅风度的“新概念”。[73] 优雅的风度，发源于一种高贵的忽略与疏忽；这是一种自我显示的德行，是

---

[70] 卡斯蒂廖内：《侍臣论》，见沃尔特·罗利爵士的《作者们》（牛津，1923），第293页。

[71] 霍布斯的政治哲学，在多大程度上损害了关于人类局限性的自知之明，本书上文第127—128页已经涉及。比较柏拉图的《普罗泰哥拉篇》，自第327c。

[72] 卡斯蒂廖内：《侍臣论》，见沃尔特·罗利爵士的《作者们》（牛津，1923），第48页。同时比较卡斯蒂廖内对妄自尊大的人所作的如下模仿揶揄："有人说，他在房中不置镜子，因为，逢他盛怒之时，他是如此面目可憎，甚至自己见到自己的尊容，也会吓得毛骨悚然。"卡斯蒂廖内：《侍臣论》，见沃尔特·罗利爵士的《作者们》（牛津，1923），第38页。

[73] 卡斯蒂廖内：《侍臣论》，见沃尔特·罗利爵士的《作者们》（牛津，1923），第46页。

对自己的人为艺技加以隐蔽的艺术。[74] 在卡斯蒂廖内那里，这门艺术，确实只是一种高度精巧的自我显示和卖弄风头的艺术，然而，这种精巧之必要，证明了自我显示已经失去了它的天然质朴。卡斯蒂廖内对优雅风度的探讨，发展到极端，不仅批评了目空一切，矜功自伐，而且最重要的是，它也批评了矫揉造作；这个批评，导致以恐惧取代自信。[75] 从原则上来看，贵族德行和中等阶级德行，都是自我意识的德行。被理解为荣誉和宽宏气度的德行，具有这个性质；这一点，无须进一步解释；另一方面，对暴力造成的死亡的恐惧，作为霍布斯道德思想的原则，同样也是自我意识的一种形式。按照霍布斯的理解，恐惧即包括人对恐惧的态度，[76] 从而包括人有理由感到恐惧的意识，也就是一个人对自身弱点的意识。[77] 根据贵族德行和中等阶级德行所作的阐释，人的正确的生活方式，只不过是他的正确的自我意识的放射与延伸。尽管如此，正确的自我意识，与正确的“自我认知”，并不能相提并论；它不涉及关于人的本质存在的知识，不涉及关于构成这种本质存在的高尚道德与卑劣道德的知识；换句话说，正确的自我意识，并不是关于人在宇宙万物中的本质位置的知识，而是个人在内心中关于自己与其他个人的

---

[74] 见本书上文自第 62 页始。

[75] 卡斯蒂廖内附带地说：“我要让我们的侍臣，将一项训诫铭记不忘，就是，时时谨慎，事事提防，……宁可诚惶诚恐，绝不肆无忌惮（宁可踌躇羞怯，绝不鲁莽孟浪）。……”卡斯蒂廖内：《侍臣论》，见沃尔特·罗利爵士：《作者们》（牛津，1923），第 71 页。

[76] “我对恐惧这个词的理解，也包括对未来的邪恶的某种预感；我也不认为，逃遁图生，是恐惧的惟一特征；不信任、怀疑、关注，尽管可能还不是恐惧本身，然而都是伴随恐惧的感觉俱来的。”[L]《论公民》，第 1 章，第 2 节，注 2。

[77] 《法律、自然和政治的原理》，第 1 部分，第 19 章，第 2 节；《论公民》，第 15 章，第 7 节。同时参看《法律、自然和政治的原理》，第 1 部分，第 10 章；在那里，“虚荣自负的恐惧”与“虚荣自负的沮丧低落”，被当作同义词使用。

关系的一种正确意识,是关于他自己面对其他个人的那个情势的正确意识。由此可见,[78] 贵族德行与中等阶级德行这两种理想,都与所有如下观念,形成对照,这些观念将顺从驯服,或者视为正确生活的本质,或者视为体现正确生活的一个本质时刻。霍布斯既引入"光荣或骄傲",来取代正义,又引入对暴力造成的死亡的恐惧,来取代正义;当他这样做的时候,他所表达揭示的,正是事物的这种状态。[79]

在从荣誉的原则到恐惧的原则的转换之中,霍布斯的政治哲学,遂应运而生。

---

[78] 见本书上文自第 110 页始,及自第 126 页始。

[79] 见本书上文第 118 页注[67]。

第八章　新的政治科学

关于霍布斯政治哲学的起源演化过程，我们可以作出如下表述：(一)从君主政体作为最自然的国家形式的思想，转换到君主政体作为最完美的人为国家的思想；(二)从承认自然义务是道德、法律与国家的基础，转换到从一种自然诉求，[①] 演绎推论出道德、法律与国家(从而否定所有的自然义务)；(三)从承认一种超人权威，无论是基于神明意志的启示，还是基于神明理念的自然秩序，转换到承认国家的完全排他的世俗人为权威；(四)从研究过去的(及现存的)国家，转换到自由构筑未来的国家；(五)从以荣誉为原则，转换到以对暴力造成的死亡的恐惧为原则。这些转换之间的内在关联，必须留待对霍布斯的政治哲学作出一个分析以后，方能得到解释。因为，这个哲学不是别的，就是存在于上述这些转换的各个最终完善阶段之间的同类关联。而这个关联的统一性，则来源于霍布斯的道德态度的统一性。

这个道德态度，绝不是在一个漫长过程的终结才出现的；它从一开始，就在制导着这个过程。霍布斯政治哲学的起源演化的结果，不是这个道德态度本身，而在于它的普遍意义的展开，在于它的前提假设与涵义后果的全部连带关系的展开。所

① 见本书下文自第 186 页始。

以这个道德态度,不仅在客观上"先行于"他的政治哲学的论证和表述(他的论证和表述,都受到了数学和精确科学的影响),而且在霍布斯思想的发展演化中,先于他对精确科学所产生的浓厚兴趣。此外还存在一个问题没有解决,即,霍布斯的数学和科学研究,是如何推动了或者如何阻碍了他的政治哲学的;也就是说,为使他的政治哲学最终完善成形,他需要在他的根本道德态度之外,再增加什么内容。

霍布斯在"发现"欧几里得之前,仍然信奉传统(亚里士多德主义)道德哲学和政治哲学的权威。然而,尽管他把传统规范的正当合法性和可行性,看成是理所当然的,或者说,正是因为他把传统规范的正当合法性和可行性,看成是理所当然的,所以,他的兴趣所在,就与其说是集中在那些规范本身,不如说是集中在它们的施行运用的方法上。他所考察的,与其说是善恶的本质,不如说是"褒善贬恶的方法"。施行运用的问题,虽然本身是第二位的,但是,随着理性在原则上荏弱无力这一命题的提出,它在事实上就成为核心问题了。这样看来,霍布斯转向历史,确实具有哲学意义。借助传统,他认识到人生应该如何制导安排;从这里出发,他试图通过研究历史学家的著作,通过历史归纳,发现现实中的人生,实际上行为如何,实际上是哪些力量在支配着人的行动,以期凭依这种知识,获得传统规范施行运用的法则。他特别发现,各种激情就是这种支配人们行动的力量。在各种激情之中,他特别重视虚荣自负与恐惧。指导着这个选择的着眼点,在于激情与理性的关系,或者更确切地说,在于各种不同的激情,在多大程度上适合于或不适合于对荏弱无力的理性加以取代的功能。因为,虚荣自负是一种使人盲目的力量,恐惧是一种使人明目的力量。这样,他就得以将这两种激情,同人类共同生活的各种基本形式(公共领域与隔绝独处),明确无误地相互协调起来,并且回答了关于国家的最佳形式的问题(君主政体无条件地最为可取)。传统规范固然限制了霍布斯最初为自己取向定位的视野;然而,他所真正感兴趣的,却不是这些传统规范,而是在传统的视野内所无法理解的现象,至少按照霍布斯从一开始就构想的那样,这些现象无法为传统视野所理解。霍布斯强调虚荣自负与对暴力造成的死亡的恐惧之间的对立,而在这样做时,他就已经在超越传统视野了。

早在他的人本主义时期,霍布斯关于激情的研究所借助的,就不仅局限于历史学家(及诗人)的著作。在那个时期,他毫无疑问,就已经通晓亚里士多德的《修辞学》对于激情所作的科学分析;正如我们所已经看到的,[②] 他的政治哲学从这个科学分析中深受裨益。霍布斯最初的科学研究抱负,可能是以《修辞学》为体裁,参照《修辞学》的方法,撰写一部激情分析,以此推动道德准则的施行运用理论。假如这项计划得以实施,他可能就会对《修辞学》作出体裁自由、形式独立的阐发。因为,霍布斯对于激情及其各种同源现象的处理方式,从一开始就带有他自己的独特兴趣,与亚里士多德的处理方式南辕北辙,截然不同。亚里士多德对于探讨高尚可贵的激情与处理鄙陋可憎的激情,予以同等重视;而霍布斯则从一开始,就将强调的重点,放在本身即应予以谴责的“伪饰激情”方面。亚里士多德对于“在人们的共同生活中,最强有力地支配左右着他们”的那些激情,其关注程度,丝毫不亚于霍布斯;[③] 但是对他来说,一种激情与公众生活之间存在着确凿关联,并不意味着这个激情就

② 见本书上文自第 42 页始。

③ 《英文全集》,第 8 卷,第 xxix 页。

应予以批评，因为，在公众生活中所出现的，既有可鄙的激情，又有可嘉的激情。另一方面，霍布斯则从一开始就发现，凡是对人教导警诫、晓以大义的那些激情，都很少出现在公众领域，或者完全不出现在公众领域。[4] 与此相联系，对霍布斯来说，人生佳运顺境所带来的蒙蔽作用，处在突出位置；而亚里士多德，却将佳运顺境所带来的积极后果与消极后果，放在同等重要的地位来加以探讨。[5] 霍布斯于《修辞学》的论点的这种独特的背离，可以在《伯罗奔尼撒战争史》译著引言涉及《修辞学》的那几句话中看得清楚。所以，我们可以肯定地推测，假如霍布斯当时对于各种激情作出了一部系统的阐述，那么他即使在那时，就可能表述得与亚里士多德根本不同。如果我们把霍布斯《论人》的核心章节，与它所宗奉参照的《修辞学》加以比较的话，我们就可以看到，霍布斯那时可能作出的激情阐述，大概会是什么格局。这是因为，由于霍布斯对亚里士多德的论断所作的一些修正，不可能从数学及自然科学的影响那里得到解释，另一方面，由于这些修正同《伯罗奔尼撒战争史》译本引言与《修辞学》之间的不同之处完全对应，因此，恰恰是这些背道而驰的歧异之处，就可以被我们推论为霍布斯最初对亚里士多德所持的保留。然而，这个假设无论多么有根据，我们如下所试图作的比较之所以必要，主要是出于一个原因，它比对霍布斯思想演变的单纯兴趣更有说服力。这个比较的主要目的，是要更准确地把握，霍布斯在实质内容方面，可能多远地背离亚里士多德的立场，而同时又不与《修辞学》的方法实行决裂，也就是说，同时又不去采纳欧几里得的方法。因为，只有确认了这一点，我

④ 见本书上文第 133 页注⑪。
⑤ 见本书上文第 148—149 页。

们才可能对霍布斯政治哲学在多大程度上依赖于数学这个问题，作出回答。

霍布斯对《修辞学》这个样板所作的修正，一大部分要从他的如下根本观点那里得到解释，就是恐惧，或者更确切地说，死亡恐惧，是使人目光如炬、察察为明的力量，而虚荣自负，是使人闭目塞聪、冥顽不灵的力量。对恐惧的评价所作的修正表现在，霍布斯在列举人生善事时，[⑥] 把生命放在首要位置；亚里士多德则把幸福放在首位，而把生命只放在倒数第二位。[⑦] 另外，霍布斯在谈到同一个问题时，特别强调善事之所以善，就是因为有益于保存生命；亚里士多德则强调产生善的善事，而不是保存善的善事。[⑧] 而且，霍布斯在对善事加以比较时，[⑨] 离开亚里士多德的立场，宣称重新获得一个失去的善，要优于不受骚扰地拥有这个善；关于这个善曾经一度处于危险境地的记忆，是对它进行可靠估价的条件，正如显示生命价值的，不是生活的甜蜜，而是死亡的惶恐可怕、不寒而栗。[⑩] 最后，霍布斯在讨论愤怒的激情时，只将恐惧列为制怒的矫正方法，而亚里士多德则在提到恐惧的同时，也提到了尊敬等很多其他因素。[⑪] 对虚荣自负在估价上的改变，表现在霍布斯在探讨竞争仿效和

---

⑥ 见本书上文第 48—49 页。

⑦ 早在较长的那篇《修辞学》英文汇纂时，霍布斯在他对《修辞学》第 1 篇，第 6 节的重建中，就“忘记”了幸福。见《英文全集》，第 6 卷，第 431 页。

⑧ 参看《论人》，第 11 章，第 6—8 节，及《修辞学》，第 1 篇，第 6 章，第 6—7 节，第 10—15 节。出于同一个原因，霍布斯在这里也离开亚里士多德，把尚且不是赤贫的贫困，算作有益的事。

⑨ 见本书上文第 48—49 页。

⑩ 《论人》，第 11 章，第 14 节。参看本书上文第 149 页注[61]。

⑪ 见本书上文第 44—45 页。参看《英文全集》，第 6 卷，自第 453 页始，及《论人》，第 12 章，第 4 节。同时参看本书上文自第 23 页始。

妒忌时，对这两种激情不作价值上的区分，而根据这种区分，竞争仿效应该比妒忌高尚。[12] 此外，他将胜利的喜悦，归溯为虚荣自负，而亚里士多德则把这种喜悦的原因，描述为一种优越观念。[13] 而且，霍布斯在列举犯罪的根源时，把虚荣自负放在首位，也背离了亚里士多德。[14] 最后，在霍布斯对耻辱的分析中，看不到亚里士多德分析这种激情的背景痕迹；按照亚里士多德的看法，耻辱不是德行，只是一种激情，然而尽管如此，这是使心灵高尚的年轻人行为有所顾忌的那种激情；而按照霍布斯的分析，只有恐惧，才能制约卑鄙的行为，而羞愧，作为蒙受耻辱以后产生的迷茫，则只是虚荣自负获得满足的对立面。[15] 当我们比较霍布斯和亚里士多德对令人愉快的事物的列举时，这两

---

⑫ 见本书上文第 47 页。

⑬ “……胜利令人愉快，……因为它产生优越感。”[G]《修辞学》，第 1 篇，第 11 章，第 14 节。“……胜利，令人愉快，因为它使人自我感觉良好；……”[L]《论人》，第 11 章，第 12 节。与此相关联的是，霍布斯在我们引用的这段话中，背离亚里士多德的立场（《修辞学》，第 1 篇，第 11 章，第 15 节），宣称“因为竞争者，总在憧憬胜利。……”[L]关于这段话的解读，见本书上文第 22—23 页。

⑭ 《利维坦》，第 27 章（第 157 页）。这里随之而来的那些部分，显然受到《修辞学》第 1 篇，第 12 章，第 1—4 节的影响。同时比较《利维坦》第 27 章（自第 161 页始）与《修辞学》第 1 篇，第 14 章关于不同程度的罪行的处理。

⑮ 特别参看《论人》第 12 章，第 6 节中“骄傲”与“耻辱”的并列。同时参看《法律、自然和政治的原理》，第 1 部分，第 9 章及第 3 章。关于亚里士多德，参看（除《修辞学》第 2 篇，第 6 章外）《尼各马可伦理学》，1108a32，自 1116a28，自 1128b1，及自 1179b12。同时参看柏拉图：《法律篇》，自 646E。如果我们考虑一下伯纳德·曼德维尔的《蜜蜂寓言》（受霍布斯的影响）对耻辱的处理，那么对耻辱的不同估价，就会看得更清楚；这个不同之处特别有意义，因为体现霍布斯人类本性观点的虚荣自负与恐惧之间的对立，在这个分歧之中表现得最为生动。贬低耻辱，用恐惧取而代之，是主张克服羞耻，“诚实”地承认恐惧的必然结果；这一承认，放弃了对荣誉的全部诉求，放弃了出于挂念荣誉的缘故而“虚荣”地掩盖恐惧的全部诉求。见本书上文自第 24 页始。

位哲学家之间本来的区别，就进而完全清楚了。[16] 在亚里士多德看来，令人愉快的事物，其典型的或标准的范例，在于某种舒适自在的状态，这种舒适自在的状态，构成了或伴随着一种自然境界的实现，或对这种自然境界的归依，所以也就是说，它构成了或伴随着一种通常习惯状态的实现，或对这种通常习惯状态的归依，因此，他就从这个方面着手，来列举令人愉快的事物；于是，任何事物，只要我们能够不受强制，不费气力，轻松便当地加以从事的话，它就可以算作是令人愉快的，例如，无需照管的状态，悠闲、睡眠、游戏、诙谐、欢笑等等。而这些状态，在霍布斯开列的事物里，甚至完全没有提及。它们就像亚里士多德随后立即探讨的各种感官享乐一样，完全被霍布斯置之不顾。霍布斯在列举令人愉快的事物时，首先提到进取；任何一种舒适自在，"心满意足的宁静"，在他看来，都是一种既不值得想望，又不可能获得的状态："持续的乐事，不在于业已成功的状态，而在于追求成功的过程之中，"不在于占据与享有，而在于成功的奋进与欲求。[17] 这种紧张的生活，完全处在骚动不安之中，远非悠闲于各种宁静状态所能同日而语的；在这种生活中，闲暇舒适不可能成为人们所追求的境界。于是，霍布斯离开亚里士多德，将工作或职业列为乐事。[18] 霍布斯告诉我们，最令人愉快的事，就是永不停顿地朝着下一个目标进取，甚至连享乐也带有一种不满足的本质因素，没有这种痛切的不满足

---

⑯ 见本书上文第 48 页。

⑰ 《法律、自然和政治的原理》，第 1 部分，第 7 章，第 7 节；《利维坦》第 11 章（第 49 页）；《论人》，第 11 章，第 12 节，及第 15 节。

⑱ 《论人》，第 11 章，第 11 节。同时参看本书上文第 41 页注⑮。

感，就根本谈不上愉快；因而，他与亚里斯提卜[19]形成鲜明的对照，亚里斯提卜的理论认为，愉快满足与温柔的运动等同一致；霍布斯因而也与亚里士多德、柏拉图和伊壁鸠鲁形成鲜明的对照，他们认为最大的愉快，就是不带有任何痛苦成分的愉快，最纯粹的愉快。这样，霍布斯与亚里士多德不同，将“更为猛烈的”事物，指为更为称心合意的事物。[20] 根据霍布斯的观点，愉快与其说是自然的愉快，不如说是存在于从一件愉快的事向另一件愉快的事的“令人愉快的”运动之中，存在于一件更为令人愉快的事那里，亦即伴随着这个运动的某种意识，更确切地说，就是自我意识。然而，自我意识只是通过一个个人与其他个人的比较来构成的：人不仅仅是在不断追逐下一个目标，而且是在追逐任何他人尚未实现的目标。[21] 如果值得一提的愉快，只存在于与他人的攀比较量、一决雄雌之中，那么不足为奇的就是，霍布斯在列举令人愉快的事物时就与亚里士多德不同，既没有提到友谊，也没有提到对人行善或受人之惠，而是在推崇

⑲ 亚里斯提卜（Aristippus，公元前435？—356？），古希腊哲学家，苏格拉底弟子，快乐主义者。——译注

⑳ 《论人》，第11章，第14节。关于英国功利主义与伊壁鸠鲁及整个古典哲学之间的根本区别，参看维克托·布罗查德：《伊壁鸠鲁以后关于快乐的理论》，载《古典哲学与近代哲学研究》（巴黎，1926），自第262页始，自第273页始，第288页。关于霍布斯以后的思想发展，我建议读者特别参看洛克的《人类理解论》（第2篇，第20章，第6节），以及尼采的《权力意志》（格言，自第693页始）。

㉑ “……随着人们攫取到更多的财富、荣誉或其他权力，他们的欲望也就与日俱增；当他们在一种权力方面达到登峰造极的地步时，他们就转而追逐别的权力，只要他们觉得自己在任何方面，还落后于任何他人。”《法律、自然和政治的原理》，第1部分，第7章，第7节。

进取本身之后，立即提到“见人蒙难”，仿佛是在对进取加以阐释。[22] 霍布斯与亚里士多德在列举令人愉快的事物方面的不同观点，也许是理解把握霍布斯道德思想的全部潜在假设的要害线索；在一个相当的程度上，这个区别与培根和哲学传统之间的区别等量齐观，如出一辙。[23] 由此，我们关于霍布斯与传统之间的分歧在决定性的方面独立于他的转向数学和近代科学的论点，可以获得进一步的佐证。确实，如果我们考虑到存在于培根与年轻的霍布斯之间的私人关系和文字交往的话，[24] 那么这些个人往还，就会证实一个意义更为深远的论点，那就是，霍布斯与传统的分歧，同时也先于他对欧几里得的“发现”。

但是，这个新的道德态度是一回事，而关于这个道德态度的新颖性质的意识，以及关于随之而来的针对传统的反叛的意识，却是另外一回事。霍布斯与传统的决裂，毫无疑问是他转向数学和自然科学的结果。正是由于这个原因，他对这个新的道德态度与整个传统之间的对立的意识，只是以新型科学与传

---

[22] 这里，霍布斯心目中特指友人蒙受厄运，这一点，可以在两段对应的论述中看出来：《论人》第 11 章，第 12 节：“见人蒙难，令人愉快；不是由于蒙难本身，而是由于这是他人蒙难。由此，人们惯于赶往现场，观看他人丧生，或身陷险境”[L]；《法律、自然和政治的原理》第 1 部分，第 9 章，第 19 节，这样结尾：“人们通常在观看朋友受难之中获得满足”。亚里士多德则只是说：“意外的变故，侥幸的脱险，也是这样；因为这些事故都激发惊叹。”[G]《修辞学》，第 1 篇，第 11 章，第 24 节。早在他的《修辞学》汇纂里，霍布斯就对这些段落作出了激烈的背离：“别人的危险，近在咫尺(令人愉快)。侥幸脱险(令人愉快)。”《英文全集》，第 6 卷，第 442 页。

[23] 试在《法律、自然和政治的原理》第 1 部分，第 7 章，第 7 节与培根《论说文集》第 19 篇之间加以比较，并在《论人》第 11 章，第 15 节篇尾与培根《培根哲学著作》(詹姆斯·斯佩丁与罗伯特·埃利斯编)第 3 卷，自第 426 页始之间加以比较。我们已经在另一个意义上，谈到培根与霍布斯之间的根本和谐一致(见本书自第 89 页始，及第 98 页)。现代学者往往低估培根对霍布斯的影响，这只是由于他们过高地估计了伽利略的方法对霍布斯政治哲学的重要意义。

[24] 奥布里：《简传》，克拉克编(牛津，1898)，第 1 篇，第 331 页。

统科学之间的对立为形式的。要点不在于宣告声明，而在于为新的理想奠定基础；而这个奠定基础，是可能的和必要的；以及一般地说，政治科学是可能的和必要的；——哲学传统的这个根本前提，霍布斯从来没有怀疑过，而他在其他方面，却把这个传统作为一个整体束之高阁。尽管鉴之于对历史的转向，他曾经抱有怀疑和不满，但是，在研究伽利略和欧几里得以前，他在原则上恪守传统政治哲学。而“发现”欧几里得以后，他就开始清晰地意识到，有必要阐发一种新的政治哲学了。政治哲学作为科学的可能性与必要性，从来都被他认为是理所当然的。通过研究欧几里得而成为问题的，不是关于政治科学自身的这个想法，而是政治科学应该采用的方法。然而这意味着，科学传统的强大势力，不会允许涉及科学主旨的这样一个更为根本的问题被提上日程；这个势力，就是改革政治哲学的必要性为什么首先以政治哲学获得一个新方法的必要性之形式出现的原因，也是这种必要性为什么只是在霍布斯熟悉了新方法的时候才被感受到的原因。

霍布斯有根据地宣称，他是与政治哲学的整个传统实行明确决裂的第一个人；而这个决裂，只是在研究了欧几里得以后，才开始成为可能。这个事实是不容置辩的，但是研究欧几里得，在这个方面却带有更重要而又更含混不清的意义。按照霍布斯自己的看法，将数学方法应用于政治哲学，意味着政治第一次被提高到科学的高度，成为理性知识的一个部类。政治迄今为止不是科学，清楚地表现于以下的事实，“那些就普遍意义上的正义与政策著书立说的人们，都在互相攻讦，自相矛盾”。而这里的原因在于，截止于那时的政治所表现的，一直不是理性，而是激情。业已存在的惟一完全不为激情所惑、纯粹理性的科学，或者因而是惟一的科学，就是数学；因此，只有使我们自己遵循数学的方向，也就是说，只有像数学家那样，从不证自明的原理出发，依靠显明无误的结论，[25] 政治才可能被梳理归纳，达到“理性的规则与可靠无误性”的程度。政治哲学必须就像关于线条与数字的科学那样严密准确。可是，政治哲学中的精确性，带有一种与数学很不相同的范围和意义；冷漠的精确数学，对激情无动于衷；而冷漠精确的政治哲学，则与激情相冲突。[26] 而且，精确的政治哲学不仅抨击激情本身，而且特别抨击那些产生于激情、并为激情所滋育的意见，抨击那些转而成为激情最强大武器的意见；所以，由于关于善与规矩体统的所有意见，作为有别于真正知识的意见，都是激情的产物和武器，因此，精确的政治哲学抨击所有那些关于善与规矩体统的意见。[27] 这样一来，精确的政治哲学的必要性，就不仅仅从传统政治哲学的失败那里获得论证，而且也特别从意见自身固有的谬误性那里获得论证，[28] 这种固有的谬误性，首先从多数意见是错误的这一事实中暴露出来。[29] 因为所有的意见自身都是错误的，所以，关于善与规矩体统的真知，必须反对所有的意见，必须是精确知识，而完全不带有意见的性质。因此，霍布斯的政治哲

[25] “……如果……道德学说和公民社会学说，业已获得客观论证的话，那么，我为什么还要拒不确信，它们同时也应该以数学那样的同样方式，来加以考察？因为数学，不是产生于主观性的，而是产生于客观论证的。”[L]《拉丁文全集》，第 4 卷，第 23 页。同时参看同书第 390 页。

[26] 《法律、自然和政治的原理》，“献辞”，及第 1 部分，第 13 章，第 3，4 节；《论公民》，“献辞”，及“前言”；《利维坦》，第 4 章（第 15 页），及第 11 章（自第 52 页始）；《论物体》，第 1 章，第 1 节，第 7 节。

[27] 《论公民》，“献辞”，及第 3 章，第 31 节，第 32 节。

[28] 因为，尽管它自身确实带有谬误性，传统政治哲学已经表现出，它试图矫正意见的不可靠。参看《论公民》，第 3 章，第 32 节。

[29] 《法律、自然和政治的原理》，第 1 部分，第 13 章，第 3 节，及第 17 章，第 14 节。

学，不仅针对传统的政治学，而且针对以意见为基础的全部准则和价值观念，针对受人欢迎的、前科学的任何一种道德体系。所以，精确的科学政治哲学的理想意味着，只有科学，才可能向人揭示制约他的意志与行动的道义性目标。[30] 于是，这个理想就已经在预示着对平凡的价值观念的系统逾越；这是一个反对前科学道德体系的道德学说，一个真正矛盾的道德，一种超越全部经验的空想政治。科学的数学，并不反对前科学的数学，不反对日常的算术计算，而霍布斯所理解的科学的道德哲学和政治哲学，却与前科学的道德和政治，与日常的褒善贬恶，分庭抗礼，截然对立。面对政治哲学里"数学"精确性的这种涵义，面对这种从数学观点无法预见的涵义，我们就可以认为，回顾霍布斯关于数学是所有科学、尤其是政治哲学的样板的看法，因而强调霍布斯对欧几里得的"发现"的重要性，不足以对霍布斯之改革政治哲学，作出充分的解释。相反，我们必须试图在霍布斯转向"欧几里得"对政治哲学意味着什么这个问题的基础上，把握这个转向的哲学涵义。

在他的人本主义时期，霍布斯曾经为了发现在现实世界里决定人们思想行动的那些力量而去研究历史，试图以此纠正亚里士多德道德哲学的（被指称的和真正的）缺陷。正是由于这样做，他使得对人们的行动和行为采取一个自由的立场的可能性，陷入了危险的境地。仿佛他意识到了这个危险，仿佛他擦亮了眼睛，认清了任何一种对"现实"的乞灵，都将是靠不住的，他转而离开了历史，不是转向亚里士多德的道德哲学和政治哲学，而是转向一种精确的道德哲学和政治哲学。这个事实，使

---

[30] 所以，霍布斯就可以说："特定的道德规则和道德尺度……迄今为止还没有人予以制定。"《论物体》，第1章，第7节。

他第一次与亚里士多德的政治哲学,明确地站到了分庭抗礼的立场。因为亚里士多德的论点恰恰在于,美好的事物与正义的事物,作为政治哲学的主题,不允许一种像数学主题那样严密准确的处理方式;有鉴于此,亚里士多德心目中这些主题的处理,不是那种不相适宜的精确方法,而是一种约略大致、纲要概括的处理方式;他希图按照这些主题所特有的确定性,去把握它们的涵义,而恰恰出于这个原因,这种把握就不可能是精确的。[31] 出于这种考虑,亚里士多德遂转而反对柏拉图,因为柏拉图已经规定,最重要的主题——正义、美以及高于一切的善——应该处理到最高度的严密准确,而不应满足于大致轮廓。[32] 涉及善、正义、美的含糊混乱,迫使亚里士多德承认并坚持这些主题所特有的、能够说明那个混乱状态的不精确性质;而对柏拉图来说,这个混乱状态,却正是超越它在其中成为可能的那个整个领域的原因。亚里士多德的政治哲学,旨在并且实现了同关于正义、美、善的观点意见达成和谐,同政治经验达成和谐;而柏拉图的政治哲学,在原则上却是矛盾的,它充分准备提出无法从政治经验那里获得完满论证的要求。[33] 这样,当霍布斯受到数学的激励,要求阐发一个精确而矛盾的政治哲学时,他是在背离亚里士多德,回到柏拉图。而他的转向欧几里得,应该首先被描述为回到柏拉图。

---

[31] 《尼各马可伦理学》,自 1094b12,及自 1098b5。参看《修辞学》,第 1 篇,第 10 章,篇尾。

[32] 《理想国》,484C,及 504D—E;《法律篇》,964D—965C。

[33] 《理想国》,473C,452A—D,506C;《尼各马可伦理学》,自 1127b25,自 1145b3,及自 1145b22。参看《理想国》,505A,与《尼各马可伦理学》,自 1096b36;进一步参看亚里士多德的《政治学》,自 1264a1。

我们已经指出，[34]霍布斯截止到他的人本主义时期的终结，对于亚里士多德是亘古通今最重要的哲学家的传统看法，并无异议；然而后来，他则指认柏拉图为"最优秀的古代哲学家"。假如我们进一步询问，霍布斯何以选择了柏拉图而不是亚里士多德，霍布斯就会回答说，柏拉图的哲学，"十分忠实于……更为优秀的那种类型，这种类型的理论，奠基于事物的理念与思想之中，而亚里士多德的哲学，则更忠实于按照部类范畴的标度，仅仅从事物的称谓来推理的那些事"。[35]换句话说，柏拉图使自己摆脱了语言语词的符咒，而亚里士多德仍然为这个符咒所镇惑。所以，亚里士多德的伦理思想，在把握善恶方面，受贬褒支配，即受人们所称何谓善恶左右。[36]但是，人们在每个情况下指称善恶，都是出于他们自己的好恶，按照他们自己的印象。所以，如果一个人，对美德或恶行的征象加以赞美或谴责，他其实是在使自己的判断，依赖于激情，或者依赖于自己或他人充满激情的好恶。亚里士多德的伦理学说，仍然绊缠在这种依赖之中。[37]既然这个伦理学说以语言语词为标准，它就不是别的，只

---

[34] 见本书上文自第38页始。

[35] 《英文全集》，第6卷，第100页。"亚里士多德……并不太将事物当作语言语词来加以尊重。"《拉丁文全集》，第3卷，第498页。"我认为，当亚里士多德意识到，他无力理解领会这些事物自身，无力把它们融会贯通于秩序之中的时候，他就会运用他自己的权威，设法用语言语词，去对这些事物加以称谓……。"[L]《论物体》，第2章，第16节。

[36] "他们估价德行，部分地凭借人们的激情之中的某个中庸，部分地凭借他们自己所褒赞的事。而事实上，使一个行动符合德行的，不是褒赞之多寡，而是行动的原因……"《英文全集》，第6卷，第218页。同时参看《拉丁文全集》，第3卷，第502页，及《论公民》，第3章，第31节。

[37] "亚里士多德、西塞罗、塞涅卡以及其他类似权威……按照他们自己的激情所发出的指示，赋予善恶是非以称谓，或者沿袭他人的权威……"《法律、自然和政治的原理》，第2部分，第8章，第13节。

是对激情的叙述而已。[38]在霍布斯看来，这个乍看起来令人震惊的论断，其完全充分的证据一定在于，亚里士多德在对德行进行分析时，探讨了宽宏气度与慷慨大量之类，也就是说，探讨了激情。[39]另一方面，柏拉图则不屑沿袭语言语词，而是阐发了四大美德；这个做法，更能为霍布斯所接受，[40]尽管亚里士多德开列出很长的德行一览表，而很多种激情，也潜入于其中。亚里士多德在他的《政治学》里所做的，只是将古希腊诸共和国的实践，归纳为法则；柏拉图则认为，有可能阐发一个政治哲学，从一开始就系统地避免把结论建立在现状如何或现状曾经如何的基础上的谬误，而使结论奠基于现实应该如何之上。[41] 亚里士多德以语言语词为主导，势必造成一个结果，无法针对意见、激情，以及与此相关联的世俗感性，系统地阐发一个毫不调和的批判。而另一方面，柏拉图却是世俗感性的经典批判者。[42]在这方面，必要的条件是摆脱语言语词的符咒，因为语言，首先是涉及善恶的语言，是含混不确、模棱两可的，是所有矛盾冲突的起源。当我们计算度量时，矛盾冲突偃旗息鼓、销声匿迹。[43]可见，柏拉图对语言的可疑本质的灼见，同他对数学的尊崇分

㊳ “他们的道德哲学不过是在叙述他们的激情而已。……他们按自己的好恶来制定善与恶的法则。”《利维坦》，第46章（第366页；同时参看第372页）。

㊴ 霍布斯在他的政治哲学的所有著述中，都把宽宏气度只作为各种激情之中的一项激情来加以讨论。同时比较《利维坦》第6章（第26页）探讨各种激情时对慷慨大量的提及。

㊵ 参看《论公民》，第3章，第32节，及《论人》，第13章，第9节。

㊶ 参看《法律、自然和政治的原理》，第 2 部分，第 9 章，第 8 节，与《利维坦》第 21 章（第 113 页），及《利维坦》，第 31 章（第 197 页）和第 20 章，篇尾。

㊷ 《拉丁文全集》，第 5 卷，第 251 页。

㊸ 参看《法律、自然和政治的原理》，“献辞”，以及柏拉图：《尤西弗罗篇》，7B—C。

割不开。[44] 因此，阐发一个严密准确、自相矛盾的政治哲学，至少提出这个要求，柏拉图是始作俑者，不仅事实如此，而且霍布斯也这样看。所以，为了充分理解这门新的政治哲学，考察一下霍布斯关于柏拉图的观念，是不可或缺的。

霍布斯认为，柏拉图与亚里士多德之间的分歧最深刻地表现在，柏拉图的哲学从理念出发，亚里士多德的哲学从语言语词出发；柏拉图摆脱了语言语词的符咒，亚里士多德依然为语言语词的符咒所镇惑。表面上看，这个判断对真实状况作了漫画式的歪曲表述，一个几乎是不可避免的歪曲表述，因为霍布斯出于对古典哲学的蔑视与不屑，不认为对材料来源作一个不偏不倚的考察是必要的。因为真实的情况是，最初在语言语词中"寻求庇护"的，恰恰是柏拉图，而亚里士多德在那个时候，只是他的追随者和继承人。至于柏拉图与亚里士多德之间的分歧，概发生于他们两人所一致进行的一个探索过程之中，而区别其实在于，柏拉图使自己为语言语词所制导，程度之甚，远远超过亚里士多德。柏拉图关于德行严格统一的理论，其基础因而在于，无论我们在什么时候谈到德行，无论我们把德行归结于一个男人、女人、儿童，还是一个奴隶，无论我们是在把节制、勇气、还是正义描述为德行，我们在所有这些情况下，都使用德行这同一个词，由此可见，我们的用意，总是指向同一个事物。因此，柏拉图关于理念作为事物发生的原因具有一个超验的独立存在的理论，是以理念通过语言表现这种独立性这一事实为基础的。而亚里士多德的批评，其矛头所指，正是针对柏拉图

[44] "……那些未曾已经在一定程度上成为数学家的人，不会被接纳进柏拉图(最优秀的古代哲学家)的学园。"《英文全集》，第 7 卷，第 346 页。同时参看《利维坦》，第 46 章(第 365 页)。

理论的这个取向。他的所谓“语词之修订”，受到霍布斯的非难，而其用意，却正是要摆脱来源于语言的错觉；他的做法是揭示，同一个词，可以被用来表达不同的意思，譬如，谈到一个男人时使用的“德行”；意思有别于谈到一个女人时使用的“德行”；[45] 又譬如，在语言中“优先的”事物（如语言中的“善”，“优先于”“人”），在存在中并不“优先”。[46] 霍布斯的错误理解无论多么严重，多么惊人，问题都还不仅于此；他的错误，不仅仅基于将亚里士多德对语词不同涵义的揭示，简单地误读为对事物无动于衷，不加区分。如果我们考虑一下，何以柏拉图比亚里士多德更为语言所囿，以及在何种意义上是如此，或者说，如果我们考虑一下，构成同一事物的是什么，以及柏拉图何以断言理念的超验性，那么，这一点就可以看得更清楚了。

柏拉图在关于事物的人类语言中“寻求庇护”，躲避事物本身，以此作为惟一向人敞开的通道，进入事物的真正原因。阿那克萨哥拉等人，已经试图将世界上的事物和过程，追溯到世界上别的事物和过程那里去，以此把握这些事物和过程的原因，从而理解它们。然而，这个方法不可能达到真知。[47] 针对这些生理学家对自然的这种解释，有人反对说，这种解释理由不充足，或者说，它完全不是解释，然而问题不仅于此；阿那克萨哥拉那一派物理学，以及所谓“爱比米修斯”学派[48] 的物理学，

---

[45] 比较亚里士多德《政治学》自1260a21针对《美诺篇》第72—74页的论争；同时参看《尼各马可伦理学》，1096b24—26。

[46] 亚里士多德：《形而上学》，自1077b1。参看雅各布·克莱因：《希腊逻辑与代数学之产生》，《数学史的源头与研究》，B部分，第3节，第72页，及自第95页始。

[47] 《斐多篇》，自97B。

[48] 这派物理学认为，心灵、思想产生于物体“之后”，以区别于所谓“普罗米修斯”学派的物理学，他们认为心灵、思想先行于物体。

无论有意明言还是无意暗示，都不是把理性的整合指令力量，视为自然的存在原则，而是把紊乱无序与非理性，视为自然的存在原则；这些学说，必然导致毁灭所有确凿独立的准则，导致接受容忍人类世界的全部现状，导致屈服于“雅典人所相信的事”。[49] 面对这个荒谬的结论，柏拉图不屑于用一个唯灵论的神学物理学，去反对这个唯物论的机械物理学，[50] 而是扣紧无需任何牵强附会的“悲剧”手法也能领会的主题，扣紧“雅典人所说”的事。[51] 人们所说的话，特别是雅典人所说的话，尤其是他们的代表诡辩派所说的话，都是自相矛盾的。这些矛盾使我们必须要考察，那些相互冲突的论断中，哪些是真实的。无论考察的结果如何，这些相互冲突的“判断”中，必然有一个要予以放弃，而与之对立的“判断”，则必须予以坚持。这样一来，后者遂成为真实地自相矛盾的；但是，通过使得每个“判断”对己和对人的一致性和可理解性成为可能，这个“判断”就证明了自己的真实性。[52] 人之所云自相矛盾，这个事实证明，他们所云，蕴涵有真理；而探求真理的讨论，即雄辩论证，其艺术不在于别的，就在于运用正确的方式，把握恰当的时机，将讨论引导到应该予以坚持的那个真实的“判断”[G]那里去。每一次争论和每

---

[49] 《普罗泰哥拉篇》，320C—328D。普罗泰哥拉的长篇议论首先宣称，对世间权力的分配负有责任的，是爱比米修斯，而不是普罗米修斯；由此他继续论证，为雅典人的信念提供根据(特别参看 324C 及 328C)。通过展示普罗泰哥拉的议论，柏拉图意在说明，普罗泰哥拉不理解存在于为事物现状所作的辩护与有关世界及人类文明构成的“爱比米修斯”学说之间的必然联系，因此，他完全是在不知所云。同时参看 361C—D。

[50] 《斐多篇》，99C—E。

[51] 参看《美诺篇》，75B—D 与 76D—E；进一步参看《斐多篇》，100C—E。必须指出，普罗泰哥拉在上述那段话里所谈的，只涉及人们所相信的事(而不包括他们所说的)。

[52] 参看《理想国》，457B，及《克力同篇》，46D—E。

一次敌对冲突，背后所蕴涵的最为显而易见的矛盾，都必然涉及正义、美与善。[53] 然而，人们在涉及善的问题上达成和谐一致的机会，优于任何其他问题；这样，这个真正的和谐一致，就成为实现所有可能的和谐一致的终极基础。所有的人都谈论他们真正憧憬的善事。这意味着，他们所企望的，是真正的善，不仅仅是善的表面现象，[54] 而且，他们欲想拥有善；他们追逐它，他们渴望它，所以他们知道，他们缺少它，[55] 它外在于他们。当人们获得这个真实的、外在的善的时候，当它降临到他们的命运上的时候，它就使得他们的生活否极泰来，称心遂意。对那些获得善的人来说，它就是他们的福祉的原因。如果我们思考一下的话，我们就会看到，人们通常所觊觎的好事、财富、荣誉，等等，并不是他们真正憧憬的善；因为他们心目中的“善”，应该在所有的方面都同邪恶相对立，它完全摆脱了邪恶。这个思考的结果，也为人们同时所说的话所证实：即善就是德行与智慧。所以，人们谈及他们误解的善，而他们所指的，却正是这个理解得较好的善：就是说，真正的、外在超验的善本身，是人们的德行与智慧的原因；只有具有了这个善，人们才可能具有美德，具有智慧。[56] 因为，当人们谈到“德行”的时候，当他们谈到与邪恶

---

[53] 《尤西弗罗篇》，7B—D，及《斐德罗斯篇》，263A；参看《理想国》，523A—524C。

[54] 《理想国》，505D—E，及《泰阿泰德篇》，177D；参看亚里士多德：《修辞学》，第1篇，第7章，第36—37节。甚至连诡辩派也只能坚持善的内在价值，尽管他们在存在与真理方面，满足于表面现象。参看《泰阿泰德篇》，167；《尤西迪摩斯篇》，自286B；及《克莱蒂勒斯篇》，自385E。

[55] 《会饮篇》，204A及204E—205D；参看《美诺篇》，77C—D，《高尔吉亚篇》，468D，《尤西迪摩斯篇》，278E—280B，《大希庇阿斯篇》，291C—D及294A。

[56] 知识确实处于灵魂“之中”（《理想国》，518B—C），但是，它是“自上而下”地从神那里到达灵魂的（《理想国》，416E），而高于知识的，则是“存在”（《埃皮诺迈斯篇》，第7篇，自342A），是准则（《菲利布斯篇》，66A—B）。同时参看《斐多篇》，79D。

决然不同的德行、即德行的理念的时候，他们心目中纯粹无瑕的用意所指，永远也不可能在人们人为的所作所为中找到。这一点，至少为品第高尚的年轻人们所承认，因为他们尊师重道，祛衣受业，从而见贤思齐，承认自己不具有德行。只要我们的头脑足够严密准确，只要我们严格地考虑一下语词言谈中德行——绝对不掺杂任何邪恶成分的德行——的涵义是什么，那么，我们就会认识到，年轻人的这种承认，适用于所有的人。[57]人们人为的所作所为中所找不到的德行，只存在于语言语词中，[58] 存在于体现在语言中神授的、"假设"的和"奠基"的知识之中。[59] 只有语言，而不是人们含混不清、模棱两可的行动，才在最初向人揭示了那个标准，凭依这个标准，他得以能够以一种完全不被歪曲的方式，在原则上独立于转化为现实的可能性，来安排他的行动，并对他自己加以检验。[60] 这就是柏拉图之所以"逃避"于语言之中的原因，也是他之所以从而阐发理念之超验性的理论的原因；只有凭借语言，人类才认识到德行的超验性。[61]

所以，当霍布斯说，柏拉图的哲学不是从"语言语词"出发的，而是从"理念"出发的时候，他在根本的意义上，对柏拉图作了错误的理解，我们现在必须立即考虑的是，他的这个错误理

---

[57] 特别参看《拉基茨篇》，188B。

[58] 《理想国》，473A。（《斐多篇》99E—100A 的论述，只有通过理解这段话，才能根本把握。）同时参看《理想国》，自 479A 及 592A。这里所提供的论证解释了，苏格拉底只是在他的同时代人中，被称为最公正的人，而不是"公正"自身。（《斐多篇》，篇尾，及《埃皮诺迈斯篇》，第 7 篇，324E。）参看《理想国》，472B—C。

[59] 参看《理想国》，505E，与《普罗泰哥拉篇》，330C，篇首，及《斐多篇》，100B。

[60] 《理想国》，自 472C 及 592；《法律篇》，746B—C。

[61] 同时也是由于这个原因，德行即是知识。参看《理想国》，473A，《申辩篇》，23A—B。

解，造成了多么灾难性的效果。然而，由于柏拉图离开事物，不是转向语言本身，而是转向语言的矛盾性，由于他并不是将“生理学”同“本体论”对立起来，而是将“生理学”同雄辩论证对立起来，[62] 所以可以肯定，他所恪守的，仅仅是对语言表面上空谈迂阔的忠诚，这种忠诚使他同人们通常之所谈论、之所相信的事物，对立起来。这样看来，在一定的程度上，霍布斯对柏拉图的理解，又是有根据的。无论如何，从柏拉图的独特处理方式那里，即从对语言的自相矛盾性质的转向那里，产生了霍布斯所承认的对一个严密准确的、因而也是自相矛盾的政治哲学的要求，也产生了一系列进一步的后果；在这些后果方面，霍布斯又一次发起论战，批评亚里士多德，为柏拉图辩护。

我们首先回顾一下柏拉图的道德哲学赋予存在于真正的德行与伪拟的德行之间的对立的重要意义。[63] 伪拟的德行与真正的德行的区别在于，真正的德行，基础是生活目标的全然改变，而伪拟德行，则完全扎根于平凡的人类目标和人类兴趣。与伪拟德行相对立的真正德行，是“神灵所激励的疯狂”的结果，是灵魂的“净化”，是整个灵魂的超度。它在本质上就是智慧。[64] 可见，真正的德行有别于伪拟德行，不在于别的，就在于它的理性原因。[65] 伪拟德行之所以是伪拟德行，是因为它的目

---

[62] 由于这个原因，柏拉图主义关于德行本质的问题，不能凭借亚里士多德主义关于德行的定义来回答。换句话说，由于这个原因，关于德行总是具体事物的德行的看法（《理想国》，353B—E），对柏拉图来说，并不带有亚里士多德心目中那样的根本重要意义。

[63] 《会饮篇》，212A；《泰阿泰德篇》，176C；《理想国》，536A。

[64] 《斐多篇》，68C—69C；《斐德罗斯篇》，244D 与 256E；《会饮篇》，203A；参看《理想国》，518C 与 521C。

[65] 如亚里士多德在论争中所强调的（见《政治学》，1316），这个问题，即理性原因就是惟一的那一个原因，在柏拉图关于政体更迭的理论那里，特别说明问题。

标不是德行自身，而是德行的表面现象，即由于德行而获得的声誉，以及这个声誉所带来的荣誉。[66] 伪拟德行追求堂皇伟大，真正的德行追求适度正确。[67] 如果我们对两个人的生活和命运加以比较，我们就可以对真正的德行与伪拟德行之间的对立，获得最清晰的概念了；一个是真正公正的人，他并不流露正义的表面现象，他的公正隐而不露，[68] 另一个是真正不公正的人，他享有正义的声誉，他的不公正隐而不露。[69] 柏拉图这样比较的，是公正的人与不公正的人，而不是富有勇气的人与他的反面，这绝不仅仅是偶然的。勇气，作为武士的美德，同战争的荣誉不可分割。看起来，没有什么德行比勇气更光耀夺目，[70] 甚至更值得崇拜了；因为勇气是古希腊拉西代蒙[71]法律和克里特法律的标准理想。然而它却是品第最低的德行。[72] 在勇气作为美德的古代形式中，它的涵义是狭义的，为服从法律的要求所局限，正是由于这个原因，它指的就是隐而不露的智慧；[73] 我们对勇气，只有不是从这个古代形式去考察，而是离开这个局限性，从它作为德行自身的角度去考察，它的可疑性质，才可能最清晰明白地显露出来。鉴于勇气与其他德行之间的界定，似乎

---

[66] 《泰阿泰德篇》，176B；《理想国》，363A 与 367B。

[67] 参看《理想国》，423C 与 423E。

[68] 试比较亚里士多德的《尼各马可伦理学》（自 1178a28）与《政治学》（自 1263b8）对“隐而不露”的德行这个问题所作的截然不同的处理。

[69] 《理想国》，自 365A。

[70] 《尼各马可伦理学》，自 1177b16。

[71] 拉西代蒙（Lacedaemon），即斯巴达。——译注

[72] 《法律篇》，630C—631C（参看自 963E）。在《尼各马可伦理学》里，德行始于勇气，然后上升到正义，最后到达知识（智慧）。在这个意义上，《法律篇》这段话所开列的德行一览表，也影响了《尼各马可伦理学》的结构。

[73] 参看《普罗泰哥拉篇》，342B，与《理想国》，429C—430C。

比其他德行之间的界定，更为清晰鲜明，[74] 因此，把勇气分隔出来单独考察，就显得尤为适宜。按照人们通常所理解的，勇气是男人的美德，是他刚阳无畏，自助自立，保卫自己免遭不义或伤害，自强自救的能力。按照这个理想，完美的人就是专制暴君，他支配着可能的限度内最强大的权力，无所忌惮，恣意妄为。[75] 专制暴君作为一个理想，是关于勇气的通俗理想的完美抒发形式，是这个通俗理想的最具诱惑力、因而最说明问题的存在形式，因此也是对指向这个通俗理想的锐利批评的挑战。专制暴君顾盼自雄，飞扬跋扈，不仅要统治人，而且要统治神。[76] 由此，我们可以看穿较为"单纯无邪"的勇气理想。这个理想并不更为高尚，它只不过是人的天然自负和天然享乐欲的乔装掩饰形式而已。[77] 如果德行与男子气概之间明确无误的等同协调因而受到质疑的话，那么，理想国度内的男女平等，就在原则上成为水到渠成、不可避免的了。最高的德行，不是勇气；自我适度节制，品第较高；[78] 而比自我适度节制更高级的，则是智慧与正义。就其自身而言，智慧是至高无上的，但是，从公共普及的角度来看，只有正义，才是至高无上的。这一点解释了柏拉图为什么没有像亚里士多德那样，断言冥思苦索的理论生活方式

---

[74] 《普罗泰哥拉篇》，349D；参看《高尔吉亚篇》，495C。

[75] 《美诺篇》，71E；《高尔吉亚篇》，469C，483A—B，491B，512D；《理想国》，549D—550A。

[76] 《理想国》，573C；《法律篇》，716A 与 731D—732B。

[77] 参看《普罗泰哥拉篇》，349D，与自 351B，以及《高尔吉亚篇》，自 492C。

[78] 《法律篇》，631C。"适度节制"的蜕化形式，是"正直简单"（《政治家篇》，309E）；"正直简朴"是原始时代所特有的德行（《法律篇》，679C）。由于这两个原因，这适应对于苏格拉底的"适度节制"的讽刺描述（《斐多篇》，100D，及《美诺篇》，75C），这种"适度节制"，与诡辩派的"勇敢强壮"形成对照（例如，《尤西迪摩斯篇》，275B）。

优越于伦理德行。亚里士多德教导我们说，以正义居首位的伦理德行，对人们来说，可望而可即，而他所倡导的真正至福，在一定的程度上超越人类的局限性，而存在于哲学之中。[79] 哲学家是惟一生活在“神赐之岛”的人，这个看法，是柏拉图与亚里士多德所共同持有的。柏拉图只是否认，哲学家有权利追求他自己的幸福，而置与哲学无缘的大众于不顾。无论认同于神的哲学家们，在多大程度上超越了人类的局限性，他们都依然是人，因而只构成人类的一个特殊族群，所以仍然负有义务，忠实于国家的法律，而国家的法律，则旨在维系整个大局，而不仅仅支持一部分人的幸福。理想国度的法则，迫使哲学家们对他人的饥苦福祉，萦怀牵挂在心，而不能“每个人想要去哪儿就去哪儿”。[80] 因为作为一种人类的事业，哲学追求面对大众，对一个更高的关怀品第承担责任，即对正义承担责任；这项关怀，在品第等级上高于智慧。亚里士多德将冥思苦索的理论生活方式，无保留地置于伦理德行之上，从而无条件地逾越了国家的局限范围，以此间接地为一个可能性敞开了大门，就是，承认这样一种德行，它们其实不是政治德行，而属于个人生活中的德行；[81] 而对柏拉图来说，世上只存在政治德行。[82]

霍布斯追随柏拉图，承认一个自相矛盾的精确道德哲学的

---

⑲ 《尼各马可伦理学》，自 1177b27。

⑳ 《理想国》，519D—520C。这一点的另一个表述是，哲学生涯，意在奋力追求死亡，但是哲学家不可以只按照自己的个人意愿，去结束自己的生命。参看《斐多篇》，自 62D，及《克力同篇》，48B—E。

㉑ 与此相联系的是，亚里士多德有别于柏拉图，在“冥思苦索的理论思维智慧”与“政治实践智慧”之间加以区分。特别参看《尼各马可伦理学》，自 1140b7（承认将伯利克里称为“政治实践家”的“大众”特征描述），与《高尔吉亚篇》，自 515c。

㉒ 在这里，我们不需要考虑，柏拉图（亚里士多德和柏罗丁亦然）并不是在这个意义上使用“政治德行”这个表述的，而是为了描述意义同样重要的大众德行的。

理想,当此之际,我们刚刚说明的这个理想所蕴涵的论证思路,就成为霍布斯政治哲学的主要支柱了。在他的道德哲学中,追求名声荣誉的伪拟德行与真正的德行之间的对立,同样也是一个构成要素。他同样也教导我们说,真正的德行与伪拟德行之间的不同之处,仅仅在于它们的理性原因。[83] 他同样也被迫对勇气这个天然理想,展开锐利的批评。他同样也只承认政治德行。对他来说,适度与伟大之间的对立,同样也具有至高无上的重要性,结果是,他以一种使我们想起柏拉图的方式,同样也不信任修辞雄辩。[84] 与此相关联的,是他对他的圭臬样板,即亚里士多德的《修辞学》,所作的一系列进一步的修正。由于他的柏拉图主义的处理方式这个原因,他就认为,存在于《修辞学》对普通价值和激情的分析与亚里士多德《伦理学》的理论之间

---

[83] 比较《论公民》第3章,第32节中针对亚里士多德主义的德行观念的论争,这个论争就是以上述理论为基础的。涉及这场论争的下一个材料来源,大概是格劳秀斯的《战争与和平法》,"绪论",第43—45节。格劳秀斯在批评亚里士多德主义的道德哲学时,除了别人以外,也将柏拉图主义者引为自己的权威。

[84] "一个辩护律师,通常认为他应该使尽浑身解数,为他的主顾申辩,因而需要一种本领,指鹿为马,虚词诡说,还有一种雄辩本领,娴于辞令,蛊惑陪审团的人心,有时候也蛊惑法官的人心,以及其他很多能言善辩的艺术,这些艺术,我既不擅长,也无意研习。"《英文全集》,第6卷,第6—7页。比较本书上文第51页注㉟所提到的那些段落。如果我们把霍布斯对修辞雄辩的观察与培根的观察加以比较的话,那么,霍布斯对修辞雄辩的批评的意义,以及这个批评与他的柏拉图主义之间的关联,就会最清晰地显示出来。霍布斯最终对历史的批评,也可以从这个角度,得到充分的理解。这个批评最精确的表述是,历史学家将伟大作为他的标准,而哲学家所关注的则是正确与真实。(《论公民》,"献辞";比较修昔底德《伯罗奔尼撒战争史》的开始部分。)伟大也是诡辩派的修辞雄辩标准(《高尔吉亚篇》,518E;关于修辞雄辩与历史之间的传统关联,同时参看本书上文第97—98页)。由此可见,就霍布斯而言,历史最终具有诡辩术对柏拉图来说相同的意义。按照柏拉图的看法,诡辩术与现代所谓的"历史兴趣"之间,也存在着关联。参看《普罗泰哥拉篇》,347C—348A,与自第338页始。

的不同之处，还远远不够大。虽然在亚里士多德看来，富于激情的普通价值观念，具有自己独特的一致性和普遍性，然而，霍布斯出于他对意见本身的激进批评，却只能否认这些价值观念的这个尊严。[85]

所以，霍布斯的政治哲学对柏拉图主义的借鉴，在于它的对立并举的特征，这些对立，存在于真相与表面现象之间，存在于适度与伟大之间，以及按照最极端的表述，存在于理性与激情之间。而霍布斯从一开始就确信，有一个对立，即虚荣自负与恐惧之间的对立，对道德学说具有根本性的重要意义。但是，他最初将这个对立，理解为属于激情范畴内部的一个对立。随着他转向柏拉图，而后又转向斯多噶学派，他就开始把虚荣自负与恐惧之间的这个对立，把握为激情与理性之间的对立了。他把所有的激情，都阐释为虚荣自负的不同存在形式，他把理性视为恐惧的同义词。[86]

---

[85] 亚里士多德是这样否定怜悯和愤慨的："怜悯，就是一个人领悟到，另一个人遭遇了不公正的伤害或困难，因而设身处地，自己心灵上受到骚扰。…… 愤慨，……是对一个人当之有愧的昌隆成功，所感受的哀伤。"霍布斯只是有限度地接过这个定义，表明他对这些估价的保留和怀疑："……当它(灾祸)降临在我们认为不应该遭此厄运的人的头上时，我们的同情心就更为强烈，……愤慨，是当有人获得佳运成功，而我们认为他们当之有愧时，我们所感受的哀伤"(见本书上文自第 46 页始)。同样的倾向还表现在，当霍布斯列举善事时，他跟亚里士多德不同，没有提到德行，而且，在他对激情的分析中，他把对激情所作的道德判断，略去不提。

[86] 参看本书上文自第 12 页始，以及弗迪南德·特尼厄斯：《托马斯·霍布斯：自然法》，"引言"(柏林，1926)，第 9 页。理性与恐惧的等量齐观，在他将生活类比为一场竞赛时，表述得最为涵义深长；霍布斯就是以这个类比，结束他对激情所作的最早的、同时也是最完美的阐述的；在这个类比中，"我们此前所提及的所有激情"都出现了，可是，恐惧却没有被提及(《法律、自然和政治的原理》，第 1 部分，第 9 章，第 21 节)：恐惧减缓自然状态中以暴力与欺诈为两大美德的毫无约束的竞争；出于理智竞争的考虑，出于公民国家的规范"运行"的考虑，恐惧因而被推崇到高于各种激情的地位，并且从而取代理性。

如果我们要恰当地理解霍布斯同柏拉图的对立，那么，霍布斯与柏拉图的一致，他针对亚里士多德而对柏拉图所作出的选择，这里的涵义，我们必须充分地认识到；本书到现在为止所探讨的，只是朝着这个方向的一个初步的尝试，还需要在各个方面，作出详尽的阐述。如果我们可以说，霍布斯转向欧几里得，首先应该被描述为回到柏拉图的话，那么，我们必须立即补充说，另一方面，这个转向，掩盖着存在于他同柏拉图之间可以想像得到的最深刻的对立。无论霍布斯多么坚决地要求阐发一个完全不受激情影响的、纯粹理性的政治哲学，他事实上都在同时企望，由理性所规定的规范，应该与激情协调一致。[87] 因为，霍布斯所追求的规范，应该适用于所有的情况，适用于极端情况下最为不利的情势。对可行性的尊重和重视，从一开始就决定了要探求这样的规范。带着这个考虑，霍布斯不仅在缄默不宣地采用亚里士多德对柏拉图政治哲学的批评，[88] 而且无可比拟地比亚里士多德走得更远。[89] 因此，对施行运用的压倒一切的兴趣，是霍布斯与柏拉图对立的首要原因，并且成为他通过转向欧几里得而求助于所谓"分解综合"方法的动机。

按照这个方法，一个特定的考察对象，首先接受分析，追溯它的原因，然后，通过完全清澈的演绎推论，这个考察对象得以

---

[87] 见本书上文第 120—121 页。

[88] 特别参看《尼各马可伦理学》，自 1096b30。霍布斯说："主权者和他的主要大臣……不需要研习数学科学(柏拉图认为他们需要)"(《利维坦》，第 31 章，篇尾，译注：中译本对这句话的译文作了变动)；这个观察，也与亚里士多德对柏拉图的批评协调一致，这一点可以通过对亚里士多德的《政治学》关于教育的观念与柏拉图的《法律篇》第 7 篇加以比较，发现出来。

[89] 亚里士多德反对财产公有制的论证(因为这样做必然导致纷争)，成为霍布斯关于政治的思索的根本基础。见《论公民》，"献辞"。

重建。[90] 在原则上，这个过程所揭示的原因，应该被把握为这个考察对象的实体材料："关于我所使用的方法，……我从公民政府的基本实体着手，由此推进到它的产生与形式，及至正义的最初起源。因为任何事物，都要通过它的构成原因，方能得到最为完美的理解。"[L][91] 如果国家的形式，是从它的实体材料演绎推论而来的，那么我们就可以得到保障，任何其他因素，都不可能进入国家的范畴之内，除非这个因素已经蕴涵于国家的实体材料(即人)之中了，已经归根结底蕴涵于被理解为实体材料的人的"本性"之中了，这就是说，已经蕴涵于人在接受全部培育之前的本来面目之中了。[92] 计划的实施与这个纲领相对应；霍布斯从现存的国家返回到它的原因，并从这里演绎推论出正确的国家形式，而他由此推出的公理，就是人的天然利己本性与死亡恐惧，即是说，他由此找到了人的动机，这个动机的力量，我们在涉及所有人的所有情况下，都可以依赖。这样一来，所有的偶然因素，所有的任意性，遂都得以排除，而国家理想的绝对可行性，遂得到实现和保证。所以，霍布斯政治哲学有别于柏拉图的政治哲学，在于对后者来说，严密精确意味着准则标准不受骚扰的可靠性，对前者来说，严密精确意味着绝对的可行性，任何情况下的可行性，极端情势下的可行性。因此，"分解综合"的方法，与霍布斯的原始意图，与他对施行运用的兴趣，完美无瑕地协调对应。

霍布斯是从伽利略那里接过这个方法的。他确信，他可以凭借这个手段，为政治哲学完成伽利略为物理学所完成的业

---

[90] 见本书上文第 2 页。

[91] 《论公民》，"前言"。

[92] 《论公民》，第 1 章，第 2 节，注 1。

绩。但是,这个方法在物理学那里的充分适用,却显然无法保障它对政治哲学的充分适用。因为,物理学的研究对象,是自然物体,而政治哲学的研究对象,则是一个人为的实体;就是说,这是一个必须由人来作用于自然实体、从而创造出来的人为实体。可见,政治哲学所关注的,与其说是关于这个人为实体的知识,不如说是这个人为实体本身的制作提供。政治哲学将现存国家分析分解成为它的要素,只是为了通过进而对这些要素施行一个更好的综合处理,正确的国家形式会由此而产生。所以,政治哲学的程序,与其说像物理学的程序,不如说像一个技工的程序,技工把一部损坏了的机器拆卸成部件,除去阻碍机器运转的病灶,再把机器重新组装起来;他这样做,完全是为了机器能够正常运作。这样看来,政治哲学就成为规范国家机器的一门艺技。它的任务,在于将现存国家的不稳定和失衡,变革成为正确国家的稳定和平衡。[93] 政治哲学只有成为这样一门艺技,才可能使用"分解综合"的方法。这意味着,将这个方法引入政治哲学,要求事先缩小政治问题的范围,就是,取消涉及国家的目的的那个根本问题。这样一来,将伽利略的方法引入政治科学,其代价是从一开始,这门新的政治科学就放弃了对于最带根本性、最紧迫的问题的全部探讨。

对于这个真正首要的问题的忽略,是由霍布斯关于政治哲学的理念是理所当然的这一信念所造成的后果。霍布斯对政治哲学的可能性和必要性不加置疑;换句话说,他并不在开始的时候先提出问题,"什么是德行?""它能不能传授?""国家的目的是什么?"因为对他来说,这些问题是由传统来回答的,是由普通人的观点意见来回答的。对他来说,国家的目的,理所

---

[93] 参看恩斯特·卡西勒:《启蒙哲学》(蒂宾根,1932),自第 25 页始。

当然地在于和平，在于必须不计代价地予以实现的和平。最根本的前提假设是，(暴力造成的)死亡是第一位的、最大的、至高无上的邪恶。[94] 对他来说，这个前提假设似乎并不需要批评、辩论或者讨论。[95] 他在对现存国家加以分析的时候，作为一个原则，找到了这个前提假设，此后，他进而由此演绎推论出正确的国家形式；这个做法与柏拉图截然相反，柏拉图对国家起源的考察，表面上看起来与此相类似，但是却带有反思的性质，对于何谓善、何谓适度，加以深思熟虑的质疑。[96] 这样，"分解综合"的方法所预先就假设了的，不是别的，正是系统地放弃何谓善，何谓适度的问题。霍布斯对数学方法的绝对典型性质确信不疑，根据这个方法，我们可以从不证自明的公理，推论出证据确凿的结论，推论出"终极结论"；带着这个信念，霍布斯没有意识到，在"开始的地方"，在"证据确凿"的前提假设中，无论是数学的前提假设，还是政治的前提假设，都蕴涵着一个真正的问题，就是"雄辩论证"的任务。[97] "雄辩论证"，就是对人们关于正义与非正义、德行与邪恶所说的话，所进行的讨论和检验。霍布斯认为，将人们关于正义等等所说的话作为我们的出发点，是肤浅的，甚至是危险的："德与恶等名词……从来就不能用做任何推理的真实基础。"[98] 我们可不可以把人们通常如何运用善恶的语词作为反思的基础，这个问题，霍布斯没有理由以否定的回答作为论据，来对抗苏格拉底—柏拉图所奠定的传统，因

---

[94] 这并不是说，和平是全部文明的基本条件。特别参看《论公民》，第 1 章，第 2 节，篇尾。

[95] 参看柏拉图，《申辩篇》，29A—B。

[96] 《理想国》，370B。

[97] 《理想国》，自 510B。

[98] 《利维坦》，第 4 章，篇尾。

为，苏格拉底—柏拉图对哲学所作的革新，恰恰是以对普通语言语词的不可靠性和矛盾性的洞悉为基础的。但是，从这个洞悉并不能推论出，我们应该考虑的，“不是语词，而是事物”。这是因为，放弃语言导向，就意味着放弃最初由人们支配的惟一可能的导向，从而放弃对任何导向都会引为前提的准则的发现，甚至放弃对准则的探索。[99]

“分解综合”的方法在政治哲学中的应用，其价值可疑，不仅在原则上是如此，而且即使从霍布斯自己的前提假设的角度来看，也是如此。我们已经说过，由于采用了这个方法，霍布斯就受到阻碍，无法提出涉及准则的问题了。这并不是说，他纯然只是忘记了这个问题，而是说，他只是在一个较晚的阶段，才提出这个问题，并且不尽充分地作出回答的。他开始阐发他的政治哲学，不是从德行本质这个问题着手的，也不是在人的理念这个意义上，从人的“本性”的问题（这在一定程度上是同一个问题）着手的，而是在所有的人们接受培育之前的本来面目这个意义上，从人的“本性”的问题着手的。从对这样理解的人的“本性”的分析中，通过“无标准检验”，[100] 浮现出来一个准则；按照霍布斯的观点，这是惟一具有意义的准则，即惟一可以为施行运用提供保障的准则。但是“分解综合”的方法，甚至使得连运用这个方式来回答关于准则的问题，都成为不可能。按照“分解综合”的方法，霍布斯追溯到现存国家在人类本性那里的根本原则，一方面，是无穷无尽、欲壑难填的虚荣自负，另一方面，是对暴力造成的死亡的恐惧。而正确的国家形式，随后将从这些原则中演绎推论出来。这个程序要想有意义，这些原则

---

[99] 参看《理想国》，472C—E。

[100] 参看本书上文第 125 页。

本身内部,就必须含有对于关于正确的国家形式和关于准则的问题的答案。事实确实是这样。霍布斯把他从他的分析中所得出的两项原则,描述为自然欲望原则和自然理性原则,也就是说,描述为是与非的原则。但是这个描述,并不是从他的分析中产生出来的,因为,这个分析只能展示现存国家的原则,因而完全不能揭示那些原则本身的是与非;另一方面,这个描述是随后的综合程序的前提,这个程序作为对正确的国家形式的综合,只有在何谓正确的问题已经获得论证的情况下,才可能产生。由此可见,这两项关于人类本性的原则,其指导是非问题的资格,其回答准则问题的资格,产生于霍布斯的分析程序之后,综合程序之前,确实被纳入了"分解综合"方法的框架;但是这个资格,既不可能在一般的意义上在这个方法那里得到把握,更不可能在特殊的意义上在这个方法那里得到把握。准则的论证,作为政治哲学的根本部分,被"分解综合"的方法所掩盖,甚至被这个方法置于无法辨认的境地。因为,如果不是这样的话,我们又能怎么解释,所有跟踪了这个方法的霍布斯的诠释者们,都没有注意到,自然理性的原则(对暴力造成的死亡的恐惧作为最大的和至高无上的邪恶),或者相差无几,那个似乎只是由他假设了的"自然权利"的原则,事实上都已经被他论证过了呢?[101]

在严格的意义上说,霍布斯用这个方式所论证了的,并不是一项标准,一项准则,一项法则,一项义务,而是一项权利,一项权利诉求。按照霍布斯的论断,道德和政治的基础,不在于"自然法",就是说,不在于自然义务,而在于"自然权利"。[102]"自

---

[101] 这个论证发生在《论公民》的第1章,第7节。

[102] 这个权利是一个最低限度的诉求,就其自身而言,这个诉求在根本的意义

然法”的全部尊严，完全来自它是“自然权利”的必然后果这样一个事实。从这个观点来看，我们就能够最充分地认识霍布斯与柏拉图和亚里士多德所奠定的全部传统之间的对立，从而同时最充分地认识霍布斯政治哲学的划时代的重要意义。因为，近代政治哲学相对于古典政治哲学的独特性何在？“近代思想从个人权利出发，并将国家的存在视为保障个人发展的条件，而希腊思想，则从国家的权利出发。”[103]然而，“国家的权利”就是法律：“苏格拉底的精神那么自由，但是他仍然承认自己是法律的奴隶。而且，苏格拉底是这样，雅典人都也是这样。当他们在雅典尼克斯会堂集会时，他们看上去可能像是天下至高无上的主权人，但是他们同时也承认法律至高无上的主权地位。”[104]

上是正义的，并且是任何其他公正诉求的来源；更确切地说，它的公正性质是无条件的，因为所有的人，在所有的情况下，都要对它负责。这是一种只保护人身生命和躯体安全的诉求。它的对立面，是根本非正义的最高限度的诉求，因为任何别人，都不能对它负责。人按照天性所提出的这个最高限度的诉求，只要他没有从“无法预见的厄运”那里受到教育，没有从“灾祸厄运的经验”那里受到教育，就是要求优胜于所有他人的诉求。这个“自然的”诉求，被对暴力造成的死亡的恐惧所制约，从而成为人的最低限度的理性诉求，这样一来，“自然权利”就产生了，或者至少就显露出来了。这就是说，如果我们从人的本性出发，即从人的自然欲望出发，那么，“自然权利”就是第一个随之而产生的法律现实和道德现实。而“自然法”，在从人类天性到国家的演变进化过程中，属于一个晚近得多的阶段：自然“权利”，在《论公民》第1章中探讨，而自然“法则”，则在第2章和第3章中探讨。（这个相同的次序，还可以在《法律、自然和政治的原理》中找到，尽管在《利维坦》那里，它不那么清晰。）一项权利，不以任何法则为前提，而是先行于所有的法则，这个权利应该如何理解，可以在费希特的如下说法中得到说明：“原初的权利，靠自身运作，自行获得合法性，并在一个绝对法则的意义上，使自己自行构成法律。”（《全集》，第3卷，第119页。）

[103] 欧内斯特·巴克：《柏拉图与他的先行者们》，第27页。

[104] 欧内斯特·巴克：《柏拉图与他的先行者们》，第38页。

近代政治哲学与古典政治哲学根本区别在于，近代政治哲学将“权利”视为它的出发点，而古典政治哲学则尊崇“法”。[105] 我们已经谈到的这些，在涉及近代社会主义与柏拉图的“社会主义”的关系问题上，特别有根据：“……如果（近代社会主义者）像柏拉图那样诉诸‘正义’观念的话，那么‘正义’对于他，就不会像对于柏拉图那样，意味着履行一个被指定的职责，而会意味着由于履行了职责而接受恰当的报酬。”[106] 如果近代政治哲学与古典政治哲学之间存在着这样的关系的话，那么就毋庸置疑，近代政治哲学之父是霍布斯，而不是任何其他人。因为正是他，以一种前无古人、后无来者的清澈和明确，使得“自然权利”，即（个人的）正当诉求，成为政治哲学的基础，而不去自相矛盾地到自然法或神法那里寻求借鉴。他本人也意识到，准确地使法则从属于权利，甚至只是清晰一致地对两者加以区分，构成了一项创新。他说：“谈论这一问题的人虽然往往把权与法混为一谈，但却应当加以区别。因为权在于做或者不做的自由，而法则决定并约束人们采取其中之一。所以法与权的区别就像义务与自由的区别一样……”；在另一段话中，他又说：“我发现民法和民约权利这两个词，甚至在最渊博的著作家手中也是混然不分地用来表示同一种事物，其实这样是不应当的。”[107]

---

[105] 我们甚至可以说，“……在希腊政治思想中，……权利的观念似乎一向很难找到。……他们关于权利神圣不可侵犯的观念，即使有，也很少。”欧内斯特·巴克：《柏拉图与他的先行者们》，第7页。同时参看菲斯泰尔·德库兰：《古代城邦》（III，11和IV，11），及奥托·吉尔克：《德意志共同法律》，第3篇，第3节（特别是注41）。

[106] 欧内斯特·巴克：《柏拉图与他的先行者们》，第212页。“我们可以感觉到，柏拉图与其说会主张妇女的权利权益，不如说会主张妇女的责任义务。”欧内斯特·巴克：《柏拉图与他的先行者们》，第221页。

[107] 《利维坦》，第14章（第66页）和第26章（第153页）。参看《法律、自然和政治的原理》，第2部分，第10章，第5节。

如果我们比较一下此前文献中与霍布斯的要求形成最紧密对应的一段话,即格劳秀斯的如下阐释,那么我们就可以看到,霍布斯的判断,理由有多么充足:

> 法这个概念,或者权利这个概念,还有另一个涵义,它跟以上所述不同,但是,也是从那里派生出来的,它所涉及的是人。根据这个涵义,一项权利,是一个人身上的某种道德素质,使这个人得以公正合法地拥有某件事物,或者公正合法地做某件事。……这种道德素质,如果是完美的,我们就称之为官能禀赋。……法理学家把一种官能禀赋,称为一个人对他自身所拥有的支配权利;我们要在严格的和适当的意义上,把它接过来,称之为法律权利。这种权利包括我们对于我们自身所拥有的支配权力,它被称为自由,也包括我们对于他人所拥有的支配权力,如同父亲对子女、主人对奴仆所拥有的那种支配权力。……[L][108]

格劳秀斯作为罗马法理学家们的继承者,[109] 确实是在朝着霍布

---

[108] 《战争与和平法》,第1篇,第1章,第3—5节。同时参看苏亚雷斯:《论法律》,第1篇,第2章,第4—5节。福蒂斯丘在他的《关于自然法则本质》中,辟专章(第1篇,第30章)探讨法与权利的区别。关于霍布斯以后的思想发展,见奥托·吉尔克:《阿尔特胡修斯》,第113页,第301页注94,及第305页。

[109] 关于罗马法理学在"权利"这个观念的起源过程中所拥有的重要意义,比较亨利·萨姆纳·梅恩爵士的如下论断:"……我认为显而易见,契约法的实行,基于权利与义务之间十足的彼此相关性质和不可分割的联系,是对著作家们预先部署的法理格局所作的一种审慎有益的矫正,而假如任凭他们自便、不作矫正的话,这些著作家们本来会把道德义务,仅仅视为一个公民在上帝的天国所负有的公共责任。"《古代法》,C.K.艾伦编,第290页。

斯的“权利”概念的方向演变，但是他的演变，并没有抵达那里（他也并非在试图这样做），这一点，可以从如下事实看出来，就是，按照他的理解，“严格的和适当的意义上的权利”，以“法”为前提。[110] 霍布斯第一个以无与伦比的清晰明确，对“权利”和“法”加以区分，以至于他试图论证，国家首先奠基于“权利”之上，而“法”只是派生的后果；换句话说，正如霍布斯政治哲学最近最为严厉的批评者所震惊地指出的，这个政治哲学“自身基于……一些极端形式的个人主义的假设：这种个人主义，比洛克本人的个人主义更为毫不调和、毫不妥协”；[111] 由于这些原因，霍布斯确实是近代政治哲学的创始人。

霍布斯的划时代意义，还不限于他使法从属于权利。与此同时，他是“掌握了主权观念的充分重要性的第一个人。……他当之无愧地率先认识到，主权的观念是整个国家理论的根本基础；他率先意识到确定主权观念本来地位的必要性，以及界定其功能及局限性的必要性。”而在这样做的时候，霍布斯同样也与古典政治哲学形成对照：“他对希腊哲学最明显的忽略遗漏包括，他没有作出清晰可鉴的努力，去把握主权的本质，决定它的位置，或者确定它赖以立足的终极合法性。”[112] 应该归功于霍布斯的两项根本创新，即使法则从属于权利，以及认识到主权观念的充分意义，彼此之间存在着紧密的关联。如果我们追溯一下使得主权问题成为可能的那个条件，我们就会看到这两

---

[110] 参看《战争与和平法》，第 1 篇，第 1 章，第 3 节，第 9 节，及“绪论”，第 8—11 节。

[111] C.E.沃恩：《卢梭以前与以后的政治哲学史研究》（曼彻斯特，1925），第 1 卷，第 23 页。

[112] C.E.沃恩：《卢梭以前与以后的政治哲学史研究》（曼彻斯特，1925），第 1 卷，第 55 页。

项创新之间的共同根源。主权这个近代问题,其在古典时代的类似问题是,“何人或何物应该统治?”古代的答案是,“法。”那些对于法的神学起源无法苟同默许的哲学家,用如下的方式来为这个答案寻求论证根据:理性应该制约非理性(老人之于年轻人,男人之于女人,主人之于奴仆),由此可见,法应该统治人。[113] 只有在理性和富于理性的人的统治权受到质疑的情况下,主权的问题才会产生。起初,疑问只围绕着理性的人和事物有理由统治这项原则的可行性方面。[114] 假设确实有人,由于理性的缘故而毋庸置疑地优越于他人,那么这些他人,会不会只根据这一点,就顺从他们,服从他们?这些他人会不会因此而承认他们的优越性?[115] 但是疑问还不仅于此。霍布斯否认,人与人之间在理性方面存在着值得重视的区别。在所有的实际事务中,一个人跟任何他人,原则上同样明智,一心追求他心目中的利益,而且原则上也同样有能力去感知,这个利益在什么地方。按照天性,所有的人具有同等的理智;一些人通过学

---

[113] “……法,是蕴涵于自然之中的理性最高形式,它指示应该做什么,禁止做不应该做的事。这个理性,当它牢固地扎根于人类心灵之中,并充分地发展于人类心灵之中的时候,就是法。”确实,“在有的时候,我们有必要通俗易懂地谈论问题,将法的称谓,赋予成文的法律,这些法律按照自己的意愿令行禁止。因为,这就是大众对法的定义。但是,当我们在探讨判断何谓正义的时候,让我们还是从那个至高无上的法着手,这个法的源头,年湮代远,早在任何成文法律问世之前,早在任何国家建立之前,就已经存在了。”[L]西塞罗:《论法律》,第1篇,第6节,第18—19页。

[114] 对于施行运用的兴趣,同时也导致对历史的转向。因此,在博丹对历史的兴趣(见本书上文自第99页始及第113页)与他的主权理论之间,存在着直接的关联。比较他的《国家论六卷集》,第2卷,第6章,篇首。

[115] 特别比较《论公民》第3章,第13节与《利维坦》第15章(第79—80页)针对亚里士多德《政治学》的论战。“你会不会愿意看到,每个人对每个他人,都宣称他自己的特殊理性就是法律?除了握有最高主权的那个人的理性以外,在任何国度中,都不会存在着一个为人们所普遍同意的理性。”《英文全集》,第6卷,第22页。

习、经验及反思所可能获得的优越性，其意义是无足轻重的，因为“长期研究可能增加和巩固错误的判决。……在相等的时间中同样辛勤地进行研究与观察的人，他们所得的推理和答案是、而且必然是互不相符的。”[116] 由于理性在本质上是荏弱无力的，所以，我们如果回答说，理性是主权的来源与根基所在，理由就不尽充分。因此，在彼此平等类似的人们中间，应该由什么人来统治他人，以及这些人赖以统治的条件与局限性何在，就从而在根本上成为有疑问的了。主权之成为问题，概由此而来。鉴于所有的人，“富于理智”的程度相等，故而我们必须任意地指定某一个人或某几个人的理智，来充当标准的理性，以此对一个人或几个人天然的理性优越性的阙如，加以人为的弥补：“有人说，用于裁夺所有可能陷于纷争的事物的共同尺度，……在于正确的理性；假如‘自然事物’之中，确实找得到或可知存在着任何这样的正确理性的话，我就会同意这些人的看法；……但是，……鉴于正确的理性并不存在，某一个人的理性，或某几个人的理性，就必须取代那个正确理性；而那个人或那些人，就是掌握着最高的君主权力的人。”[117] 理性的荏弱无力，使得它有必要为最高的君主权力所取代；出于这同一个原因，理性的“自然法”，也失去了它的尊严。[118] 取而代之的，是“自然权利”；这个“自然权利”，与理性相一致，然而支配着它的那个力量，却并非理性，而是死亡恐惧。可见，与理性主义的决

---

[116] 《利维坦》，第 26 章（第 143 页）；参看第 13 章（第 63 页）。

[117] 《法律、自然和政治的原理》，第 2 部分，第 10 章，第 8 节。参看《利维坦》，第 5 章（第 19 页）。“然而，尽管（最高的君主权力的持有者的理性）只是一个人的理性，但是，它却被用来取代普遍理性的地位，这是我们的耶稣基督在《新约》福音中为我们阐述的。……”《英文全集》，第 6 卷，第 22 页。

[118] 见本书上文第 28—29 页。

裂,是主权这个概念的决定性前提,也是用“权利”取代“法”,用权利诉求的优先地位取代责任义务的优先地位的决定性前提。所以,与理性主义的这个决裂,是一般近代政治哲学的根本前提。这个决裂在霍布斯的著述中最为尖锐痛切的表述,在于他将君主的最高权力,不是视为理性,而是视为意志。正确的理性,在“自然事物”之中并不存在,而代替它发挥作用的,与其说是掌握着君主权力的那个人或那些人的理性,不如说是那个人或那些人的意志。[119] 霍布斯明确地反对在他那个时代仍然占统治地位的如下观点,这个观点认为,君主权力持有者与国家的关系,相当于头脑与整个躯体的关系。君主权力持有者,不是“头脑”,不是深思熟虑、运筹策划的那个能力,而是“灵魂”,是长辔远御、号令天下的那个能力。[120] 从这个立场,到卢梭关于主权的起源与根基在于“公意”的理论,只有一步之遥。与理性主义的决裂,系霍布斯所首创,而由卢梭来彻底阐明完善。[121] 因为,卢梭明确地用一个新的定义,来取代关于人作为“理性动物”的古典定义:“人与所有其他动物之间的特有区别,与其说是由理解领悟力造成的,不如说是由他之作为一个自由的主动

---

[119] 参看孟德斯鸠所说,“最高君主的意志,就是最高君主自身。”《论法的精神》,第2篇,第2章。

[120] 《论公民》,第6章,第19节。同时比较《论公民》在界定国家时对意志的提及(引于本书上文第40页注⑭)。在这个问题上,比较奥托·吉尔克:《阿尔特胡修斯》,第74页(注44)及第280页。见本书上文第180页注㊱。

[121] 这并不是要否认阿尔弗雷德·科布恩的确凿论证(《卢梭与近代国家》,伦敦,1934,第144页):卢梭的“理论完全站在理性一边,我们只须把它跟随后而来的理论加以比较,就能看得清楚,这些随后的理论,以情绪、情感、传统为名义,维护昔日的贵族政体和君主政体,来对抗新兴的卢梭主义民主观念。”但是,在对卢梭的历史意义作出判断时,我们首先关心的,是他的理论与他以前的理论之间的关系,这样相比之下,卢梭的理论肯定并非站在理性一边。

者而造成的。”[122] 可见，与理性主义的明确决裂，就是近代政治思想与古典政治思想的对立的原因。这个对立，曾经接受如下描述：“古希腊人确信，有必要运用教育的手段，对社会上的各种观点意见，加以协调，使之与某个确定的根本法则的精神和音调彼此一致。而近代的信念则认为，有必要通过某种表述，对某个不断处于流动变化中的、从属性的法则，加以调整调谐，使之与至高无上的公众意见或‘公意’的运动，彼此和谐一致。”[123] 因为，这个关系是由霍布斯率先最准确地认识到的，而卢梭以后的思想发展，对此予以沿袭，完全没有修正改变。将“公意”进一步界定为“民族精神”或者“阶级意识”，使得霍布斯发起的这个转向，这个背离理性主义的转向，遂成为确凿无疑的了。这个转向的后果，确实因而得到纠正；但是，恰恰是这个转向所带有的前提，却从那时以降，即成为僵化的教义。正如我们所已经说过的，这个前提，就是关于理性荏弱无力的信念，或者，也许更直截了当地换句话说，就是解除对激情与幻觉想像的约束。[124]

古典理性主义关于只有理性才有资格统治的观点，在柏拉图的如下论断中，表述得最为根本，最为激烈。柏拉图说，一个国家的福祉，其惟一必要而充足的条件在于，哲学家应该称王，王应该是哲学家。这就相当于断言，建立一个完美无瑕的国家所依赖的，仅仅在于“内部政策”，而与外部政策的任何条件，完全无涉。确实，没有一个哲学家像柏拉图那样强调内部政策的首要意义。我们遂可以这样来归纳柏拉图关于正义的理论，把

[122] 《论人类不平等的起源和基础》，第 1 部分。

[123] 欧内斯特·巴克：《柏拉图与他的先行者们》，第 38—39 页。

[124] 可见，“公意”与美学大致同时产生，并非偶然。

它表述为内部政策的无条件首要性。因为这个理论是在说:没有正义,人们就没有幸福;正义意味着好自为善,使自己按照超验的永恒准则,达到与灵魂同类的正确的气质性情,而不去干预他人的事务;国家生活中的正义,与个人生活中的正义无异,惟一的不同之处在于,国家可以自足自立,而个人不然,因而国家秉行正义,好自为善,与个人之所能够做到的相比,无法比拟地更为完美。有鉴于此,就体制健全的国家而言,它针对别国坚持自己的权利,显示自己的存在,只是它的健全体制的一个偶然的结果,而不是它的主要目标。出于同样道理,一个完美国家的公民们,自身个个都是"铜筋铁骨、瘦骨嶙峋的狗",而对域外国民来说,他们之为令人尊崇的盟友,或者令人生畏的敌手,只是偶然碰巧使然。[125] 在这个问题上,亚里士多德像往常一样,批评柏拉图的激进。他反对说,立法者不仅必须关注自己的国土及国民,而且必须关注邻国。[126] 但是,亚里士多德同样系统地承认内部政策的首要意义,因而无疑也同意柏拉图的看法。[127] 这个一致性,原因在于这两位哲学家共同认为,使得一个事物之所以存在,之所以具有独特本质的,使其囿于其局限性的,即譬如我们称一匹马为一匹马时所指的那个本质,优先于有关这个事物的任何其他原因,特别优先于全部的外部条件。如果这个事物的本质,优先于它的外部条件,优先于它面对外部条件的自我实现与自我表现的话,那么,譬如,一个肌体的正确构成,它的健康,就优先于它的恢复健康,优先于它失去健康之后的康复。通过这个比喻,柏拉图表明,一位好的政治家从

---

[125] 《理想国》,422。

[126] 《政治学》,1265a。

[127] 特别参看《政治学》,1234b—1235b。

政，着眼于和平，着眼于国家好的内部体制构成，而不是着眼于战争，不是着眼于面对外部条件，坚持国家的权利，显示国家的存在。[128] 正是从这个例子中，我们可以窥见霍布斯与古典政治哲学对内部政策的重视形成对照，预先强调外部政策的首要性的终极原因所在。霍布斯不同于柏拉图和亚里士多德，断定恢复健康，应该优先于不受骚扰地享有健康。[129] 如果霍布斯没有在同时作出如下论断，他就不会是人们所推崇的那个连贯一致的思想家了。他断言，“至于极小的国家”——柏拉图和亚里士多德的完美国家就是那种“极小的国家”——“要使它的生存超出强大邻邦对之心怀妒忌的时限，那是任何人类智慧也办不到的”，尤其是哲学王的智慧所办不到的。[130] 对柏拉图和亚里士多德来说，按照他们赋予内部政策的首要兴趣，完美国家的居民数量问题，亦即内部必要性为国家所划定的局限，具有决定性的重要意义；而霍布斯则以如下辞句，对这个问题漠视不顾：“使人确信能充分保障安全的群体大小不决定于任何一定的人数，而只决定于与我们所恐惧的敌人的对比。……”[131]外部政策的首要性，不仅为霍布斯所提倡，而且或者隐晦或者明确地，为全部特定的近代政治哲学所提倡。考虑到“强权政治”诸理论，这个主张的存在毋须论证。至于和平主义理论，鉴于不属于本书范围，我们可以不加详细分析，只须援引康德《世界公民观点之下的普遍历史观念》的“第七命题”。它是这样表述的：“制定一部完美的公民宪法这个问题，有赖于国家之间的合法外部关

---

[128] 《法律篇》，628。

[129] 见本书上文自第 158 页始。

[130] 《利维坦》，第 25 章，篇尾。

[131] 《利维坦》，第 17 章(第 88 页)。在这个问题上，比较《利维坦》第 8 章篇首所说，“美德一般说来……存在于比较之中。”

系的问题，而且不可能在独立于后者之解决的情况下得到解决。”

古典政治哲学与近代政治哲学之间的对立，更确切地说，柏拉图政治哲学与霍布斯政治哲学之间的对立，归结到原则上在于，前者凭借语言语词定位取向，而后者则从一开始，就拒绝这样做。这个拒绝，最初产生于对普通的语言语词的可疑本质的洞察，就是说，对普遍的价值观念的可疑本质的敏锐认识；我们可以有一定根据地把这种普遍的价值观念，称为自然价值观念。[132] 这一洞察，使得霍布斯最初像柏拉图那样，转向阐发一个精确的政治哲学的理想。但是，柏拉图所做的，是追溯隐藏在自然价值观念之中的真理，所以，他并不试图提倡任何闻所未闻的新学说，而只是为所有的人们，唤起他们业已知晓却尚未真正理解的思想；而霍布斯，则在原则上否定自然价值观念，超越自然价值观念，去着眼于未来，不受约束地阐发一个超验的和全新的政治哲学。用亚里士多德对自然道德所作的经典解说来衡量，柏拉图主义的道德哲学与霍布斯的道德哲学，同样是自相矛盾的。然而，柏拉图道德哲学的矛盾性质，就像人们系于感官肉体的“洞穴”存在方式一样，是不可改变逆转的；而霍布斯的道德哲学，则或迟或早，注定要从这个矛盾状态，转变到公众舆论所能接受的一个部分那里去。[133] 换句话说，柏拉图道德哲学的矛盾性质，是古老而永恒的谦逊思想的矛盾；霍布

---

[132] 关于“自然”一词的这种用法，参看雅各布·克莱因：《希腊逻辑与代数学之产生》，《数学史的源头与研究》，B部分，第3节，第66页。

[133] “你们的这些原则，虽然令人难以置信，但却是符合事实的，至少对我来说，它们看来是符合事实的，而且有一天，这些原则会成为将来被人们所尊重的原则。与此同时，你们这些竭诚捍卫霍布斯学说的人们，对于他在他的物理学与政治学中所坚持的那些原则，会发表什么看法？”[L]《拉丁文全集》，第4卷，第226页。

斯道德哲学的矛盾性质，是一个令人震惊、闻所未闻的全新事业的矛盾。在柏拉图那里，真正的德行带有与(大众的)伪拟德行一样的称谓；在霍布斯的著作中，它们甚至连称谓都不同。结果是，霍布斯与柏拉图相比较，必须为他的政治科学，提出一个无法比拟地宏大得多的诉求。柏拉图将自然道德以及它们所提供的取向，追溯到它们的源头；而霍布斯，则必须在主权的问题上，撇开自然道德的取向，去发现道德学说的原则。这样一来，对柏拉图来说，道德的“具体性”或“物质性”，没有成为问题，也不会成为问题；霍布斯则分道扬镳，走向形式伦理学，最终走向相对论的怀疑主义。这种对政治科学的诉求，巨大广袤，最后导致对政治学本身的核心观念的否定，导致用社会学来取代政治学。[134] 近代政治哲学的下一个阶段，它的最终阶段，也要从这个角度来理解。柏拉图对于由语言语词所见证的勇气这个德行品格，并没有加以质疑；他只是反对对勇气作出过高的估价，这种过高的估价，是关于勇气的大众意见的基础。霍布斯由于放弃了由语言语词所制导的全部取向，因而竟至系统地否定了勇气这个德行品格本身。对语言语词的蔑视，最终导致了相对主义的怀疑论，同样地，对勇气的否定，导致了关于勇气的引起争议的那个立场，这个立场从卢梭开始，取道黑格尔，及至尼采，趋愈演愈烈，最终完成于由勇气对智慧的重新吸

---

[134] 在这个问题上，我们必须特别回顾柏克针对“抽象原则”所作的战斗。在同卢梭以及持有类似观点的人们所进行的论战中，柏克以最充分的论证，诉诸个人具体“情势”的重要性，因为近代政治哲学，与古典政治哲学形成对照，宣称它的理论，具有无条件的可行性(任何情势下都适用的可行性)。柏克所没有看到的在于，对“情势”加以系统征服，对全部“任意性”(甚至包括明智的人有时赖以作出明智的事的那种任意性)加以排除，这个兴趣，也就是说，对施行运用的这种最高兴趣，恰恰就是“普遍理论”和“抽象原则”之所以产生的真正原因。

收同化,认为思想的理想,不在于智慧的对象,而在于意志的历险事业。[135]

放弃语言取向,并不意味着霍布斯"忘记"了准则问题,而只意味着他将这个问题,仅仅作为一个事后的思考提出来,因而也就处理得不尽充分。柏拉图对两种理性原因加以区别,分为善的与必要的;[136] 霍布斯则只承认一种,即必要的理性原因。结果是,他只能囿于必要性的构架内,去考虑善与必要性之间不可避免的区别,因而对他来说,准则的问题,善的问题,就成为界定什么是典型的必要性这样一个问题,而他进而发现,避免死亡,就是典型的必要性之所在。[137] 这个过程背后的原因,就是对存在着一个自然法,即一个自然准则的否定。这个否定,只不过是放弃语言取向的结果,关于这一点,我们在这里只能不加论证地断言。就霍布斯而言,对自然准则的否定,可以在他的唯物主义的形而上学中,不容辩驳地显示出来。所以,只要我们假设,对"数学"方法的接受,意味着对绝对准则的否定,那么,甚至连他的转向欧几里得,也是以这种形而上学为隐伏前提的。[138] 但是,我们不能凭借这项发现及其后果就默认,霍布斯的政治科学,只是他的自然科学的发展结果。因为这里产生一个问题:霍布斯为什么决定赞成唯物主义?唯物主义对他来说,如此信而有征,凿凿有据,是以何种先行信念为基础的?[139]

---

[135] "革命的神话……不是对事物的客观描述,而是对一种行动意志的主观抒发。相反,一个乌托邦,则是一种理性产品……"乔治·索雷尔:《暴力反思》(巴黎:里维埃版,1930),第 46 页。参看本书上文第 193—194 页。

[136] 譬如参看《蒂迈欧篇》,68E,及《理想国》,493C。

[137] 参看本书上文第 20 页注㊷,及第 29—30 页。

[138] 关于霍布斯的"唯物主义"的哲学涵义,同时参看本书上文第 181—182 页。

[139] 巴兹尔·威利已经精湛地证明,这种先行信念,可以通过对霍布斯的著述风格加以分析,而发现出来;见《十七世纪的背景》(伦敦,1934),第 98—99 页。

这个问题,可以用一种更尖锐的方式提出来。霍布斯的唯物主义,其隐而不见的前提,难道不是可以通过分析他的政治哲学而获得最为简明的解释吗?我们在这里,只分析约略大致的迹像。霍布斯的转向自然科学,与其说应该通过他对自然的兴趣来解释,不如说应该通过他对人、对现实中的人的自我认知的兴趣来解释,也就是说,应该通过早在他的人本主义时期就所特有的那种兴趣来解释。[140] 他的科学问题的人本主义源头或道德源头,甚至在他为那个问题本身所提供的答案中,也显露出来。他关于运动的理论的根本概念,即自然倾向的概念,是在他对欲望的分析中最先出现的。[141] 问题还不仅于此。他对感官知觉所作的科学解释,其特征在于,这个解释通过触觉来阐释高级感觉的知觉;而这里所假设的对触觉的偏爱,在霍布斯关于虚荣自负与恐惧的对立的根本重要意义的最初观点中,就已经暗示了。[142] 最后,霍布斯在他的物理学中,对于惯性的原则从未作出充分恰当的理解。我们至少必须说,他把直线运动和圆周运动,视为等值等量运动,他不认为有必要把圆形运动,理解

---

[140] 据他自己记述,“按照本性,(他)从最初年代就酷爱读史读诗。……然而后来有一次,在一群饱学之士中间,出现了感觉知觉的原因这个话题,他听到有人似乎是轻蔑地问:‘感觉知觉,原因何在?’可是他没有听到任何人作答。他感到意外:这些以智者自居的人物,怎么会用这种傲慢的态度来对别人不屑一顾,而同时对他们自己的感官感觉是什么,却又一无所知。”[L]从人的感官感觉这个问题出发,他发现,所有事物的起源,应该从各种运动的本质与多样性之中来觅得。而且,在这个发现之后,“他特别提出问题,在万物生灵之中产生感觉知觉、知性理解、现象幻像等等特征的,可能是何种运动。”[L]《拉丁文全集》,第 1 卷,第 xx、xxi 及 xiv 页。

[141] 参看弗里蒂奥夫·勃兰特:《托马斯·霍布斯的机械论自然观》(哥本哈根/伦敦,1928),自第 300 页始。

[142] 见本书上文第 31—32 页。在查茨沃思的霍布斯文献中,有一部斯卡利杰《培养智慧的秘法》摘编,其中概述了“秘法 286”。这个概述,明确地与亚里士多德形成争辩,处理了人类触觉相对于动物触觉的突出地位。

为直线运动的一种更改形式。[143] 另一方面，他在关于人类本性的理论中，斩钉截铁地宣称："生命处于永恒的运动之中，当它不能以直线前进时，它就转入圆周运动"。[144] 如果霍布斯的自然科学，就它的问题与答案而言，因而依赖于他的"人本主义"兴趣和信念，也就是依赖于他的道德兴趣和道德信念的话，那么另一方面，关于自然的一个特殊观念，则是他的道德哲学观点和政治哲学观点的未予明言的基础。但是我们必须提出一个问题，即，作为他的政治哲学的前提假设的那个关于自然的观念，是否与他在他的科学著述中所解释的那个自然观念，彼此等同一致。毫无疑问，在这两个关于自然的观念之间，在这两个原则上应该予以区分的观念之间，存在着某种密切的关系。由于这个原因，而且正是由于这个原因，他的科学探索，本来可能对于他的政治哲学的演进产生积极影响。如果这样的话，他就不会坚持他的论点，指认死亡为最大的和至高无上的邪恶了。他对贵族德行的批评，以及他对人类存在着任何品第之分的否认，只有通过他关于自然的观念，才能确凿成立；按照这个

---

[143] 弗里蒂奥夫·勃兰特：《托马斯·霍布斯的机械论自然观念》(哥本哈根/伦敦，1928)，第333页。特别比较霍布斯的如下观察："霍布斯从这种或那种运动中，推演出绝大部分自然效果效用，他将这些运动，称为简单圆周运动。"[L]《拉丁文全集》，第4卷，第226页。

[144] 《论人》，第11章，第15节。直线运动相对于圆周运动的突出地位，可以在非机械论甚或反机械论的前提假设的基础上予以强调；这一点，在柏格森的如下论断中显示出来，这个论断，应该参照《论人》第11章，第15节来考虑。"生命一般而言在于流动性自身；而生命的特殊表现形式，则只是勉强而不情愿地接受这种流动性，而且无时无刻不在落后于这个流动性。生命总在向前；而它的特殊表现形式，则想要停顿暂缓。进化一般而言欣然乐意地以直线前进；而每个具体的进化，则在某种圆周中运动。"《创造进化论》(巴黎：阿尔康版，1907)，第139页。霍布斯的理论不亚于柏格森的理论，主要也是以自我认知为基础，而不是以科学的自然反思为基础的。

自然观念，自然界不存在任何秩序，因而不存在任何品第之分。[145] 关于文明的思想，成就了它的有力效果，完全只是由于这样一个前提假设，就是，人类本性的文明教化，能够无止境地向前推进，这是因为，传统跟常识一致，它们所理解的那个永恒不变的人类特定本性，主要来说，只不过是某种可以克服的"自然局限"而已。人的身上，天生固有的东西甚少；那些据说是自然所给予他的秉赋，大部分是后天获得的，因而是随着条件的变化而无常易变的；人所特有的最重要的特质，如语言、理性、社会性，都不是自然的赐予，而是他的意志的结晶。[146] 但是，正是通过以上刚刚提到的那个例子，我们可以看清，霍布斯政治哲学所假设的那个关于自然的观念，是二元论的：文明的观念假定人凭借他的智能，可以使自己置身于自然之外，可以反叛自然。这个二元论，在霍布斯的全部哲学中显而易见，[147] 它在"自

---

[145] 从这个观点出发，我们就可以理解霍布斯关于骄傲自豪的观念（我们将其阐释为"虚荣自负"）与传统观念之间的区别。在传统的意义上，"骄傲自豪"的意思，是对存在于万物之中的品第系统的反叛；所以它假设，这种品第之分是存在的，并且带有强制性质。而另一方面，霍布斯关于骄傲自豪的观念，则事先否认自然的品第之分；其实，这个观念不是别的，只是"作出解释"的一种手段，也就是对品第之分作出否认的一种手段：有关智力官能的所谓自然品第之分，来源于"对自己智慧的自负而已。在这一方面，几乎所有的人都认为自己比一般人强"。（《利维坦》，第 13 章，第 63 页；同时比较第 15 章，自第 79 页始以及《论公民》第 3 章，第 13 节中对亚里士多德的相反观点的严厉批评。）关于骄傲自豪的这个观念，其激进性质显而易见；近代思想对"错误幻觉"和"观念形态"的批评，基础正在于这个观念。基督教清教徒在他们对教会等级制度和世俗等级制度的批评中，同样也将那种等级制度，理解为发源于骄傲自豪；清教在多大程度上预示了这个观念，我们在这里只能留待另作探讨。

[146] 《法律、自然和政治的原理》，第 1 部分，第 5 章，第 1—2 节；《利维坦》第 5 章（第 21 页）；《论公民》，第 1 章，第 2 节；《论物体》，第 1 章，第 2 节；《论人》，第 10 章，第 1 节。

[147] 参看本书上文自第 8 页始。自然与人类意志的对立，相当于躯体与语言的对立。后者的一个例子，出现在《论人》第 10 章，第 2 节，篇尾。

然状态”与“社会状态”的对立中，亦并非无足轻重。自然与人类意志之间的对立，被霍布斯所倡导的一元论的(唯物主义决定论的)形而上学所掩盖；他感到自己不得不采纳这个形而上学，只是由于他看不到其他可能性，可以逃脱关于精神的“实体主义”观念，因而可以逃脱“黑暗王国”。这个进退两难的困境，到康德及其后继者那里才得以消除，而它对于霍布斯的唯物主义决定论理论，构成了具有决定意义的原因；这个理论不仅对于他的政治哲学是不必要的，而且事实上使这个政治哲学的核心根基处于危险的境地。它成为这样一个情况的标志迹像：随着他的自然科学向前演变，他的政治哲学的道德基础，遂越来越被掩盖起来。如果我们对他在《法律、自然和政治的原理》中阐述的激情理论与《利维坦》中的理论加以比较的话，我们就能看到，事实确实如此。与此相关联的是如下事实，霍布斯在《利维坦》中以对权力的分析为构架所处理的主题，他在《法律、自然和政治的原理》中，却是完全以对荣誉的分析为构架来处理的。[148] 换句话说，随着他的自然科学的日趋阐发完善，势必要从道德角度来处理的虚荣自负，遂越来越为对权力的追逐所取代；权力追逐在道德上是中立的，因此更经得起科学阐释。[149]毫无疑问，霍布斯小心翼翼，避免被这条道路引导到它的合乎逻

---

⑱ 参看《法律、自然和政治的原理》，第 1 部分，第 8 章，第 5—6 节，以及《利维坦》第 10 章(第 43—44 页)。同时参看本书上文第 137 页注㉒。

⑲ 参看本书上文第 14—17 页。在这方面，霍布斯在后来的《利维坦》拉丁文译本中对英文原文所作的一些改动，特别是关于人与其他“政治动物”的重要比较，很说明问题。我们在这里引用英文原文，并在括号里提供拉丁文译本的更动：“人类不断竞求荣誉和地位，而这些动物则不然。因之，人类之中便会由于这一原因(由于这一原因，及其他原因)而产生嫉妒和仇恨，最后发生战争，但这些动物却没有这种情形(却极少有这种情形)。……人类的快乐却在于把自己和别人作比较，感到得意只是出人头地的事情(另一方面，人在他的善事利益之中，最为令他称心惬意的，莫

辑的必然结论那里去。首尾连贯一致的自然主义，会把他的政治哲学，置于毁灭的境地。这一点，可以在斯宾诺莎那里看出来。斯宾诺莎的自然主义，比霍布斯的自然主义更为连贯一致，他放弃强权与公理之间的界限，提倡所有激情的自然权利。而另一方面，鉴于霍布斯的政治哲学其基础不是自然主义的，而是道德性质的，所以他断言，自然权利所指的，只是死亡恐惧的权利。在孟德斯鸠那里，这个问题是通过另外一种方式表述的。孟德斯鸠把关于各种激情的自然主义分析，贯彻到它的合乎逻辑的结论那里去，从而得出结论指出：自然状态，不可能是每一个人针对每一个人的战争状态。[150]这样看来，如果只有首尾不连贯的自然主义，才能与霍布斯的政治哲学彼此一致的话，那么，霍布斯在他的科学著述中所显示的那种连贯一致的自然主义，就不可能成为他的政治哲学的基础。这个基础，必然是另外一种自然观念。这种自然观念，与自然主义相关联，却并不相等同；对这种自然观念予以阐发，对于准确地分析霍布斯

过于自己优越于别人的那些事)。”《利维坦》第17章(第88页)；及《拉丁文全集》，第3卷，第129页。对于导致犯罪的激情的分析，在英文原文中，是以如下命题开始的：“最常成为犯罪原因的激情中有一种是虚荣，或是愚蠢地过高估计自己的身价……”；而在拉丁文译本中则是，“最有力量地支配着我们、致使我们犯罪的那些激情，包括激怒、贪婪，以及其他更为狂暴的欲望，但是并非毫无希望。”[L]《利维坦》第27章(第157页)；及《拉丁文全集》，第3卷，第214页。与此相关联的是，英文原文说，在自然状态，“没有任何行为是不义的”，而拉丁文译本则说，“没有任何事……是不义的。”《利维坦》第15章(第74页)；及《拉丁文全集》，第3卷，自第111页始。参看本书上文第28页注⑰。

⑮ “霍布斯首先赋予人们以互相征服的欲望，但是这未免过甚其辞。统治与支配的观念，错综复杂，牵涉诸多其他观念，因而不可能成为他们初始所最先具有的。”《论法的精神》，第1篇，第2章。

的政治哲学来说，是最为紧迫的任务。

综上所述：霍布斯政治哲学的基础，在于一种道德态度，一种它所赖以存在、赖以维系连贯统一的道德态度；这个基础，无论在霍布斯哲学生涯的历史上，还是在客观上，都“先行于”这个哲学自身的数学科学奠基和表述。肯定地说，对欧几里得的转向，如同对自然主义的转向一样，都是以霍布斯本来的道德观点和政治观点为动机的；这样，这两种思想势力，从而对他的政治哲学的演变，对阐明那个本来道德态度的前提和结论的全部连带关系，得以施加某种不应低估的积极影响。另一方面，数学方法和唯物主义的形而上学，也以各自的独特方式发挥着作用，掩盖了那个本来的动机和连带关系，从而削弱了霍布斯政治哲学的基础。从这些发现中，我们为本书对霍布斯政治哲学所作的这个探讨，得出方法论上的结论，那就是，这个政治哲学最成熟的表述，即《利维坦》，并不是理解霍布斯的道德思想和政治思想的充分恰当的来源。那个根本道德态度的前提和结论，在《利维坦》中，确实比在早期著述中，表现得更为清楚，但是另一方面，霍布斯政治哲学的本来动机，一般而言，却在他的早期表述那里，显示得更为清晰。

译后记

列奥·施特劳斯(1899—1973)是二十世纪最有影响、同时又最引起争议的政治哲学学者之一。他著述诠释很多,今天在西方政治理论领域,仍然占有不容忽视的地位。《霍布斯的政治哲学》属于施特劳斯早期著作,是为已经熟悉霍布斯原著的读者写的。全书的论证,严密紧凑,涵蓄复杂,同时又有瑕疵,甚至不免牵强之处。以赛亚·伯林认为,《霍布斯的政治哲学》是施特劳斯写得最好的一本书。然而据伯林回忆,施特劳斯生前曾经对他表示,这本书在他的著作中,是“最不优秀的一本”。施特劳斯在他后来为该书写的那篇引人注意的“美洲版前言”里,坦率地批评了自己的这部著作。而另一方面,柏林自己也是二十世纪一位重要的思想家,对他的意见,我们不能不重视。那么,他们两个人究竟为什么对这本书持有如此不同的看法,这本身就会是一个有意思的问题。

本书英译本,由埃尔莎·M.辛克莱译自施特劳斯的德文手稿,于一九三六年首次出版。中译本根据芝加哥大学出版社一九八四年英文版译出。注释中的版本、年代、页码等,与英文版同。书中摘自《利维坦》的引文,借自黎思复、黎廷弼的中文译本(杨昌裕校,商务印书馆 1996 年版);其他英文引文,悉由译者自译。大量拉丁文引文,以及少许希腊文,法文和德文引文,俱参照原著英译本译出。有几段拉丁文引文,无英译,由

Charles Thompson Smith 先生和年轻的朋友 David Goldstein 代为译成英文。译者谨向他们致以谢忱。原作中拉丁文、希腊文等文句译文以[L]和[G]分别标明。

中译本错误肯定很多,概由译者负责,并希望读者指正。

申　彤

2000 年 10 月

人文与社会译丛

第一批书目

1.《政治自由主义》(增订版),[美]J. 罗尔斯著,万俊人译 118.00 元
2.《文化的解释》,[美]C. 格尔茨著,韩莉译 89.00 元
3.《技术与时间:1. 爱比米修斯的过失》,[法]B. 斯蒂格勒著,裴程译 62.00 元
4.《依附性积累与不发达》,[德]A. G. 弗兰克著,高铦等译 13.60 元
5.《身处欧美的波兰农民》,[美]F. 兹纳涅茨基、W. I. 托马斯著,张友云译 9.20 元
6.《现代性的后果》,[英]A. 吉登斯著,田禾译 45.00 元
7.《消费文化与后现代主义》,[英]M. 费瑟斯通著,刘精明译 14.20 元
8.《英国工人阶级的形成》(上、下册),[英]E. P. 汤普森著,钱乘旦等译 168.00 元
9.《知识人的社会角色》,[美]F. 兹纳涅茨基著,郏斌祥译 26.00 元

第二批书目

10.《文化生产:媒体与都市艺术》,[美]D. 克兰著,赵国新译 49.00 元
11.《现代社会中的法律》,[美]R. M. 昂格尔著,吴玉章等译 39.00 元
12.《后形而上学思想》,[德]J. 哈贝马斯著,曹卫东等译 58.00 元
13.《自由主义与正义的局限》,[美]M. 桑德尔著,万俊人等译 30.00 元

14.《临床医学的诞生》,[法]M. 福柯著,刘北成译　55.00 元
15.《农民的道义经济学》,[美]J. C. 斯科特著,程立显等译　42.00 元
16.《俄国思想家》,[英]I. 伯林著,彭淮栋译　35.00 元
17.《自我的根源:现代认同的形成》,[加]C. 泰勒著,韩震等译　128.00 元
18.《霍布斯的政治哲学》,[美]L. 施特劳斯著,申彤译　49.00 元
19.《现代性与大屠杀》,[英]Z. 鲍曼著,杨渝东等译　59.00 元

第三批书目

20.《新功能主义及其后》,[美]J. C. 亚历山大著,彭牧等译　15.80 元
21.《自由史论》,[英]J. 阿克顿著,胡传胜等译　89.00 元
22.《伯林谈话录》,[伊朗]R. 贾汉贝格鲁等著,杨祯钦译　23.00 元
23.《阶级斗争》,[法]R. 阿隆著,周以光译　13.50 元
24.《正义诸领域:为多元主义与平等一辩》,[美]M. 沃尔泽著,褚松燕等译　24.80 元
25.《大萧条的孩子们》,[美]G. H. 埃尔德著,田禾等译　27.30 元
26.《黑格尔》,[加]C. 泰勒著,张国清等译　135.00 元
27.《反潮流》,[英]I. 伯林著,冯克利译　48.00 元
28.《统治阶级》,[意]G. 莫斯卡著,贾鹤鹏译　98.00 元
29.《现代性的哲学话语》,[德]J. 哈贝马斯著,曹卫东等译　78.00 元

第四批书目

30.《自由论》(修订版),[英]I. 伯林著,胡传胜译　69.00 元
31.《保守主义》,[德]K. 曼海姆著,李朝晖、牟建君译　16.00 元
32.《科学的反革命》(修订版),[英]F. 哈耶克著,冯克利译　58.00 元

33.《实践感》,[法]P. 布迪厄著,蒋梓骅译 75.00 元
34.《风险社会》,[德]U. 贝克著,何博闻译 17.70 元
35.《社会行动的结构》,[美]T. 帕森斯著,彭刚等译 80.00 元
36.《个体的社会》,[德]N. 埃利亚斯著,翟三江、陆兴华译 15.30 元
37.《传统的发明》,[英]E. 霍布斯鲍姆等著,顾杭、庞冠群译 21.20 元
38.《关于马基雅维里的思考》,[美]L. 施特劳斯著,申彤译 78.00 元
39.《追寻美德》,[美]A. 麦金太尔著,宋继杰译 68.00 元

第五批书目

40.《现实感》,[英]I. 伯林著,潘荣荣、林茂译 30.00 元
41.《启蒙的时代》,[英]I. 伯林著,孙尚扬、杨深译 35.00 元
42.《元史学》,[美]H. 怀特著,陈新译 89.00 元
43.《意识形态与现代文化》,[英]J. B. 汤普森著,高铦等译 68.00 元
44.《美国大城市的死与生》,[加]J. 雅各布斯著,金衡山译 29.50 元
45.《社会理论和社会结构》,[美]R. K. 默顿著,唐少杰等译 128.00 元
46.《黑皮肤,白面具》,[法]F. 法农著,万冰译 14.00 元
47.《德国的历史观》,[美]G. 伊格尔斯著,彭刚、顾杭译 58.00 元
48.《全世界受苦的人》,[法]F. 法农著,万冰译 17.80 元
49.《知识分子的鸦片》,[法]R. 阿隆著,吕一民、顾杭译 45.00 元

第六批书目

50.《驯化君主》,[美]H. C. 曼斯菲尔德著,冯克利译 68.00 元
51.《黑格尔导读》,[法]A. 科耶夫著,姜志辉译 45.00 元
52.《象征交换与死亡》,[法]J. 波德里亚著,车槿山译 68.00 元
53.《自由及其背叛》,[英]I. 伯林著,赵国新译 48.00 元

54.《启蒙的三个批评者》,[英]I. 伯林著,马寅卯、郑想译　48.00 元
55.《运动中的力量》,[美]S. 塔罗著,吴庆宏译　23.50 元
56.《斗争的动力》,[美]D. 麦克亚当、S. 塔罗、C. 蒂利著,李义中等译　31.50 元
57.《善的脆弱性》,[美]M. 纳斯鲍姆著,徐向东、陆萌译　55.00 元
58.《弱者的武器》,[美]J. C. 斯科特著,郑广怀等译　82.00 元
59.《图绘》,[美]S. 弗里德曼著,陈丽译　49.00 元

第七批书目

60.《现代悲剧》,[英]R. 威廉斯著,丁尔苏译　45.00 元
61.《论革命》,[美]H. 阿伦特著,陈周旺译　59.00 元
62.《美国精神的封闭》,[美]A. 布卢姆著,战旭英译,冯克利校　68.00 元
63.《浪漫主义的根源》,[英]I. 伯林著,吕梁等译　28.00 元
64.《扭曲的人性之材》,[英]I. 伯林著,岳秀坤译　22.00 元
65.《民族主义思想与殖民地世界》,[美]P. 查特吉著,范慕尤、杨曦译　18.00 元
66.《现代性社会学》,[法]D. 马尔图切利著,姜志辉译　32.00 元
67.《社会政治理论的重构》,[美]R. J. 伯恩斯坦著,黄瑞祺译　25.00 元
68.《以色列与启示》,[美]E. 沃格林著,霍伟岸、叶颖译　128.00 元
69.《城邦的世界》,[美]E. 沃格林著,陈周旺译　85.00 元
70.《历史主义的兴起》,[德]F. 梅尼克著,陆月宏译　48.00 元

第八批书目

71.《环境与历史》,[英]W. 贝纳特、P. 科茨著,包茂红译　25.00 元
72.《人类与自然世界》,[英]K. 托马斯著,宋丽丽译　35.00 元

73.《卢梭问题》,[德]E. 卡西勒著,王春华译 15.00元
74.《男性气概》,[美]H. C. 曼斯菲尔德著,刘玮译 28.00元
75.《战争与和平的权利》,[美]R. 塔克著,罗炯等译 25.00元
76.《谁统治美国》,[美]W. 多姆霍夫著,吕鹏、闻翔译 35.00元
77.《健康与社会》,[法]M. 德吕勒著,王鲲译 35.00元
78.《读柏拉图》,[德]T. A. 斯勒扎克著,程炜译 28.00元
79.《苏联的心灵》,[英]I. 伯林著,潘永强、刘北成译 59.00元
80.《个人印象》,[英]I. 伯林著,林振义、王洁译 35.00元

第九批书目

81.《技术与时间:2. 迷失方向》,[法]B. 斯蒂格勒著,
赵和平、印螺译 59.00元
82.《抗争政治》,[美]C. 蒂利、S. 塔罗著,李义中译 28.00元
83.《亚当·斯密的政治学》,[英]D. 温奇著,褚平译 21.00元
84.《怀旧的未来》,[美]S. 博伊姆著,杨德友译 85.00元
85.《妇女在经济发展中的角色》,[丹]E. 博斯拉普著,陈慧平译 30.00元
86.《风景与认同》,[美]W. J. 达比著,张箭飞、赵红英译 68.00元
87.《过去与未来之间》,[美]H. 阿伦特著,王寅丽、张立立译 58.00元
88.《大西洋的跨越》,[美]D. T. 罗杰斯著,吴万伟译 108.00元
89.《资本主义的新精神》,[法]L. 博尔坦斯基、E. 希亚佩洛著,
高铦译 58.00元
90.《比较的幽灵》,[美]B. 安德森著,甘会斌译 79.00元

第十批书目

91.《灾异手记》,[美]E. 科尔伯特著,何恬译 25.00元

92.《技术与时间:3. 电影的时间与存在之痛的问题》,
[法]B. 斯蒂格勒著,方尔平译 65.00 元
93.《马克思主义与历史学》,[英]S. H. 里格比著,吴英译 78.00 元
94.《学做工》,[英]P. 威利斯著,秘舒、凌旻华译 68.00 元
95.《哲学与治术:1572—1651》,[美]R. 塔克著,韩潮译 45.00 元
96.《认同伦理学》,[美]K. A. 阿皮亚著,张容南译 45.00 元
97.《风景与记忆》,[英]S. 沙玛著,胡淑陈、冯樨译 78.00 元
98.《马基雅维里时刻》,[英]J. G. A. 波考克著,冯克利、傅乾译 108.00 元
99.《未完的对话》,[英]I. 伯林、[波]B. P. -塞古尔斯卡著,
杨德友译 65.00 元
100.《后殖民理性批判》,[印]G. C. 斯皮瓦克著,严蓓雯译 79.00 元

第十一批书目

101.《现代社会想象》,[加]C. 泰勒著,林曼红译 45.00 元
102.《柏拉图与亚里士多德》,[美]E. 沃格林著,刘曙辉译 78.00 元
103.《论个体主义》,[法]L. 迪蒙著,桂裕芳译 30.00 元
104.《根本恶》,[美]R. J. 伯恩斯坦著,王钦、朱康译 78.00 元
105.《这受难的国度》,[美]D. G. 福斯特著,孙宏哲、张聚国译 39.00 元
106.《公民的激情》,[美]S. 克劳斯著,谭安奎译 49.00 元
107.《美国生活中的同化》,[美]M. M. 戈登著,马戎译 58.00 元
108.《风景与权力》,[美]W. J. T. 米切尔著,杨丽、万信琼译 78.00 元
109.《第二人称观点》,[美]S. 达沃尔著,章晟译 69.00 元
110.《性的起源》,[英] F. 达伯霍瓦拉著,杨朗译 85.00 元

第十二批书目

111.《希腊民主的问题》,[法]J. 罗米伊著,高煜译　48.00 元
112.《论人权》,[英]J. 格里芬著,徐向东、刘明译　75.00 元
113.《柏拉图的伦理学》,[英]T. 厄温著,陈玮、刘玮译(即出)
114.《自由主义与荣誉》,[美]S. 克劳斯著,林垚译　62.00 元
115.《法国大革命的文化起源》,[法]R. 夏蒂埃著,洪庆明译　38.00 元
116.《对知识的恐惧》,[美]P. 博格西昂著,刘鹏博译　38.00 元
117.《修辞术的诞生》,[英]R. 沃迪著,何博超译　48.00 元
118.《历史表现中的真理、意义和指称》,[荷]F. 安克斯密特著,周建漳译　58.00 元
119.《天下时代》,[美]E. 沃格林著,叶颖译　78.00 元
120.《求索秩序》,[美]E. 沃格林著,徐志跃译　48.00 元

第十三批书目

121.《美德伦理学》,[新西兰]R. 赫斯特豪斯著,李义天译　55.00 元
122.《同情的启蒙》,[美]M. 弗雷泽著,胡靖译　48.00 元
123.《图绘暹罗》,[美]T. 威尼差恭著,袁剑译　58.00 元
124.《道德的演化》,[新西兰]R. 乔伊斯著,刘鹏博、黄素珍译　65.00 元
125.《大屠杀与集体记忆》,[美]P. 诺维克著,王志华译　78.00 元
126.《帝国之眼》,[美]M. L. 普拉特著,方杰、方宸译　68.00 元
127.《帝国之河》,[美]D. 沃斯特著,侯深译　76.00 元
128.《从道德到美德》,[美]M. 斯洛特著,周亮译　58.00 元
129.《源自动机的道德》,[美]M. 斯洛特著,韩辰锴译　58.00 元
130.《种族与文化少数群体》,[美]G. E. 辛普森、[美]J. M. 英格尔著,马戎、王凡妹译(即出)

第十四批书目

有关"人文与社会译丛"及本社其他资讯，欢迎点击 www. yilin. com 浏览，对本丛书的意见和建议请反馈至新浪微博@译林人文社科。